裁判文书写作与技能

行政裁判文书的制作

规范与经验

蔡小雪　著

法律出版社
LAW PRESS·CHINA
北京

图书在版编目（CIP）数据

行政裁判文书的制作：规范与经验／蔡小雪著.北京：法律出版社，2025. -- ISBN 978-7-5244-0162-9

Ⅰ. D926.134

中国国家版本馆 CIP 数据核字第 20257WW621 号

行政裁判文书的制作：规范与经验
XINGZHENG CAIPAN WENSHU DE ZHIZUO: GUIFAN YU JINGYAN

蔡小雪 著

策划编辑 张 珺
责任编辑 张 珺
装帧设计 汪奇峰

出版发行 法律出版社
编辑统筹 法商出版分社
责任校对 郭艳萍
责任印制 胡晓雅
经　　销 新华书店

开本 710 毫米×1000 毫米 1/16
印张 17.5　**字数** 206 千
版本 2025 年 9 月第 1 版
印次 2025 年 9 月第 1 次印刷
印刷 河北晔盛亚印刷有限公司

地址：北京市丰台区莲花池西里 7 号（100073）
网址：www.lawpress.com.cn
投稿邮箱：info@lawpress.com.cn
举报盗版邮箱：jbwq@lawpress.com.cn
销售电话：010-83938349
客服电话：010-83938350
咨询电话：010-63939796

书号：ISBN 978-7-5244-0162-9
定价：69.00 元

凡购买本社图书，如有印装错误，我社负责退换。电话：010-83938349

序

我国的行政诉讼制度是从民事诉讼制度中脱胎而来,许多行政诉讼程序规定与民事诉讼程序规定基本相同,但亦有少许的差异。从实体方面看,行政审判与民事审判有两大区别点:一是审理的对象不同。民事审判审理的对象是各方当事人争议事实的是非曲直问题;行政审判审理的对象是被诉行政行为的合法性问题。二是举证责任的不同。民事诉讼的举证责任采取的是“谁主张,谁举证”的原则,一般情况下,由原告承担举证责任;行政诉讼的举证责任采取的是“由被告承担对被诉行政行为合法性的举证责任”。行政诉讼制度虽不是由刑事诉讼制度脱胎而来,但亦有不少相同之处,如两者的举证责任均由公诉机关或者被告行政机关承担,回避、上诉等程序基本相同。但行政审判与刑事审判的差异也很大。行政审判审理的对象是被诉行政行为的合法性,不仅要审查被诉行政行为认定的事实及证据问题,还需审查作出行政行为的行政机关是否超越职权,行政程序是否符合法定要求,适用法律规范是否正确,处理结果是否存在滥用职权或者明显不当等问题。特殊的行政行为还要审查被告是否履行了法定职责或者义务。刑事审判审理的对象是公诉机关控告被告的犯罪事实是否成立,应当定何罪、给予何种刑罚等。

行政诉讼开创之初,行政法官多数从民庭调入,少数从刑庭调入,因此他们在审理行政案件时,常常套用审判民事、刑事审理思路,所写的裁判文书与民事、刑事裁判文书在格式和思路上基本相同。其实行政诉讼与民事、刑事诉讼有很大差异,审理行政案件的思路和撰写裁判文书的思路亦有很多的不同点。在审理行政案件时,不应围绕当事人争议事实的是非曲直,或者被告人的行为是否构成犯罪、应当定何罪名、给予何种刑罚进行,而是应当围绕被诉行政行为的合法性问题展开,同时要体现出被告对行政行为合法性承担举证责任的原则。据此,应当在行政判决书中充分反映这两个特点。此外,判决书是人民法院向当事人和大众传达公平正义的窗口之一,法院通过判决书宣传法律,将每一项法律规则准确告知当事人和大众,从而使其成为每个人的行为准则,助力社会有序发展。因此,判决书中的说理是判决的灵魂,只有用简洁通俗的语言阐明法律规则,让胜者知道胜在何处,败者知道败在何处,才能使当事人心服口服,尊重法律,规范自己的行为,将法治精神深入内心。

行政审判初创时期,大多数行政法官对行政审判的性质认识不够,很多行政判决书不是按照行政审判的思路去撰写,没有突出行政审判的特点,加之判决书中很少说理,故遭到学者和人民大众的诟病。为了解决一些行政判决书不符合《行政诉讼法》要求的问题,加强判决说理,消除学者和人民大众对行政判决书的诟病,1996 年 7 月,最高人民法院召开的全国法院审判方式改革工作会议对行政审判方式改革提出了具体要求,强调"整个审判活动必须紧紧围绕审查被诉具体行政行为的合法性进行;强化被告的举证责任"。[①] 此次会议之后,部分法院开始尝试改变原来套用民事、刑事判决书格式和思路的做法,按照《行政诉讼法》的要求,强调对行政行为合法性的审查和强化被告承担举证责任,设计了多种行政判决书样式,初步改变了原先套用民事、刑事判决书的格式和思路撰写行政判决书的局面,绝大多

① 参见祝铭山:《认真学习贯彻修改后的刑事诉讼法 全面改革和完善审判方式》,载《中华人民共和国最高人民法院公报》1996 年第 4 期。

数法院撰写出的行政判决书基本符合了《行政诉讼法》规定的要求。

尽管各地法院制作的行政判决书趋向规范,但由于各地行政判决书样式很不统一、有些样式中重复过多,结构不合理等,未能很好地反映出行政诉讼的特点,且撰写的行政判决书的质量参差不齐,还远远未达到人民大众的期望。1999 年 10 月 20 日最高人民法院制定、公布的《人民法院五年改革纲要》再次强调,对诉讼到人民法院的行政案件,人民法院要"紧紧围绕被诉具体行政行为的合法性进行审查,彻底改变既审查具体行政行为又审查原告行为,甚至只审查原告行为的做法"。2000 年最高人民法院在发布《关于执行〈中华人民共和国行政诉讼法〉若干问题的解释》(以下简称 2000 年《执行行诉法解释》)后,启动了行政判决书样式的起草工作,于 2004 年 12 月 8 日下发了《一审行政判决书样式(试行)》[以下简称《样式(试行)》],包括一审作为类行政案件用行政判决书、一审不作为类行政案件用行政判决书和一审行政赔偿案件用行政判决书三种样式。因笔者与段小京是《样式(试行)》的起草人,在该样式发布之后,笔者多次到国家法官学院结合《样式(试行)》讲解如何撰写一审行政判决书,特别强调行政判决书应当围绕被诉行政行为的合法性进行,强化被告承担举证责任。各地法院一些有行政审判经验的法官也陆续做了此类讲座,使多数行政法官能够按照《样式(试行)》撰写出基本符合《行政诉讼法》要求的一审行政判决书,统一了全国各级人民法院一审行政判决书的样式,对规范一审行政判决书的制作起到了一定的作用。

在一审行政判决书样式基本统一后,我们进一步认识到,行政诉讼程序虽基本采取民事诉讼程序,但在具体规定上有很多的不同,如不予立案、驳回起诉、管辖异议、移送或者指定管辖等在提起的条件、裁定的标准、裁定的方式上都有太多的不同;同时,还有一些《民事诉讼法》中没有的程序规定,如诉讼期间不停止行政行为执行、行政机关申请强制执行等。对于这些程序问题,只有在《行政诉讼法》中才能找到依据。因此,行政裁定书的制作与民事裁定书的制作亦有一定的不同。由于认识到这一点,我们在《样式(试行)》的基础上,开始起草行政诉讼文书样式。文书样式基本成型后,因全国人大启动了对《行政诉讼法》的修改,为避免文书样式与修改后的《行政诉讼法》出现不一致的问题,暂停了此项工作。

为了全面贯彻2017年《行政诉讼法》,进一步规范和完善行政诉讼文书制作,最高人民法院启动了文书样式的起草工作。因当时与2017年《行政诉讼法》相配套的司法解释尚未出台,对该法的理解存在很多分歧,为尽快让各级人民法院按照2017年《行政诉讼法》规定制作行政裁判文书,也为了以后出现问题便于修改,最高人民法院在文书样式中加了"试行"二字。2015年4月,也就是在2017年《行政诉讼法》施行前,最高人民法院发布了《行政诉讼文书样式(试行)》(以下简称《文书样式(试行)》)。

笔者退休之后,国家法官学院多次邀请笔者讲授"行政裁判文书的制作",受到听课的法官和法官助理的好评。最初笔者写了2万多字的讲课提纲,后在此基础上扩充到6万余字。当时讲课稿的主要内容是有关行政判决书的制作,有关行政裁定书制作的内容很少。国家法官学院的王立教授建议笔者在讲课稿的基础上,详细论述行政判决书的制作,并将行政裁定书的制作扩充进去,写成一本专著。笔者用两年多的时间终于完成了《行政裁判文书的制作:规范与经验》一书。

本书共分为六章,下面分别介绍各章的主要内容及写作时的一些具体考虑。

第一章　概述

本章主要介绍行政裁判文书的概念、性质和特点、要求及种类。行政裁判文书是人民法院依照《行政诉讼法》的规定,在行政诉讼中,为解决行政机关的行政行为引起的行政争议,就案件的实体问题和程序问题依法制作的具有法律效力的司法文书。行政诉讼是解决行政争议的一种法律制度，具有两大特点：一是对被诉行政行为的合法性进行审查；二是被告对作出的行政行为负有举证责任。据此，制作行政裁判文书的要求有三：其一，必须"以事实为根据，以法律为准绳"；其二，必须准确无误；其三，突出合法性审查和被告承担举证责任的特点。本章中还详细介绍了行政裁判文书的种类等。

第二章　一审一般类型的行政判决书

行政判决书样式有13种，在《文书样式（试行）》中一审行政判决书样式有8种。驳回诉讼请求判决、撤销判决或变更判决和确认违法或无效判决等行政判决书是最常用的行政判决方式，它们除判决方式不同外，其他内容基本相同，为避免重复，故将这三种行政判决放在一章中阐述。

一审行政判决书都是由首部、事实、判决理由、判决方式以及尾部和附录五部分组成，因此，在本章分为五节，分别详细论述这五部分的内容。

第一节首部。"首部"较为复杂的是当事人的称谓，不同的当事人因其所处的地位不同、身份不同，特别是一些特殊的主体，如何正确写明其称谓是规范法律文书的重要内容，故此部分写得比较详细。案件由来和审理过程反映审理案件的诉讼程序是否合法的问题，故须将相关问题叙述清楚，以此说明审理案件的程序合法。这两部分内容不仅对规范行政判决书具有重要作用，还对制作行政裁决书、行政处罚决定书、行政复议决定书等有关行政行为的法律文书有一定的参考作用。

第二节事实。事实包含两项内容：一是当事人行政争议的内容。为了突出对行政行为的合法性审查，首先要交代清楚被诉行政行为的主要内容、被告向法庭提交的证据及依据；其次写明原告诉称及提交的证据；再次是被告辩称、第三人述称及提交的证据；最后写明当事人的质证意见。二是经法庭审理查明的事实。首先写明质证的情况，其次是对证据的分析，最后根据可以作为定案依据的证据认定案件事实。法官在撰写行政判决书时,必须交代清楚上述问题,清晰地给出认定事实的逻辑分析过程。深入了解这部分内容,对诉讼各方当事人都是非常必要的,可以按照法官判案的思路提供证据,分析证据,在起诉状或者答辩状中按照判决书的要求叙述清楚案件的事实及所依据的证据,有利于让法官认定本方所述案件事实。此外,行政机关在制作行政裁决书、行政处罚决定书、行政复议决定书等行政行为法律文书时亦应按照行政判决的要求写明案件事实。

第三节判决理由。行政判决的说理,要根据庭审查明的事实和有关法律规定以及行政诉讼的特点,结合具体案情,着重就被诉行政行为是否合法、原告的诉讼请求是否有理、被告和第三人的诉称是否成立,从法理上、法律上进行充分分析、论证,阐明人民法院的观点和判决的理由。行政判决书说理的重点是被诉行政行为的合法性。本书从行政行为是否存在超越职权、行政程序是否合法、认定事实主要证据是否充分、适用法律是否正确、是否存在滥用职权、是否履行法定职责或者义务等与合法性有关的六个方面对如何说理进行了详细论述,同时指出撰写判决理由时应当注意的十个问题。行政判决书说理的论述,对行政机关撰写行政行为的法律文书、答辩状亦有借鉴,对原告撰写起诉状、做好庭审准备,有较高的参考价值。

第四节判决方式。此节主要写明何种情况适用何种判决方式,如驳回诉讼请求、撤销、变更、无效及确认违法等;法官应当如何正确运用判决方式,避免出现错误;作为当事人,可以从中判断出判决结果对其权益的影响,有无错误,决定是否上诉等。

第五节尾部和附录。尾部应依次写明诉讼费用的负担,上诉的权利、方法、期限和上诉审法院,合议庭成员署名,判决日期,书记员署名,附录等内容。

第三章　一审特殊类型的行政(赔偿)判决书

一审特殊类型的行政(赔偿)判决书,主要包括人民法院对第一审复议机关为共同被告案件、不履行法定职责或义务类型案件、行政协议案件和行政赔偿案件就实体问题所作的文书。本章分为一审复议机关为共同被告案件的行政判决书、一审不履责的行政判决书、一审行政协议判决书和一审行政赔偿判决书四节,分别重点介绍这四类一审特殊类型的行政判决书与一审一般类的行政判决书的不同之处和制作要点。例如,2017 年《行政诉讼法》将起诉复议维持原行政行为的案件修改为复议机关与原行政机关为共同被告,法院要对原行政行为和复议决定的合法性均作出判决。这些特殊类型的行政判决书在被告、法院审理对象、判决方式上都具有一定的特殊性,故在第一节中对此类案件的行政判决书与一般类型的一审行政判决书在书写方面的不同之处作出了专门论述。不履责案件包括行政机关作出拒绝申请决定、拖延履责或不予答复等形式,其特点是以申请者不符合申请条件为由作出拒绝申请决定或者未作出实质性决定。因此,这类案件在有关原告资格、受理程序方面与一般类行政案件有一些差别,案件事实比一般类行政案件相对简单,所需举证的内容与一般类行政案件的举证内容及判决方式亦有很大的不同,第二节中对此类案件的特点及如何撰写此类行政判决书进行了阐述。行政协议是从民事合同演变而来,与民事合同既有相同之处又有不同之处,审理内容和判决方式有很大的区别,与一般类行政案件在审理重点上亦有不同,在第三节中对如何依此类案件的特点写明判决的理由作了详细阐述。行政赔偿案件分为两种:一是单独提起行政赔偿诉讼。此类行政赔偿案件是行政行为已被确认违法,当事人仅就赔偿问题提起诉讼。因行政行为已被确认违法,法院不再对行政行为的合法性进行审查,仅审查违法行政行为与当事人的损害之间是否具有因果关系和危害结果及损害程度,从而确定是否赔偿及赔偿数额。行政赔偿案件中一般由原告承担有关损害程度的举证责任,因果关系视具体情况而定。行政赔偿标准以行政行为造成的直接损害来确定。二是一并提起行政赔偿诉讼,即原告对行政行为和行政赔偿一并提起诉讼。因此类案件先审查行政行为的合法性,只有确认行政行为违法后,才谈得上应否赔偿,故在此类判决书中,撰写有关行政行为的合法性问题与其他行政判决书相同,行政赔偿部分与单独提起行政赔偿诉讼案件的行政判决书写法相同。第四节中针对行政赔偿的特点论述了如何撰写行政赔偿判决书。此外,行政赔偿调解与行政赔偿原则上相同,写法相对简单,故亦放在此节中。

第四章　二审和再审行政判决书

本章分为两节,分别是二审行政判决书和再审行政判决书。

案件进入二审程序后,与一审程序相比有三大变化:第一,当事人的称谓及诉讼地位、案件的由来、审理程序发生变化,与一审行政判决书的写法有很大不同;第二,审理方式亦有变化,在案件事实清楚的情况下,可以书面审理;第三,二审法院对一审行政判决的合法性进行审查。审查分为程序和实体两个方面,一是对当事人提出的一审中有关受理、回避、中止等程序问题的处理是否合法作出评判;二是对一审有关对被诉行政行为合法性的认定及判决方式等问题进行审查并作出评判。本章第一节根据二审行政案件的特点,对撰写二审行政判决书作了详细论述。

根据《行政诉讼法》的规定,我国行政诉讼制度实行二审终审制,因此提起再审的条件和程序是很严格的,提起再审的案件必须是因已生效的判决、裁定违反法律、法规的规定。再审行政判决的案号、当事人的谓称、案件由来等与一审、二审行政判决都不同,审查的对象是原审发生法律效力的行政裁判,对当事人提出的有关原审程序问题和被诉行政行为的合法性问题均需要进行审查,判决的方式也与一审、二审判决有所不同。本章第二节根据再审行政案件的特点,阐明了如何撰写再审行政判决书。

第五章　一审行政裁定书

本章分别对不予立案行政裁定书、驳回起诉行政裁定书和一审其他行政裁定书的撰写作了阐述。

不予立案行政裁定书与驳回起诉行政裁定书在撰写有关当事人称谓、是否进入审理程序等问题上有所不同,但两种裁定中有关起诉条件的内容完全相同,且起诉人或者原告是否符合起诉条件的问题是这两类行政裁定的核心问题,为避免重复,特将不予立案、驳回起诉两种类型的行政裁定放在第一节中一起论述。因不予立案、驳回起诉在各种类型的行政裁定中占比最大且最为复杂,本节中对起诉一般案件要符合的六个条件和起诉特殊案件符合的五个条件作了较为详细的论述。

对管辖异议、移送或者指定管辖、中止或终结诉讼、诉讼期间停止或不停止行政行为执行、证据保全、财产保全、先予执行、准许或者不准许撤诉、简易程序转为普通程序等 13 类行政裁定,以及补正裁判文书中的笔误、其他需要裁定的事项等内容,因所涉及的问题相对简单,故放在第二节中一一进行论述。

第六章　二审、再审及非诉行政裁定书

本章分为二审行政裁定书、再审行政裁定书和非诉行政裁定书的撰写三节。

二审法院审理不予立案、驳回起诉、管辖权争议三类行政裁定是对原行政裁定中相关诉讼程序问题是否正确进行审理;审理是否准许或者不准许撤回上诉申请,是二审诉讼程序中发生的问题,故只能作二审行政裁定;二审法院经审理认为一审法院作出的行政判决认定事实不清,需发回原审法院重新审查,因未对实体问题作出判决,发回重审属程序问题,故应作出裁定。第一节中分别对这五种行政裁定书如何撰写作了较为详细的论述。

再审行政裁定书包括依申请再审、依职权再审和依抗诉再审三类行政裁定书。第二节对以下三类再审行政裁定的撰写作了详细论述:对当事人不服已经发生法律效力的行政判决、行政裁定,向上级人民法院申请再审或者提出抗诉，上级人民法院经审查，决定驳回再审申请或者决定提审；上级人民法院或者本院或者上级人民检察院发现下级人民法院或本院作出的已发生法律效力的行政判决、裁定或调解书可能存在依法应当再审的情形决定再审；最高人民检察院发现各级人民法院或者上级人民检察院发现下级人民法院作出的已发生法律效力的行政判决、裁定或调解书可能存在依法应当再审的情形，向同级人民法院提出抗诉，受诉人民法院决定再审等。

本章第三节对行政主体作出行政行为后，行政相对人未履行行政行为所确定的义务，行政主体或者利害关系人申请人民法院强制执行，人民法院经审查作出决定不受理非诉执行、准许或不准许强制执行和上级法院复议非诉执行三类裁定的撰写进行了论述。

行政裁判文书与行政处罚、行政裁决、行政复议等行政行为的法律文书在写法上，如当事人的称谓、证据分析、案件事实认定、实体上的法律适用等有很多相同之处，撰写行政行为法律文书可以借鉴行政裁判文书的写法。此外，了解如何撰写行政裁判文书，对当事人及其代理人撰写起诉书、上诉书、申诉书都会有很大的帮助；也有利于引导当事人及其代理人根据行政裁判文书的内容，判断对一审、二审裁判是否提出上诉或者申诉。正因如此，笔者在撰写本书时，对行政裁判文书中的各个部分均做了详细论述，并举出不少案例。

笔者撰写本书主要依据《文书样式（试行）》，也参考了不少有关裁判文书制作的书籍，并阅读了大量的行政裁判文书，从中汲取了不少养分，同时也得到最高人民法院行政审判庭同志的支持和帮助，在此向他们表示感谢。

由于笔者水平有限，不当之处在所难免，敬请读者批评指正。

蔡小雪
2025 年 7 月

目录

第一章 概述

第二章 一审一般类型的行政判决书

第三章 一审特殊类型的行政（赔偿）判决书

第四章 二审和再审行政判决书

第六章 二审、再审及非诉行政裁定书

第一章 概述

一、行政裁判文书的概念

行政诉讼是人民法院解决行政争议的法律制度。行政诉讼具有以下四个功能:一是保证人民法院公正、及时审理行政案件;二是解决行政争议,定分止争;三是保护公民、法人和其他组织的合法权益;四是监督行政机关依法行使职权。行政诉讼功能能否实现,需要通过行政裁判文书来体现。

所谓行政裁判文书,是人民法院依照《行政诉讼法》规定的程序,在行政诉讼中,为解决行政机关的行政行为引起的行政争议,就案件的实体问题和程序问题依法制作的具有法律效力的司法文书。它有三层含义:一是行政裁判文书是人民法院行使国家审判权的意思表示,是国家意志的体现;二是人民法院为解决行政争议,对有关实体和诉讼程序问题依法制定的法律文书;三是行政裁判文书依法生效后,具有确定力、约束力和执行力,非经法定程序,任何个人和组织不得改变。

行政裁判文书是人民法院的"脸面",直接关系到人民法院裁判是否公平、公正,同时也反映出人民法院的裁判水平。一份好的行政裁判文书,一定是归纳了诉讼当事人之间的争议焦点和确定审理的重点准确而无漏,叙述案件事实简洁清楚,抓住问题的要害,通过层层逻辑分析,得出的结论令人信服,彰显公平正义。

二、行政诉讼的性质和特点

行政诉讼就其性质而言是解决行政争议的一种法律制度。我国《行政诉讼法》第2条第1款规定:“公民、法人或者其他组织认为行政机关和行政机关工作人员的行政行为侵犯其合法权益,有权依照本法向人民法院提起诉讼。”行政争议的双方中必有一方为国家行政机关,如公安机关、税务机关、市场监督管理机关、土地管理机关等,另一方为这个行政机关作出的行政行为的相对人及与该行为有利害关系的公民、法人或者其他组织。争议的焦点是行政机关作出的行政行为的合法性问题。

行政诉讼是从民事诉讼脱胎而来的,两者之间虽然存在很多共同之处,但主要有两点明显的不同:一是审查的对象不同。民事诉讼审查的对象是民事诉讼平等主体的当事人之间所争议事实的是非曲直问题;根据《行政诉讼法》第6条“人民法院审理行政案件,对行政行为是否合法进行审查”的规定,行政诉讼审查的对象是被诉行政行为的合法性问题。二是民事诉讼采取“谁主张,谁举证”的原则,一般情况下,是由原告承担举证责任。依据《行政诉讼法》第34条“被告对作出的行政行为负有举证责任,应当提供作出该行政行为的证据和所依据的规范性文件。被告不提供或者无正当理由逾期提供证据,视为没有相应证据。但是,被诉行政行为涉及第三人合法权益,第三人提供证据的除外”的规定,行政诉讼是由被告对被诉行政行为的合法性承担举证责任。

三、对制作行政裁判文书的基本要求

这里所说的对制作行政裁判文书的基本要求,不是就哪一类行政裁判文书而言的，而是对具有共性的问题所提出的制作行政裁判文书的具体要求。对制作行政裁判文书有以下三点基本要求：

（一）必须“以事实为依据，以法律为准绳”

“以事实为依据，以法律为准绳”是我国所有国家机关执法时必须遵守的一项基本原则，也是法院在审理各类案件时，必须遵守的一项原则。因此，在制作行政裁判文书中亦不能例外。

这里所讲的“事实”是指法律事实，即有证据能够证实的事实。因此说，“以事实为依据”就是要求判决或者裁定中所认定的每一个事实，包括实体方面的事实和程序方面的事实，都要有证据加以证实并达到证明标准。决不允许主观臆断或者歪曲，更不允许篡改事实。

这里所讲的“法律”是指广义上的法律。根据《行政诉讼法》的规定，人民法院审理行政案件依据法律、行政法规、地方性法规、自治条例和单行条例，参照规章，参考规章以下的规范性文件。所谓“参照”是指规章的规定与上位法规定一致的，可以作为衡量被诉行政行为的标准；相抵触的，法院不予适用。所谓“参考”规章以下的规范性文件，是指符合上位法规定的规章以下的规范性文件，可以肯定其效力；不符合的，不予适用，并建议制定机关予以纠正。

行政裁判文书应严格依据证据规则认定案件事实并将其如实反映出来，作出的行政裁判必须根据适用法律原则，正确适用法律规范的条文，依据法律条文及法学理论进行论述并作出裁判。只有这样才能保证行政裁判文书的质量，体现出人民法院严格依法办事，使行政裁判文书具有合法性、公正性和严肃性，才能树立起人民法院的权威。

（二）必须准确无误

行政裁判文书要体现出正确执行国家法律和审判程序合法，裁判具有

公正性和严肃性,就必须做到准确无误。具体应从以下四个方面掌握:

1. 形式要准确无误

依法应当适用行政判决书的,不能使用其他司法文书;依法应当使用行政裁定书的,亦不能使用其他司法文书。同时,行政判决书和行政裁定书格式的列项应符合法律的规定,不能丢三落四。

2. 内容要准确无误

行政判决书中,有关诉讼当事人及其代理人的基本情况、案件由来和审判经过、诉讼当事人的诉求及理由、认定事实和采信的证据、处理的理由和适用法律及判决结果等都应当准确无误,无懈可击。行政裁定书是对有关诉讼程序问题作出的处理,除应对所涉及的有关程序问题叙述准确无误外,其他与行政判决书相同的部分亦应与行政判决书的要求相同。

3. 表述内容的语言要准确无误

行政裁判书中所使用的语言,应当意思清楚、明确,不能语义含混不清、模棱两可;也不能渲染铺陈或夸大或缩小;归纳概括时必须准确,不能走样,不能有悖诉讼当事人及其代理人、证人等诉讼参加人的真实意思表示,不能有悖事实、曲解情节、改变定性;遣词造句要精准,所用的语句只能有一种解释,不能有多种解释,避免产生歧义。

4. 结构合理,符合逻辑

行政裁判文书应按照审理行政行为的合法或有关诉讼争议的问题、审理的顺序和推理的习惯来谋篇布局,应当做到结构合理、层次分明,通过运用逻辑推理的方式,对所有涉案证据和相关法律条文进行细致分析,一环扣一环推导出所认定的案件事实,应当正确地适用法律条文,依法作出裁判。这样的行政裁判才具有说服力和权威性,才能令人信服。

(三)突出合法性审查和被告承担举证责任的特点

早在 1996 年 7 月,在最高人民法院召开的全国法院审判方式改革工作会议上就对行政审判方式改革提出了具体要求,强调“整个审判活动必须紧紧围绕审查被诉具体行政行为的合法性进行;强化被告的举证责任”。[①] 1999 年 10 月 20 日最高人民法院印发的《人民法院五年改革纲要》再次强调,对诉讼到人民法院的行政案件,人民法院要“紧紧围绕被诉具体行政行为的合法性进行审查,彻底改变既审查具体行政行为又审查原告行为,甚至只审查原告行为的做法”。《行政诉讼法》第 6 条规定:“人民法院审理行政案件,对行政行为是否合法进行审查。”实际上是对原有的行政行为合法性审查原则的再次重申。换言之,行政诉讼应当对被诉行政行为的合法性进行全面审查,不受原告诉讼请求和理由的限制。行政裁判文书的改革,除了应当遵循公正、公开、说理、针对性和依法制作等原则以外,还应当根据行政诉讼的特点,在裁判文书中充分体现对被诉行政行为是否合法和被告对被诉行政行为合法性所承担的举证责任的审查。

四、行政裁判文书的种类

行政裁判文书可以按照不同的分类标准进行划分。

1. 按照实体和程序划分的种类

按照实体和程序来划分,行政裁判文书分为两大类:一类是就实体问题制作的司法文书,有行政判决书、行政赔偿判决书、行政调解书和行政赔偿调解书。行政判决书,是人民法院受理行政案件后,按照 2017 年《行政诉讼法》规定的程序审理终结,就案件实体问题作出的书面处理决定。行政赔偿判决书,是人民法院受理行政赔偿案件后,按照 2017 年《行政诉讼法》规定的程序审理终结,就案件有关行政赔偿问题作出的书面处理决定。行政

---

① 参见祝铭山:《认真学习贯彻修改后的刑事诉讼法 全面改革和完善审判方式》,载《中华人民共和国最高人民法院公报》1996 年第 4 期。

调解书,是人民法院在审理行政案件过程中,通过调解促使当事人达成解决争议的协议后,依法制作的具有法律效力的法律文书。行政赔偿调解书,是人民法院在审理行政赔偿案件的过程中,通过调解促使当事人达成解决赔偿争议的协议后,依法制作的具有法律效力的法律文书。另一类是就有关行政诉讼程序问题制作的司法文书,即行政裁定书。行政裁定书,是人民法院依照2017年《行政诉讼法》规定的程序审理行政案件,为解决行政诉讼程序问题作出的司法文书。根据该法规定,行政裁定可分为书面裁定和口头裁定两种形式。

行政裁定书与行政判决书有以下四点区别:第一,解决问题的性质不同。前者是解决有关行政诉讼程序方面的问题;后者则是解决当事人之间的实体问题,即被诉行政行为的合法性及行政赔偿问题。第二,内容和结构不同。前者内容较为简单,一般不要求叙述案件事实,在结构上不要求区别事实和理由;后者内容则比较复杂,一般要求全面地叙述案件的事实和理由。第三,上诉的规定不同。前者除《行政诉讼法》明文规定准许上诉的情形外,一般不准许上诉,一经作出便发生法律效力;后者当事人不服一审判决均准许上诉,上诉期间,行政判决书虽送达当事人,但不发生法律效力。第四,行政裁定与行政判决的上诉期限不同,行政裁定的上诉期限为10日,行政判决的上诉期限为15日。

2. 按照审判所适用的程序划分的种类

按照审判所适用的程序不同,可分为:一审行政判决书、二审行政判决书和再审行政判决书,一审行政裁定书、二审行政裁定书、再审行政裁定书和非诉执行行政裁定书。一审行政判决书,又称初审行政判决书,是人民法院对行政争议案件第一次审判终结后,就实体问题所作的判决书。二审行政判决书,又称终审判决书,是人民法院对行政争议案件第二次审判终结后,就实体问题所作的判决书。再审行政判决书是人民法院按照审判监督程序,对已生效的判决重新审理所作出的判决书。一审行政裁定书,是人民法院在立案、审理中,为解决案件受理、管辖等行政诉讼程序问题所作的裁定书。二审行政裁定书,是人民法院在第二审程序中,为解决行政诉讼程序问题所作的裁定书。再审行政裁定书,是人民法院在审判监督程序中,为解决行政诉讼程序问题所作的裁定书。非诉执行行政裁定书,是指行政机关申请法院强制执行行政行为,法院对申请事项作出相关处理的司法文书。

3. 按照判决结果和具有一定的特殊性划分的种类

按照判决结果和具有一定的特殊性来划分,一审行政判决书包括驳回诉讼请求类行政判决书、撤销或变更类行政判决书、履行法定职责类行政判决书、给付类行政判决书、确认违法或无效类行政判决书、行政案件的复议机关作共同被告类行政判决书、行政裁决类行政判决书、一并审理民事案件类行政判决书、行政协议类行政判决书、行政赔偿判决书、行政调解书、行政赔偿调解书等 12 种;二审行政判决书包括维持原判行政判决书和改判行政判决书两种类型。

认真制作行政裁判文书,对于严肃执法,增强人民群众和国家行政机关及其工作人员的法治观念,发展社会主义民主,建设社会主义法治国家,保护公民、法人和其他组织的合法权益,监督行政机关依法行使职权,密切人民政府与人民群众的关系等具有重要的意义。为了规范行政裁判文书的样式,提高行政裁判文书的制作水平,最高人民法院总结经验,于 2004 年 12 月 8 日下发了《一审行政判决书样式(试行)》,①包括一审作为类行政案件用行政判决书,一审不作为类行政案件用行政判决书和一审行政赔偿案件用行政判决书三种样式。2014 年修改后的《行政诉讼法》在立案、审理、执

① 参见《中华人民共和国最高人民法院公报》2005 年第 2 期。

行等方面创设了许多新的制度,为确保修改后的《行政诉讼法》的贯彻施行,最高人民法院于2015年发布《行政诉讼文书样式(试行)》[1][以下简称《文书样式(试行)》],对《一审行政判决书样式(试行)》作了修改,同时增加了二审和再审行政判决书样式、行政裁定书样式及行政决定书样式等内容,新的行政诉讼文书样式共132个,其中行政判决书样式有13个,行政裁定书样式28个,其他法律文书91个,完善了行政诉讼文书的样式,规范了各类司法文书,改变了司法文书不统一的情况。

这里有以下三点需要说明:

(1)关于《文书样式(试行)》中没有行政附带民事判决书样式的说明。《文书样式(试行)》中没有行政附带民事判决书样式,却有一并审理民事案件用的民事判决书样式。其原因有主要有以下三点:其一,在刑事诉讼中,因被告的犯罪行为对被侵害人的合法权益造成损害,在查清被告犯罪事实的前提下,一并将被侵害人的民事赔偿予以解决。因"以刑事为主,民事为辅",所以,将此种诉讼称为"刑事附带民事诉讼"。在行民交叉案件中,很难讲以行政为主,还是以民事为主,也就无从谈起谁是主诉,谁是辅诉,故不宜将其称为"行政附带民事诉讼",而是称为"行政与民事合并审理"。其二,行政诉讼与民事诉讼举证责任、证明标准不同,当事人的诉讼地位不同,上诉案件审查的范围不同,难以附带,后改称为一并审理。其三,法院在行政诉讼中一并审理相关民事争议的,实质上是两个诉,即一个是行政争议之诉,另一个是民事争议之诉,应当属于两个不同诉的合并审理。也就是说,是两个不同种类的案件合并审理,故最高人民法院2018年发布的《关于适用〈中华人民共和国行政诉讼法〉的解释》(以下简称2018年《行诉解释》)

---

① 参见最高人民法院行政审判庭编:《行政诉讼文书样式(试行)》,人民法院出版社2015年版。

第140条①第1款中明确规定“民事争议应当单独立案”。正因为行民一并审理的案件是两个诉的合并审理，属于两个案件，也就意味着需要立一个民事案号、一个行政案号。据此，《行诉解释》第144条②规定，行民一并审理的案件，应当按行政案件、民事案件的标准分别收取诉讼费。

（2）关于《文书样式（试行）》中行政调解书适用问题的说明。《文书样式（试行）》中只规定了一审行政调解书的样式，没有规定二审、再审行政调解书的样式，因二审、再审行政调解书的结构、各部分的写法与一审行政调解书基本相同，所不同的是诉讼当事人的称谓、案件由来和诉讼费用负担。在起草二审、再审行政调解书时，将不同的地方进行修改，其他部分可以仿照一审行政调解书制作。因一审行政调解书内容较少，与行政赔偿判决书中的一些内容重合，故将一审行政调解书放在一审行政赔偿判决书一节内。

（3）关于未将所有种类一审判决书样式一一写出的说明。《文书样式（试行）》中列举出13种行政判决的样式，本书中并未一一列出单独成章，行政裁决有28个，亦未一一单独成节，主要基于以下三点考虑：

其一，将除判决方式不同，其他部分相同的行政判决合并在一章。不少行政判决的样式中，仅仅是判决方式不同，其他部分基本相同，为避免重复，故将此类一审行政判决书的撰写合并在一章中。例如，本书的第二章“一审一般类型的行政判决书”，将在第一审驳回诉讼请求、撤销或变更判决、确认违法或无效等判决书放在一章中。第三章“一审特殊类型的行政（赔偿）判决书”，将一审复议机关为共同被告案件、不履行法定职责或义务案件、行政协议案件、行政赔偿案件等一审行政判决书放在一章中。

---

① 《行诉解释》第140条规定：“人民法院在行政诉讼中一并审理相关民事争议的，民事争议应当单独立案，由同一审判组织审理。人民法院审理行政机关对民事争议所作裁决的案件，一并审理民事争议的，不另行立案。”

② 《行诉解释》第144条规定：“人民法院一并审理相关民事争议，应当按行政案件、民事案件的标准分别收取诉讼费用。”

其二,为了考虑每章之间字数平衡,将几种特殊类型的行政判决书放在一章中。例如,第二章一审特殊类型的行政(赔偿)判决书,就将一审复议机关为共同被告案件、不履行法定职责或义务案件、行政协议案件和行政赔偿案件等四种行政判决书的制作并在一章中。又如,第四章二审和再审行政判决书中有意将二审行政判决和再审行政判决合并在一章中。

其三,突出重点,避免重复,力求解决实际问题。行政裁决有 28 个之多,数量虽多,但都是有关诉讼程序问题,相对简单,没有过多理论问题需要论述。因此,并不是对每类行政裁决都做详细论述,而是突出重点,将审判实践中用得最多,问题相对突出的,如不予立案、驳回起诉行政裁定书等作为重点论述,解决实际问题。为了避免重复,同时对一些具有关联性的行政裁定书合并在一起进行论述。

第二章 一审一般类型的行政判决书

一审一般类型行政案件主要包括:驳回诉讼请求判决案件、撤销判决或变更判决案件和确认违法或无效判决案件。一审一般类型行政判决书,是第一审人民法院依照2017年《行政诉讼法》的规定,对按照第一审程序审理终结的一般类型的行政案件,就实体问题作出的驳回诉讼请求、撤销、变更、确认违法或无效的书面司法文书。

一审一般类型的行政判决书由首部、事实、判决理由、判决结果以及尾部和附录五部分组成。结合行政判决书的特点,应重点写好事实(证据)、判决理由和判决结果三部分。

第一节 首　　部

首部应依次写明标题、案号、当事人及其诉讼代理人的基本情况以及案件程序等。

一、标题

标题由法院名称、文书名称和案号构成。

(一)法院名称及文书名称

标题中的法院名称,一般应与院印的文字一致,但基层人民法院和中级人民法院应冠以省、自治区、直辖市的名称。例如,上海市黄浦区人民法院、陕西省甘泉县人民法院、河北省石家庄市中级人民法院。但专门法院除外,例如西安铁路运输法院、兰州铁路运输中级法院。

文书名称写在法院名称的下一行。行政案件的判决均表述为“行政判决”。

(二)案号

案号是不同案件的序列编号,应贯彻一案一号的原则。案号由立案年度、制作法院、案件性质、审判程序的代字和案件顺序号组成。例如,浙江省淳安县人民法院 2015 年第 1 号一审行政案件,表述为“(2015)淳行初字第 1 号”。一并审理的行政与民事交叉的案件要分别立行政案号和民事案号。例如,安徽省长丰县人民法院 2023 年一并审理一个行政案件和一个民事案件,分别表述为“(2023)长行初字第 15 号”“(2023)丰民初字第 134 号”。

参照《民事诉讼法》第 156 条的规定,就一部分事实先行判决的,第二份行政判决书开始可在案号后缀“-2、-3……”以示区别。

二、当事人及其诉讼代理人的基本情况

(一)当事人的诉讼地位

当事人的诉讼地位,是指在行政诉讼中的法律地位。第一审行政案件

立案后，提起诉讼的一方当事人表述为“原告”；被控告的一方当事人表述为“被告”；与被诉行政行为有利害关系或者与判决结果有利害关系的一方当事人表述为“第三人”。

在行政判决书的顺序排列为，先写原告，后写被告，再写第三人。有多个原告、被告、第三人的，按照起诉状列明的顺序写。未列明的当事人，按照参加诉讼的时间顺序写。

（二）当事人的基本信息

当事人的基本信息，即用以识别当事人身份的基本情况。因他们的情况不同，所需要表述的内容亦有一定的区别。

1. 原告的基本信息

提起行政诉讼的原告包括公民、法人或者其他组织。

原告是公民的，写明姓名、性别、出生年月日、公民身份证号码、民族和住址。公民的住址应写户籍所在地。户籍所在地与经常居住地不一致的，写经常居住地。

原告是法人的，写明法人的名称和住所地，并另起一行，列项写明法定代表人及其姓名、性别和职务等。

人民检察院依据 2017 年《行政诉讼法》第 25 条第 4 款①的规定，向人民法院提起诉讼的案件，因其诉讼地位属于原告，故应按照法人填写其基本情况。

原告是不具备法人资格的其他组织的，写明其名称或者字号和所在地

① 2017 年《行政诉讼法》第 25 条第 4 款规定：“人民检察院在履行职责中发现生态环境和资源保护、食品药品安全、国有财产保护、国有土地使用权出让等领域负有监督管理职责的行政机关违法行使职权或者不作为，致使国家利益或者社会公共利益受到侵害的，应当向行政机关提出检察建议，督促其依法履行职责。行政机关不依法履行职责的，人民检察院依法向人民法院提起诉讼。”

址,并另起一行写明诉讼代表人及其姓名、性别和职务。

原告是个体工商户的,写明业主的姓名、性别、出生年月日、身份证号码、民族、住址;起有字号的,在其姓名之后,括号注明"系……(字号)业主"。

原告是无诉讼行为能力的公民的,应写明其法定代理人或者指定代理人的姓名、性别、住址及其与被代理人的关系,并在姓名之后括注其与原告的关系。

属群体诉讼案件,推选或者指定诉讼代表人的,在原告身份事项之后写明"原告即诉讼代表人……",并写明诉讼代表人的基本情况,样式与原告基本情况相同。如涉及原告人数众多的,可在首部仅列明诉讼代表人的基本情况,原告名单及其基本身份情况可列入判决书的附录部分。

2. 被告的基本信息

行政诉讼中的被告,应写明被诉行政主体的名称、所在地址;另起一行列项写明法定代表人或者诉讼代表人的姓名和职务;副职负责人出庭的在此不列写,在交代到庭参加庭审活动的当事人及其他诉讼参加人项下,另起一行写委托代理人的基本事项。

3. 第三人的基本信息

有第三人参加诉讼的,第三人列在被告之后,第三人基本情况的写法与原告的写法基本相同。

4. 委托人的基本信息

当事人有委托代理人的,应当写明代理人的姓名和其他基本情况。有两个委托代理人的,分行分别写明。委托代理人为近亲属或者当事人单位的工作人员的,应当列在第一位,并在当事人近亲属的姓名后面加括号注明其与当事人的关系,写明住所。当事人单位工作人员作为代理人的,写明姓名、性别及工作人员的身份。委托人系律师或者基层法律工作者的,只写明其姓名、工作单位和职务。

代理人系当事人所在社区、单位以及有关社会团体推荐的公民的，应符合最高人民法院《关于适用〈中华人民共和国民事诉讼法〉的解释》第 87 条第 1 款的规定。[①] 故应当写明公民代理人的姓名、性别、出生日期、公民身份证号码、民族、工作单位和住址。在住址后面注明具体由何社区、单位、社会团体推荐。

5. 需要注意的问题

在写当事人及其诉讼代理人的信息时，需要注意以下两个问题：

（1）有关继受人的表述

2017 年《行政诉讼法》第 25 条规定："行政行为的相对人以及其他与行政行为有利害关系的公民、法人或者其他组织，有权提起诉讼。有权提起诉讼的公民死亡，其近亲属可以提起诉讼。有权提起诉讼的法人或者其他组织终止，承受其权利的法人或者其他组织可以提起诉讼。"根据上述规定，在诉讼中这些当事人的权利义务继受人参加诉讼的，诉讼地位从其承继的地位。裁判文书中，继受人为当事人；被继受人在当事人部分不写，在案件由来中写明继受事实。

（2）有关委托诉讼代理人变更后的表述

委托诉讼代理人变更的，裁判文书中只列变更后的委托诉讼代理人，对于变更的事实可根据需要写明。

6. 当事人及基本情况的表述

当事人及基本情况，具体表述为：

---

① 最高人民法院《关于适用〈中华人民共和国民事诉讼法〉的解释》第 87 条第 1 款规定："根据民事诉讼法第六十一条第二款第三项规定，有关社会团体推荐公民担任诉讼代理人的，应当符合下列条件：（一）社会团体属于依法登记设立或者依法免予登记设立的非营利性法人组织；（二）被代理人属于该社会团体的成员，或者当事人一方住所地位于该社会团体的活动地域；（三）代理事务属于该社会团体章程载明的业务范围；（四）被推荐的公民是该社会团体的负责人或者与该社会团体有合法劳动人事关系的工作人员。"

原告×××,……(写明姓名或名称等基本情况)。

法定代表人×××,……(写明姓名、职务)。

委托代理人(或指定代理人、法定代理人)×××,……(写明姓名等基本情况)。

被告×××,……(写明行政主体名称和所在地址)。

法定代表人×××,……(写明姓名、职务)。

委托代理人×××,……(写明姓名等基本情况)。

第三人×××,……(写明姓名或名称等基本情况)。

法定代表人×××,……(写明姓名、职务)。

委托代理人(或指定代理人、法定代理人)×××,……(写明姓名等基本情况)。

三、案件程序

案件程序由案件的名称、案件由来和审理过程三个部分组成。

(一)案件名称

1. 案件名称的构成

案件名称是对当事人与案由的概括。

行政一审案件名称表述为:"原告×××不服被告×××(行政主体名称)……(行政行为)。"诉讼当事人名称过长的,可以在案件由来部分第一次出现时用括号注明其简称,表述为"(以下简称×××)"。其他单位或者组织名称过长的,也可在首次出现时表述用括号注明简称。

2. 行政案件的案由

行政案件的案由是按照被诉行政行为确定的。行政案件案由分为三级。一级案由为"行政行为"。它是指行政机关与行政职权相关的所有作为和不作为。二、三级案由是对一级案由的细化。三级案由主要是按照法律、法规等列举的行政行为名称以及行政行为涉及的权利内容等进行划分。

目前列举的二级案由主要包括：行政处罚、行政强制措施、行政强制执行、行政许可、行政征收或者征用、行政登记、行政确认、行政给付、行政允诺、行政征缴、行政奖励、行政收费、政府信息公开、行政批复、行政处理、行政复议、行政裁决、行政协议、行政补偿、行政赔偿及不履行职责、公益诉讼。

优先适用三级案由。人民法院在确定行政案件案由时，应当首先适用三级案由；无对应的三级案由时，适用二级案由；二级案由仍然无对应的名称，适用一级案由。例如，起诉行政机关作出的罚款行政处罚，该案案由只能按照三级案由确定为"罚款"，不能适用二级或者一级案由。起诉多个行政行为案件案由的确定，在同一个案件中存在多个被诉行政行为时，可以并列适用行政案件案由制度解析与适用不同的案由。例如，起诉行政机关作出的罚款、行政拘留、没收违法所得的行政处罚时，该案案由表述为"罚款、行政拘留及没收违法所得"。如果是两个以上被诉行政行为，其中一个行政行为适用三级案由，另一个只能适用二级案由的，可以并列适用不同层级的案由。

行政公益诉讼案件案由按照"××（行政行为）"后级"公益诉讼"的模式确定，表述为"××（行政行为）公益诉讼"。例如，人民检察院对行政机关不履行查处环境违法行为法定职责提起行政公益诉讼的案件，案由表述为"不履行查处环境违法行为职责公益诉讼"。

一并审查规范性文件的案由表述为"××（行政行为）及规范性文件审查"。例如，起诉行政机关作出的强制拆除房屋行为，同时对相关的规范性文件不服一并提起行政诉讼的案件，案由表述为"强制拆除房屋及规范性文件审查"。

(二)案件的由来

为了准确判断原告是否向具有管辖权的人民法院在法定起诉期限内提起诉讼,应交代清楚受诉法院、提起诉讼的时间。此部分表述为:

原告×××于××××年××月××日向本院提起诉讼。

这里需要注意以下问题:

1. 按自动撤诉后再起诉的表述问题

2018年《行诉解释》第61条规定,原告未按规定的期限预交案件受理费,又不提出缓交、减交、免交申请,或者提出申请未获批准的,按自动撤诉处理。在按撤诉处理后,原告在法定期限内再次起诉,并依法解决诉讼费预交问题的,人民法院应予立案。因计算再次起诉的起诉期限,是从作出行政行为的次日开始计算至再次起诉之日止。第一次起诉至法院作出按自行撤诉决定之日的这段时间,应当在计算起诉期限时予以扣除。为反映出原告再次起诉是否超过起诉期限的问题,应当写明原告第一次起诉时间,法院决定按自动撤诉处理的时间和再次起诉的时间。

此种情况应表述为:

原告×××于××××年××月××日向本院提起诉讼,因其未依法缴纳诉讼费用,本院××××年××月××日作出按自行撤诉的决定后,原告×××于××××年××月××日再次向本院提起诉讼。

2. 指定管辖的表述问题

上级人民法院指定管辖的案件有以下三种情况:

(1)原告依法提起行政诉讼,法院既不立案,又不作出不予立案裁定的,当事人向上一级法院起诉,上一级法院认为符合起诉条件,指定本院立案、审理的,此类情况的起诉期限从作出被诉行政行为之日开始计算,原告向上级法院提起行政诉讼之日止,法院审理的期限从收到指定管辖裁决之日开始计算。

此种情况应当表述为：

原告×××于××××年××月××日向本院提起诉讼，本院未予立案，原告××××年××月××日向××人民法院提起诉讼，该院经审理，认为符合起诉条件，于××××年××月××日作出指定管辖裁定。

(2)其他法院已受理的案件，经审查该法院不具有管辖权，将本案移送本法院管辖的行政案件，为了便于审查原告是否在起诉期限内提起诉讼。

此种情况应当表述为：

原告×××于××××年××月××日向×××法院提起诉讼，该法院于××××年××月××日立案，经审理发现该院对本案不具有管辖权，于××××年××月××日作出行政裁定，将本案移送本院。本院经审理，认为符合起诉条件，于××××年××月××日立案受理了本案。

(3)上级法院发回重审的案件，应当写明原审法院作出行政裁定的案号及日期，上诉人，上级法院作出的行政裁定的案号及日期、判决结果、说明引起本案的起因。例如，一审案件源于上级法院发回重审的，发回重审的案件应当写明：

原告×××不服被告×××(行政主体名称)……(行政行为)一案，本院于××××年××月××日作出……(写明案号)行政判决，×××不服判决，向××××法院提起上诉。××××法院于××××年××月××日作出……(写明案号)裁定，发回重审，本院依法组成合议庭……

(三)审理的过程

为了反映出法院是否依法立案，是否将起诉状副本依法送达被告，是否在法定审限内审结该案，在案件的审理经过部分应写明立案的日期。立案的日期统一表述为：

本院于××××年××月××日予以立案后，于××××年××月××日向被告送达起诉状副本及应诉通知书。

审理情况还包括适用程序、程序转换审理方式、参加庭审人员等。适用程序包括普通程序和简易程序两种，前者需要依法组成合议庭进行审理，后者是由一名审判员独自进行审理。

采用开庭方式包括公开开庭和不公开开庭。不公开开庭的，主要有以下三种情形：一是因涉及国家秘密的；二是因涉及个人隐私的；三是因涉及商业秘密，经当事人申请，决定不公开审理的。因此，不公开开庭审理的，要写明不公开开庭审理的理由，如“因国家秘密”或者“因涉及个人隐私”或者“因商业秘密，×××申请不公开开庭审理”。

在此部分应当写明采用的是普通程序，还是简易程序，采用的庭审方式为开庭审理的，应写明到庭参加庭审活动的当事人、行政机关负责人、诉讼代理人、证人鉴定人、勘验人和翻译人员等情况（包括未出席或者中途退庭的情况），写明发生的其他重要程序活动，如当事人进行证据交换、批准延长本案审理等情况，表明法院的审理活动公开和透明。此部分应表述为：

本院依法组成合议庭（采用简易程序的表述为，本院依法由审判员×××独任审理），于××××年××月××日公开（或不公开）开庭审理。……（写明到庭参加庭审活动的当事人、行政机关负责人、诉讼代理人、证人、鉴定人、助验人和翻译人员等）到庭参加诉讼……（写明发生的其他重要程序活动，如被批准延长本案审理期限等情况）本案现已审理终结。

在适用简易程序审理案件的诉讼中，因发现不宜适用简易程序转为普通程序的，应当表述为：

于××××年××月××日公开（或不公开）开庭审理了本案，经审理发现有不宜适用简易程序的情形，裁定转为普通程序，于××××年××月××日再次公开（或不公开）开庭审理了本案。

对于审理中的其他程序性事项，如诉讼中止等情况应当写明。对中止诉讼情形，表述为：

于××××年××月××日裁定中止诉讼，于××××年××月××日恢复诉讼。

此部分应当注意以下四个问题：

(1)有权提起诉讼的公民死亡，其近亲属作为原告参加诉讼的，写明近亲属的姓名，括号中注明原告与有权提起诉讼的公民之间的亲属关系。有权提起诉讼的法人或者其他组织终止，承受其权利的法人或者其他组织作为原告参加诉讼的，写明作为原告参加诉讼的法人或者其他组织的名称，括号中注明因有权提起诉讼的法人或者其他组织终止，其是被终止法人或者其他组织权利的继受人。

(2)如有第三人参加诉讼，可因依职权追加第三人或者当事人申请作为第三人，分别表述为："因×××与本案被诉行政行为有利害关系或与案件处理有利害关系，本院依法通知其为第三人参加诉讼"；"因×××与本案被诉行政行为有利害关系或与案件处理有利害关系，经×××申请，本院依法准许其为第三人参加诉讼"。

(3)如果当事人经合法传唤无正当理由未到庭的，应当写明："×告×××经本院合法传唤，无正当理由，拒不到庭。"

(4)当事人在庭前进行证据交换的，应写明："本院于××××年××月××日组织原告、被告及第三人进行了证据交换，并送达了证据清单副本。"

第二节　事　　实

事实部分应当写明当事人行政争议的内容和经法庭审理查明的事实两

个方面的内容。

一、当事人行政争议的事实

当事人行政争议内容部分的具体结构如下：被诉行政行为、被告提交的证据及依据、原告诉称及提交的证据、被告辩称、第三人述称及提交的证据、当事人的质证意见等六个部分。

（一）被诉行政行为

行政诉讼是以原告不服行政机关的行政行为提起的，法院是对被诉行政行为的合法性进行审查的。因此，应写明作出被诉行政行为的主体、作出被诉行政行为的行政程序、行政行为的主要内容和被告举证的内容。

1. 关于作出行政行为的主体的表述问题

在通常的行政诉讼案件中，被告就是作出行政行为的主体。但是，在个别行政诉讼案件中，行政行为法律文书上加盖的印章，不是行政机关，而是没有法律、法规、规章特别授权的其内部机构或者派出机构的印章。行政机关的内部机构或者派出机构没有法律、法规、规章明确授权，不能以自己的名义作出行政行为，故此种情况的案件，行政机关为该案件的被告，作出行政行为的主体是其内部机构或者派出机构。这也正是判断作出被诉行政行为的主体是否存在超越职权的事实依据，故应写明的作出行政行为的主体，不能是被告，而是其内部机构或者派出机构。

2. 关于作出行政行为的程序的表述问题

在被诉行政行为的法律文书中，不会反映出作出行政行为的程序，一般都是在答辩状或者被告代理人在法庭上对此问题的陈述。因此，应在被告答辩状和陈述中归纳出其所采取的方式、步骤、顺序、期限等有关行政程序方面的问题，用被告诉称的方式写进判决文书中，以供论理时分析行政主体所述的行政程序问题是否有足够的证据予以支持,是否符合法定程序的要求。

3. 关于行政行为的内容的表述问题

行政行为的主要内容包括:行政行为认定的事实、适用的法律规范和处理结果。它们也是合法性审查中不可或缺的事实。这些“事实”亦需要得到充分的展示。如果被诉行政行为系非要式行为或者事实行为,可结合被告的答辩状所陈述的事实或者庭审中双方认可的结论,确定为行政行为的内容。

综合上述三点,此部分可以表述为:

被告××××(行政主体名称),称按照何种程序、何种步骤及顺序、期限,于××××年××月××日作出……(简要写明被诉行政行为认定的主要事实、法律法规及规章依据、处理结果)。

这里需要注意的问题是:对被诉行政行为认定的事实应当将涉及定性和处理结果及影响到原告、第三人权益的事实如实概括性描写,与定性和处理结果及与原告、第三人权益无关的枝节问题可以略去。

4. 关于被告举证问题的表述

被告举证问题的表述为,“被告于××××年××月××日向本院提供了作出被诉行政行为的证据和依据(指法律、法规依据)”,以突出被告对作出的行政行为的合法性负有举证责任这一原则。

凡是与被诉行政行为合法性有关的所有证据均要在判决书中列举清楚。所列举的证据,应当写明证据的名称、形式、来源、取得的时间、主要内容、当事人欲证明的事实,不能只罗列证据的名称。

列举的方式可以按被告举证顺序,归类概括证明目的、收集该证据的时间来写;也可以根据案情,从法定职权、行政程序、认定事实、适用法律等方面,分类列举有关证据和依据;还可以综合列举证据,略写无争议部分。为体现被告必须在法定期限内向法院提供证据的要求,应当写明被告向法院提供证据的时间。对于经法院批准延期提供证据的,应当予以说明。

这里需要注意的问题是:最高人民法院《关于行政诉讼证据若干问题的规定》(以下简称《行政证据规定》)第2条和第3条①规定,行政机关在作出行政行为后,收集的证据不能作为该行政行为合法的依据。只有在原告或者第三人提出其在行政程序中没有提出反驳理由或者证据的情况下,被告才可以补充证据。此类证据不能直接作为认定被诉行政行为合法的证据,只能作为反驳原告或者第三人新提出的理由或者否定新证据具有证明效力来使用。因此,被告应当说明提供补充的理由,即为了证明原告或者第三人提出的新的理由不能成立或新的证据不具有证明效力。

《行政证据规定》中虽没有明确规定原告不可以补充证据,但原告有正当理由,可以在举证期限届满后提交证据。如果进行过证据交换,原告在证据交换后补充证据的,亦应写明补充提交证据的理由。

(二)“原告诉称”表述形式

以“原告诉称”的形式,概括写明原告的诉讼请求及理由。

1. 诉讼请求

诉讼请求是指原告向被告主张的法律上的权益。行政诉讼是原告对被告作出的行政行为不服而提起的诉讼,因此原告提出的诉讼请求包括两项内容:一是明确被诉行政行为。通常情况下被诉行政行为非常明确,但在有关征收土地、房屋案件中,原告对征收土地或者征收房屋提起诉讼。征收集体土地、国有土地上的房屋是由征收土地或者房屋决定、补偿安置协议或者

① 《行政证据规定》第2条规定:“原告或者第三人提出其在行政程序中没有提出的反驳理由或者证据的,经人民法院准许,被告可以在第一审程序中补充相应的证据。”第3条规定:“根据行政诉讼法第三十三条的规定,在诉讼过程中,被告及其诉讼代理人不得自行向原告和证人收集证据。”

裁决、确认被征收房屋是否属于违法建筑决定等行为构成。由于作出的主体、内容、适用的法律规范等都不同,原告必须明确起诉哪一个行政行为。否则,因被诉行政行为不明确,行政诉讼将无法进行下去。同时,根据“一行为一立案”的要求,如果原告起诉一个行政行为应立一个案号,起诉多个行政行为就应立多个案号,如存在关联性,可以合并审理。二是所要达到的目的。即要求明确提出撤销或者变更行政行为或者履行法定职责或义务等具体要求。

根据2017年《行政诉讼法》第49条第3项的规定,原告提起行政诉讼应当有具体的诉讼请求。2018年《行诉解释》第68条规定,2017年《行政诉讼法》第49条第3项中规定的“有具体的诉讼请求”包括以下情形:(1)请求判决撤销或者变更行政行为;(2)请求判决行政机关履行特定法定职责或者给付义务;(3)请求判决确认行政行为违法;(4)请求判决确认行政行为无效;(5)请求判决行政机关予以赔偿或者补偿;(6)请求解决行政协议争议;(7)请求一并审查规章以下规范性文件;(8)请求一并解决相关民事争议;(9)其他诉讼请求。

当事人单独或者一并提起行政赔偿、补偿诉讼的,应当有具体的赔偿、补偿事项以及数额;请求一并审查规章以下规范性文件的,是对被诉行政行为和规章以下的规范性文件附带审查,审查的对象有两个,即被诉行政行为和规章以下的规范性文件,故除了需要明确具体的行政诉讼请求外,还应当写明当事人提出附带审查的规范性文件的名称及具体条款项;请求一并解决相关民事争议的,实际上是行政争议之诉和民事争议之诉,是两种不同性质的诉的合并审理,故除了应当写明具体行政诉讼请求外,还应当写明具体的民事诉讼请求。

需要注意的是,原告中可能有一些人缺乏法律知识,很难表达清楚其诉讼请求,这时就需要从起诉人起诉状的内容和起诉人的陈述中归纳提炼出其诉讼请求及理由,用规范的法律术语予以表述。归纳提炼时,既要避免照抄原告的诉讼请求,也要避免遗漏原告提出的实质问题。为避免原告产生误解,在庭审中,应当让原告对表述的诉讼请求及理由予以确认,并记录在案。判决书中所表述的原告诉讼请求,须经过原告确认。

2. 诉讼理由

原告的诉讼理由,一般围绕诉讼请求进行,其最终都要落在对被诉行政行为合法性的评价上,否则无法达到原告的诉讼目的。行政行为的合法性是由行政主体行使职权的行为是否超越职权、行政程序是否合法、认定事实的主要证据是否充分、适用法律规范是否正确、是否存在滥用职权或明显不当、是否存在不履行法定职责或义务等问题。只要原告提出的诉讼涉及其中任何一个问题的,都应当作为原告的诉讼理由予以明确。此评价属于原告的认知,正确与否还有待于司法审查的检验,不能因其认知不正确,就不写进判决的理由中。因此,不论原告的诉讼理由是否成立,都必须写进原告的诉讼理由中。

行政判决书中不应照抄起诉状或原告叙述的诉讼理由,而应将原告所述的理由,通过归纳整理,用简短、精炼、准确的语言高度概括出来,写进行政判决书中。由于有些原告可能无法正确表达其诉讼请求和诉讼理由,在其起诉状中有关诉讼理由表述不清或者逻辑混乱,法官在庭审前应将其起诉状的理由进行梳理,用精炼的语言概括出其诉讼理由的要点。庭审中,法官应让原告确认概括的诉讼理由的要点,原告同意的,记录在卷;原告不同意的,让原告用简短精练的语言表述清楚,亦应记录在卷。撰写判决书时,要将最终确定的诉讼理由写进判决书中,倘若原告接到判决书后不认账,也能有据可查,避免出现被动的情形。

3. 关于原告提供证据的表述

原告向法庭提供的证据材料应当列出并写明每个证据的名称、具体内容、取得的时间、证明的目的、向法庭提交的时间。如果原告提交的证据材料多，可以分类列出。具体表述为：

原告×××诉称，……（写明原告的诉讼请求、主要理由及原告提供的证据、依据等）。

这里需要注意的是，如果原告在诉讼中提出了新的事实和新的证据，应当在诉讼理由部分写明。原告提出新事实的，要写明新事实的内容、对被诉行政行为合法性的具体影响；原告提出新证据的，应当写明新证据用于证明的事实，证据材料的名称、具体内容、取得的时间、证明目的等。

（三）"被告辩称及理由"的表述形式

1. 被告辩称

"被告辩称"是从被告答辩状中和庭审的答辩意见中概括出来的，由主要理由和要求构成。被告辩称主要是针对被诉行政行为的合法性进行的论述，对原告或者第三人提出的质疑和理由进行回答和辩解。"被告的要求"，一般会提出请求法院驳回原告的诉讼请求。也有些案件在法庭审理中，被告认识到其作出的行政行为存在一些问题，会主动改变原行政行为，在改变后请求原告向法院申请撤诉。原告拒绝撤诉并对改变的行政行为提起诉讼的，法院应将对原行政行为之诉和对改变后的行政行为之诉一并审查，在判决书"原告诉称"部分中写明原告对改变后的行政行为的诉讼请求及具体理由；在"被告辩称"中写明被告对改变后的行政行为合法性问题的论述和要求。

2. 答辩理由

被告的答辩理由一般有以下三个方面内容：一是对被诉行政行为合法性的说明；二是对原告诉讼理由的反驳或认同；三是对原告诉讼请求的同意与否定的态度。但要注意避免与已有内容的重复。被告的答辩意见和理由与原告的诉讼请求和理由有完全对立冲突的问题,应当将对立和冲突的问题确定为双方当事人的争议焦点。

综上所述,被告的答辩意见可表述为:

被告×××辩称,……(写明被告的答辩请求及主要理由)。

(四)“第三人述称”的表述形式

如有第三人参加诉讼,以“第三人述称”的形式,概括写明第三人的意见和其提供的证据。

行政诉讼第三人有两种类型:一是与被诉行政行为存在利害关系的;二是与同案件处理结果有利害关系的。第三人往往与原告存在某种法律关系和争议。因此,对待第三人也要像对待原告一样,反映出对其诉讼利益的关注和尊重。有的第三人在行政案件中的立场和态度与被告或原告一致。此种情况,对第三人的主张和答辩理由可以用“第三人的陈述意见与被告或者原告一致”予以概括。如果第三人的意见与被告、原告均不一致的,则应予单独表述。

第三人向法庭提供的证据亦应列出,并写明每个证据的名称、内容、证明目的、向法庭提交的时间。

这里需要注意以下三个问题:其一,原告或者第三人申请法院调取证据的,如果法院不准许调取或者经调取未能取得相应证据的,亦应予以说明。其二,法院根据原告或者第三人申请调取的证据,应当作为原告或者第三人提供的证据,在庭审质证表述中,可分别归于原告或者第三人的证据作为质证的内容。其三,法院依职权调取证据的,须写明被调取证据的名称、证明目的和双方当事人(或者第三人)的观点。法院依职权或者法院根据原告或者第三人、被告的申请,委托鉴定部门进行鉴定的,应写明鉴定部门、鉴定事项和鉴定结论以及双方当事人(第三人)的意见。

二、经法庭审理查明的事实

经法庭审理查明的事实部分是由本院的认证意见和本院认定的事实这两个部分构成，它是行政判决书的关键部分。

（一）法院认定的事实是法律事实

根据《行政证据规定》第53条“人民法院裁判行政案件，应当以证据证明的案件事实为依据”的规定，法院认定的事实是法律事实。因此，在叙述案件事实部分，要叙述清楚有关质证、认证的情况，具体包括以下内容。

1. 应当写明各方当事人对事实、证据有争议的问题

在行政判决书中应当写明，各方当事人对哪些事实、证据提出异议及异议的理由，在质证的基础上对每个有争议的事实、证据进行具体的分析和认证，写明分析的过程和认证的结果，阐明采信或不采信证据的理由。此外，当事人没有提出异议，但在庭审中法官认为有问题的证据，通过法官询问的方式，对此类证据进行质证，由此确认这类证据是否可以采信。对确有问题不可采信的证据，亦应写明该证据不采信的理由。质证认为没有问题的，写明可以采证及理由。

2. 从证据的“三性”分析每一个证据

根据《行政证据规定》第54条的规定，法庭对证据的认证应当从证据的关联性、合法性和真实性来阐述，确定证据与案件事实之间的证明关系，排除不具有关联性的证据，准确认定案件事实。

证据的关联性，是指证据与案件的待证事实之间具有客观联系。行政诉讼审查的对象是被诉行政行为的合法性，因此与被诉行政行为的合法性之间具有客观联系的证据，都具有关联性。如果原告一并提起行政赔偿诉讼，与被诉行政行为所造成的损害、损害程度等事实有客观联系的证据，也

具有关联性。据此，对行政诉讼证据的关联性问题，应当审查证据与被诉行政行为中有关行政职权、行政程序、认定的事实、适用的法律、处理结果等之间是否具有客观联系。特殊的被诉行政行为还应当审查行政主体是否履行了法定职责和义务。原告一并提起行政赔偿的案件，还应审查证据与被诉行政行为所造成的损害结果之间是否存在客观联系。

证据的合法性，是指按照法律的要求和法定程序收集的证据。因此，对行政诉讼证据的合法性问题，应当从三个方面进行审查：一是证据是否符合法定形式；二是证据的取得是否符合法律、法规、司法解释和规章的要求；三是是否有影响证据效力的其他因素。

证据的真实性，是指证据为客观存在的事实，而不是主观猜想和虚假的东西。对行政诉讼证据的真实性亦应从五个方面进行审查：一是证据形成的原因；二是发现证据时的客观环境；三是证据是否是原件、原物，复制件、复制品与原件、原物是否相符；四是提供证据的证人与当事人是否有利害关系；五是影响证据真实性的其他因素。

经法庭的审查，符合证据“三性”的证据，才可以作为定案的依据，不符合证据“三性”的证据，应当排除在定案的依据之外。据此，在行政判决书中，要依据行政诉讼证据规则规定所采用证据的标准，写明哪些证据可以采用及其证明效力，哪些证据不可采用，应当排除在定案证据之外。

3. 没有经过庭审质证的证据不得作为定案的依据

2017 年《行政诉讼法》第 43 条第 1 款规定：“证据应当在法庭上出示，并由当事人互相质证。对涉及国家秘密、商业秘密和个人隐私的证据，不得在公开开庭时出示。”《行政证据规定》第 35 条第 1 款规定：“证据应当在法庭上出示，并经庭审质证。未经庭审质证的证据，不能作为定案的依据。”根据上述规定，只有经过庭审质证的证据，才能作为定案的证据。除无须举证的事实外，未在法庭质证的证据，不能进行认证，也就不能列为行政判决的定案依据。

质证有两种形式，一是公开质证。它是指对证据质证的过程及内容，向当事人、其他诉讼参与人和社会公开。二是不公开质证。它是指涉及国家秘密、个人隐私、商业秘密等不宜公开的证据，质证的过程、内容不允许案外人旁听，不向社会公开，只是在诉讼当事人之间秘密进行质证，各方当事人有保守秘密的义务。无论是经过公开庭审质证的证据，还是依法不公开庭审质证的证据，均属于经过庭审质证的证据，可以作为定案的依据，表述为行政判决的定案依据。这里需要指出的是，在庭前交换证据过程中，双方当事人没有争议的证据，实际上在开庭前已经向双方当事人出示过，在庭审中，法庭再次询问中明确确认，对交换证据中无争议的证据仍明确表示无争议的，法庭可以不在庭审中出示并质证，此类证据亦属于经过庭审质证的证据，可以作为定案的证据。

根据《行政证据规定》的规定，法院对证据的认证意见应当明确，对有争议的问题，应当遵循法官的职业道德，根据法律的规定，运用逻辑推理和生活经验，全面、客观、公正地分析判断，确定证据材料与案件事实之间的证明关系，排除不具有证据“三性”的证据材料，准确认定案件事实。因此，所有证据都要进行分析，写明哪些证据可以作为定案的依据及证明力，哪些证据不能作为定案的依据，并用简明扼要的语言阐述其理由。

4. 质证和认证的表述方式

有关质证认证部分叙述证据的顺序，一般是先叙述庭审质证认定可采纳的证据，应当注意因案而异、繁简得当。对可采纳证据的质证、认证顺序，一般是按法定职权、行政程序、认定事实、适用法律、处理结果及被诉行政行为所造成的损害、损害程度等事实的顺序排列。而后列出不采纳证据的名称及理由。

质证认证的表述形式有两种：一是“一证一质一认”。即写明证据的名称，各方当事人对该证据所提出的意见及理由，对所证明的待证事实的意见。对当事人提出异议的证据应当进行详细分析论证;对当事人没有争议,法庭审查没有问题的证据,此处可以列出证据名称,无须论证。二是按不同分类“综合举证、质证和认证”,可分为两种情况:一种情况是两个以上可采信的证据,法院对同一待证事实得出的结论不一致的,应当先写明每一证据的证明效力,再写明综合分析的意见。另一种情况是针对证据浩繁的案件,可以归纳概括当事人的主要质证意见,法院对证据的认证应有明确意见。对行政行为的合法性有影响的证据,特别是对当事人有争议的证据,应当写明采纳或者不予采纳的理由。

这里需要注意以下五个问题:一是对于当事人超过法定举证期限提供的证据,人民法院予以采纳的,应列明于判决书中并说明理由。二是对法院根据原告、第三人的申请调取的证据,可以作为原告、第三人提交的证据予以载明。三是对法院依职权调取的证据,则应当单独予以说明。当事人在法定期限之后提交的证据,应当在判决书中予以记载并说明。四是申请调取的证据较多,难以一一列举的,也可以概括说明。五是对于根据原告、第三人、被告的申请,委托鉴定部门进行鉴定的,需要写明鉴定机构、鉴定事项和鉴定结论以及当事人的意见。

(二)本院认定的事实

在庭审举证、质证、认证之后,再写经庭审查明,本院认定的事实的内容。事实要客观、真实,表述要准确、具体,要把行政争议和审查重点问题发生的时间、地点、内容、情节、后果、因果关系等交代清楚。

本院认定的事实,应当重点围绕被诉行政行为合法性的事实展开,具体包括以下五个方面的内容。

1. 作出行政行为的主体

行政案件的被告一般是作出行政行为的行政机关或法律、法规、规章授权的组织。也就是说,被告与作出被诉行政行为的主体是同一行政机关或同一法律授权的组织。但在一些特殊行政案件中的被诉行政行为,不是由被告行政机关作出的,而是由其内部机构或派出机构作出的。因此,发现作出被诉行政行为的主体不是行政机关,而是其内部机构或者派出机构的,应当查清该机构是否具有法律、法规及规章的授权。如果没有授权,应当认定作出行政行为的主体为该内部机构或者派出机构。这是判断作出行政行为的主体是否存在超越职权的一个重要的事实根据,故应在本院认定的事实中叙述清楚作出行政行为的主体是被告行政机关,还是其内部机构或派出机构。

2. 作出行政行为的行政程序

作出行政行为的行政程序是否合法是合法性审查中不可或缺的事实之一。但在被诉行政行为的法律文书中一般不会对其作出的行政程序问题作出叙述,而是在庭审中,根据被告向法庭的陈述,各方当事人的举证、质证、认证查清被诉行政行为是按照何种方式、步骤、顺序、时限等行政程序作出的,从而认定被告作出被诉行政行为的行政程序事实,基于这些行政程序事实判断被告作出的被诉行政行为是否符合法定程序的要求,故这一问题有必要在本院认定的事实中叙述清楚。此外,原告或者第三人提出作出被诉行政行为的工作人员存在应当回避而没有回避或存在不当接触等情形可能影响到被诉行政行为公正性的,在本院认定的事实中亦应叙述清楚。

3. 行政行为认定的事实与本院认定的事实是否一致

所谓"行政行为认定的事实",是指在行政行为的法律文书中用文字记载的事实,或向行政相对人口头宣告行政行为时宣读的事实。所谓"本院认定的事实",是指法庭经审理,在举证、质证、认证的基础上,通过分析、论证确认被诉行政行为认定的事实主要证据是否充分。对案件事实的叙述要准确具体、重点突出、繁简适当。叙述的方法一般按照案情发展的时间顺序,重点突出争议焦点和审理重点及关键点的问题,把来龙去脉叙述清楚。

行政行为的种类繁多,不同种类的行政行为对有关事实认定的要求亦有不同。例如,行政主体作出行政处罚的行为,应在行政处罚决定中认定违法行为人及其身份、是否具有行为能力等问题和违法行为实施的时间、地点、手段或方式、过程以及造成的危害后果等。因此,行政处罚决定中需要将上述事实叙述清楚,并向法庭提供相应的证据予以证实,否则,就构成主要证据不足。又如,我国法律、法规中一般明确规定需要采取行政强制措施行为的情形,因此,法院在审理这类案件时,应当先审查法律、法规规定需要采取行政强制措施的条件,然后根据被告举出的证据,判断需要采取行政强制措施的法定情形是否存在。如果不存在,应当认定主要证据不足。如果存在,再与法律、法规规定实施强制措施的条件、手段、步骤、顺序、时限等进行对照。如果相符,应当确认被诉行政行为合法;反之,则应当认定被诉行政行为违法。这里需要注意的是,对于强制带离现场的,因带离现场时无法固定证据,一般带离现场之后固定证据,因此,此类案件有关带离现场的视频、讯问笔录等证据,可以在带离现场后固定。再如,行政主体对平等主体之间的民事问题作出的行政裁决,应当在裁决中认定有关争议的问题,各方提供的证据及行政机关调查所取得的证据,而后认定有关争议的事实。如果裁决有关争议事实叙述不清或被告提供的证据不能证实其所认定的事实,应当认定被诉行政行为主要证据不足。因此,法官在审理不同种类的行政行为时,要根据法律、法规、规章规定的该类行政行为的要求,判断被诉行政行为的事实是否叙述清楚,主要证据是否充分。

据此,本院认定的事实应当根据不同情况表述:一是本院认定的事实与被诉行政行为认定的事实一致的,为了避免重复,可以表述为对被诉行政行为认定的事实予以确认。二是被诉行政行为认定的事实存在错误的,直接叙述经审理查明的事实;部分存在错误的,直接叙述该部分经审理查明的事实,其他部分予以确认。三是被诉行政行为认定的事实证据不足的,明确写明主要证据不足。部分证据不足的,写明认定的某段事实主要证据不足,其他部分予以确认。四是事实行政行为,没有法律文书,也就不存在行政行为认定的事实。此部分直接叙述经法庭查明的事实。五是一并提起行政赔偿的,还要将经审理查明的有关被诉行政行为造成的损害及损害程度等事实叙述清楚。

4. 行政行为适用的法律规范条文

行政行为适用的法律规范条文是判断该行政行为适用法律规范是否正确的事实依据。行政行为的法律文书适用的法律规范条文是指,行政行为法律文书中载明的法律规范条文或口头向相对人宣读的法律规范条文。口头宣读的法律规范条文要有宣读笔录等证据加以证实。法律文书中未载明或口头未宣读的法律规范条文,不属于行政行为适用的法律规范条文,可以在说理部分作为论述行政行为适用法律规范是否正确的理论依据。故此部分应当写明行政行为法律文书中载明或宣读的具体法律规范条文,未载明或未宣读的法律条文,不应写入。行政行为法律文书中没有引用的法律规范条文,可以在说理部分中用于论证其适用的法律规范条文正确的论据。

5. 行政行为的处理结果

行政行为的处理结果是判断被诉行政行为是否存在滥用职权、明显不当需要考虑的重要因素,因此在本院认定的事实中必须写明处理的结果。这里需要注意的是,事实行政行为因没有法律文书,亦没有确定相对人的权利义务关系,也就不存在处理结果的问题。但此类行为存在其所造成的后果,如强制拆迁行为,存在拆除多少建筑物及造成损害的程度等问题,故应当在本院认定的事实中叙述清楚。

叙述本院认定的事实,需注意以下四个问题:一是行政行为的法律文书中没有认定的事实不应作为被诉行政行为认定的事实。二是原告或者第三人在行政诉讼中提出新的事实,若与被诉行政行为合法性无关,可以一笔带过;若与被诉行政行为的合法性相关,要对新的事实在举证、质证、认证的基础上,予以确认是否成立,将论证后认定的事实在本院认定的事实中叙述清楚。三是应用白描的语言叙述案件事实,不得用副词、形容词,不得用夸张、渲染、抒情等文学语言和方式叙述案件事实。四是对涉及国家秘密、商业秘密和个人隐私的,都应进行技术处理,避免泄露。

第三节 判决理由

行政判决书中的说理部分,更是行政判决书中的重中之重,阐述判决理由,是行政判决书的灵魂,其核心内容是对法庭认定被诉行政行为的事实,依据法律、法规,参照规章的规定,结合当事人的诉讼请求及理由,对被诉行政行为的合法性作出的评判。只有写好判决理由,才能达到让当事人及读者读后心服口服的目的。

一审行政判决书的理由部分应当写明:判决的理由和判决所依据的法律、法规、参照规章两个方面的内容。

一、判决的理由

根据庭审查明的事实和有关法律规定以及行政诉讼的特点,应当结合具体案情,着重就被诉行政行为是否合法,原告的诉讼请求是否有理,被告和第三人的诉称是否成立,从法理上、法律上进行充分的分析、论证,阐明人民法院的观点和判决的理由。

（一）写行政判决理由应当考虑的问题

写行政判决理由应当考虑以下三个方面的问题：

1. 谋篇布局

在行政诉讼过程中，当事人会对有关立案、管辖、回避、诉讼中止或终结等诉讼程序和被诉行政行为的合法性两个方面问题提出异议。对于此种情况，因立案、管辖、回避、诉讼中止或终结等诉讼程序问题不解决，法院无法进入对被诉行政行为的合法性审查阶段。因此，应当先论述有关诉讼程序的合法性及应如何处理的问题，而后再论述有关被诉行政行为的合法性问题。

对行政行为所涉及的合法性的每一问题须逐一审查后，才能判断出被诉行政行为有无违法，违法究竟在何处。被诉行政行为的合法性，一般涉及五个方面的问题：一是被告是否在法定职权的范围内行使职权；二是被告作出被诉行政行为是否符合法定程序；三是被诉行政行为认定事实是否清楚，主要证据是否充分；四是被诉行政行为适用的法律、法规、规章和其他规范性文件的条文是否正确；五是被诉行政行为是否存在滥用职权、明显不当的问题。特殊的行政行为还需论述被告是否履行了法定职责或义务。

在论证被诉行政行为的合法性问题时，应当按照上述合法性构成要件的顺序进行论证。行政主体是否在其法定职权范围内作出行政行为，按照越权无效的理论，如果超越职权就应当撤销被诉行政行为，属于其他国家机关处理的，应当移送有权处理的国家机关处理。因此，在论证合法性问题上，首先应当论证被告是否在其职权范围内作出被诉行政行为。行政程序保障行政机关作出的行政行为具有正确性，如果行政程序出现严重违法问题，会直接影响到被诉行政行为认定事实的真实性，故应将论证行政程序的合法性问题放在第二步。被诉行政行为认定的事实，是判断被诉行政行为适用法律规范是否正确的前提条件,应将论证被诉行政行为的事实问题放在第三步。被诉行政行为认定的事实,是判断其适用法律规范是否正确的基础,故应将论证法律适用问题放在第四步。前面四个问题没有问题,被诉行政行为的处理结果是判断有无滥用职权或明显不当的重要因素。因此,应当将处理结果放在第五步。涉及履行法定职责或义务的行政行为,只有将前五个问题论述清楚,才能判断出被告应否履行法定职责或义务。故此问题应当放在最后论述。

2. 全面审查与突出重点

根据2017年《行政诉讼法》的合法性审查原则,法院在审理行政案件中,应当对被诉行政行为的合法性问题进行全面审查。因此,在行政判决书中,应当反映出全面审查的内容,但也要有所侧重,应当根据判决的方式和当事人的诉讼请求及审理的重点来确定。

判决方式不同,说理重点问题亦有不同。一般驳回诉讼请求的判决,在说理部分要从被告的行政执法主体资格,实施被诉行政行为是否符合法定程序的要求,认定事实的主要证据是否确凿,适用法律、规范是否正确,是否存在滥用职权或者明显不当等有关合法性问题进行全面论述。但是,论述的重点应当放在当事人争议的焦点和法院审查的重点问题上,对当事人没有争议的问题,亦不是本案重点审理的问题,可以点到为止,不必长篇大论,从而突出重点,避免啰嗦。当事人争议的焦点不属于合法性审查范围的,可以点到为止,亦无须展开长篇大论。

对于撤销判决、变更判决及判决确认违法或无效的,在说理部分必须要有针对性,对被诉行政行为的违法问题和当事人争议的焦点问题或重点审查的问题,应当进行充分分析和论证,其他问题可以简单论述或一带而过。判决被告重新作出行政行为的,对在重新作出行政行为时需要注意的问题,亦应当详细论证,并指明重作的方向,避免被告再犯其他错误。其他问题可以简单论证或一带而过。对确认违法,同时责令采取补救措施的,在说理部分还应当论证被告为什么应采取补救措施以及可以采取哪些补救措施,从而防止被告消极不履行其应当尽到的职责或义务,使原告或者第三人的合法权益能够得到及时充分的保护。

一并提出审查规章以下规范性文件的,在说理部分应当有针对性,对原告提出审查的规范性文件本身及具体条款进行充分的分析和论证,对合法的规范性文件及具体条款释明可以参考;对不合法的规范性文件及其具体条款,应明确指出不合法的问题所在,并阐述理由,同时释明不予适用。

行政与民事合并审理的案件,行政争议与民事争议应分别判决,因此,在行政判决中重点论述被诉行政行为的合法性问题,有关民事问题如果与被诉行政行为合法性无法分割,亦应作为重点问题进行论述,与被诉行政行为关系不大可分割的,点到为止。有关民事争议问题,应当在民事判决中重点进行论述。

3. 说理的方法

行政判决书中的说理,实际上是根据庭审举证、质证、认证的情况,通过逻辑推理的方式对被诉行政行为的合法性作出评述。一并提起行政赔偿的案件,还要对被告应否承担行政赔偿责任及赔偿数额等问题进行评述。写得好的行政判决书,实质上就是合理地运用形式逻辑的三段论推导出的结论。也就是先谈法律规范的具体规定及含义,再谈将本案的具体事实与法律规范的具体规定进行比较情况,最后得出结论。在实际的裁判活动中,这三个步骤绝不是各自独立且严格区分的单个行为。它们之间界限模糊并且可以相互转化。查明和确认案件事实的过程不是一个纯粹的事实归结过程,而是一个在法律规范与事实之间的循环过程,即目光在事实与规范之间来回穿梭。① 适用三段论推理,应当注意以下两个问题:一是大概念,也就是法律规范的具体含义,一定是该规范的本意,如果偏离了本意,就会导致整个推理错误;二是大概念的外延一定要大于小概念的外延,如果小概念的外延大于大概念的外延就会出现不周延的问题,由此得出错误的推理结果。

这里需要注意以下两个问题:一是论理要与法院认定的事实相互呼应,判决中没有认定的事实,不能作为论述诉讼程序合法或被诉行政行为合法的依据。二是要用法院认定的事实说明被诉行政行为的合法性或诉讼程序的合法性。

(二)有关合法性问题的论述

一般行政行为的合法性有五个构成要件,因每个要件的不同,说理时应注意的问题有所不同。

1. 是否超越职权的论述

判断行政主体作出的行政行为是否存在超越职权的问题,大前提是法律、法规明确授予某部门某级行政机关可以作出某类行政行为的规定,此时须引用该具体条款,作出行政行为的行政主体是小前提,将大前提与小前提进行比对,从而就可推导出该行政行为是否超越职权的结论。法律、法规中明确规定了行政机关的职权,判决书理由部分,可以直接引用相关的法律规范条款的规定,根据规定内容写明其判断及理由。例如,某县公安局对张某在该县长途汽车站殴打他人的行为给予 5 日行政拘留处罚的案件,在判决书理由部分中,可以表述为:根据 2012 年《治安管理处罚法》第 91 条"治安管理处罚由县级以上人民政府公安机关决定;其中警告、五百元以下的罚款可以由公安派出所决定"的规定,本案某县公安局具有对张某违反治安管

① 参见[德]伯恩·魏德士:《法理学》,丁小春、吴越译,法律出版社 2003 年版,第 296 ~ 297 页。

理的行为作出行政拘留的职权。如果该案的治安处罚决定是公安派出所作出的，可以表述为：根据2012年《治安管理处罚法》第91条的规定，公安派出所只能作出警告、500元以下罚款，本案某县公安局对张某作出行政拘留5日的处罚超越了法定职权。

在一些法律、法规中，将某项行政职权原则上授予某一部门，但在特别条款或特别法律、法规中，将其中的一部分行政职权授予另一部门，或在具体条款上对行政权力的范围作出了限制性规定，原告或者第三人对上述几种有关职权问题提出异议的，在论证被告是否存在超越职权时，必须查清法律、法规对行使行政职权问题有无特别规定。若有特别规定（含对行政权力特别限制的规定），按照《立法法》的规定，同一机关制定的法律、法规不一致的，特别规定优于一般规定，后法优于前法的原则，才能判断作出行政行为的行政主体是否存在超越职权的问题。如果没有查清有关特别规定，大前提就有可能出现错误，根据这一大前提推导出来的结论就有可能错误。在判决理由部分，查清相关法律规范中有关职权问题的规定后，结合行政行为的内容，按照上述法理进行论述。

例如，云南省大理市卫生健康局（以下简称市卫健局）2020年2月2日作出应急处置征用通知书。该通知称，由于新冠疫情防控形势严峻，我市已处于重大突发公共卫生事件一级响应状态，全市疫情防控物资极度紧缺，依据2007年《突发事件应对法》、2013年《传染病防治法》及《云南省突发应急事件应急征用与补偿办法》（以下简称《云南省应急征用办法》），经大理市人民政府研究，决定对你（单位）由顺丰物流从云南省瑞丽市发往重庆市的9件口罩，依法实施应急征用。应急处置征用通知书还称，依据《云南省应急征用办法》，被征用人应在收到通知之日起的1年内，向市卫健局提出书面应急补偿申请；逾期未申请且无正当理由的，视同放弃受偿权利。

如果顺丰物流认为，依据2013年《传染病防治法》第45条规定，市卫健局不具有征用口罩等医疗物资的职权,以市卫健局作出该通知的行为“超越职权”为由提起诉讼。法院经审理认定上述事实成立的,判决书中的理由部分应当从以下四个方面进行论证:

第一,2007 年《突发事件应对法》与 2013 年《传染病防治法》之间的关系问题。根据 2007 年《突发事件应对法》第 3 条①的规定,该法的调整范围是应对自然灾害、事故灾难、公共卫生和社会安全等事件。根据 2013 年《传染病防治法》第 1 条②的规定,该法的调整对象是预防、控制和消除传染病的发生与流行。应对传染病事件均在上述两部法律的调整范围之内,因预防、控制和消除传染病的发生与流行等需要采取一些特殊的行政管理措施,2013 年《传染病防治法》是特别针对这些问题作出的专项规定,故该法属于特别规定,2007 年《突发事件应对法》属于一般规定。

第二,两法之间有关征用问题规定不一致的问题。2007 年《突发事件应对法》第 12 条③与 2013 年《传染病防治法》第 45 条④规定相比有两点不同:一是征收主体不同。前者规定可以进行征用的主体是有关人民政府及其部门,后者规定的是各级人民政府,不包含政府的相关部门。二是征用物品不同。前者规定可以征用单位和个人的财产,后者规定可以临时征用房屋、交通

---

① 2007 年《突发事件应对法》第 3 条规定:“本法所称突发事件,是指突然发生,造成或者可能造成严重社会危害,需要采取应急处置措施予以应对的自然灾害、事故灾难、公共卫生事件和社会安全事件。”

② 2013 年《传染病防治法》第 1 条规定:“为了预防、控制和消除传染病的发生与流行,保障人体健康和公共卫生,制定本法。”

③ 2007 年《突发事件应对法》第 12 条规定:“有关人民政府及其部门为应对突发事件,可以征用单位和个人的财产。被征用的财产在使用完毕或者突发事件应急处置工作结束后,应当及时返还。财产被征用或者征用后毁损、灭失的,应当给予补偿。”

④ 2013 年《传染病防治法》第 45 条第 1 款规定:“传染病暴发、流行时,根据传染病疫情控制的需要,国务院有权在全国范围或者跨省、自治区、直辖市范围内,县级以上地方人民政府有权在本行政区域内紧急调集人员或者调用储备物资,临时征用房屋、交通工具以及相关设施、设备。”

工具以及相关设施、设备。显然后者的征用范围小于前者。

第三,论证一般规定与特殊规定不一致时的适用原则。根据 2015 年《立法法》第 92 条"同一机关制定的法律……特别规定与一般规定不一致的,适用特别规定"①的规定,2007 年《突发事件应对法》与 2013 年《传染病防治法》均为全国人大常委会制定的,因前者属于一般规定,后者属于特别规定,它们之间规定不一致的,应当适用 2013 年《传染病防治法》相关规定,该法没有规定的,可以适用 2007 年《突发事件应对法》相关规定。

第四,以本案认定的事实与传染病防治法相关规定进行比较。市卫健局作出的应急处置征用通知书中载明"决定对你(单位)由顺丰物流从云南省瑞丽市发往重庆市的 9 件口罩,依法实施应急征用"。这里需要指出,征收是将公民、法人或者其他组织的财产收归国家所有,对被征收人损失予以补偿。征用是国家为公共利益的需要,临时使用公民、法人或者其他组织的财产,使用结束后,归还所有权人。由此造成毁损的,国家予以补偿。口罩不是工具、房屋、设施、设备,属于医疗物品且只能一次性使用,使用后无法归还。市卫健局是假借"征用"之名,实为"征收"之意。根据 2013 年《传染病防治法》第 45 条的规定,市卫健局不具有征收、征用医疗物品的职权,其征收顺丰物流 9 件口罩超越了法定职权,应予撤销。

为了保证论述的流畅性和紧凑性,论述中可以只提法律规范条文,不用写条文的全文,所涉及的法律规范条文的全文,可放在判决书的附录部分。

2. 对行政程序合法性的论述

论述行政主体作出行政行为是否符合法定程序问题时,只有准确查明法律、法规有关程序问题作出了哪些具体规定,才能确保大前提的正确。在

① 2015 年《立法法》第 92 条规定:"同一机关制定的法律、行政法规、地方性法规、自治条例和单行条例、规章,特别规定与一般规定不一致的,适用特别规定;新的规定与旧的规定不一致的,适用新的规定。"2023 年《立法法》第 103 条与该条规定完全相同。

查明这一问题时,我们不能仅限于单行法律中有关程序问题的规定,还要查明与被诉行政行为有关的如行政处罚法、行政许可法、行政强制法等行政程序法的相关规定,从而确定某类行政行为应当按照何种方式、步骤、顺序、时限等程序作出。然后将其与法院查明的作出该行政行为的方式、步骤、顺序、时限等程序方面的事实进行比对,从而推导出作出该行政行为的程序是否符合法定程序的结论。经审查,行政主体作出的行政行为符合法律规范所规定的程序,原告对行政程序没有争议的,一般情况下,可以概括说明行政主体作出的行政行为符合相关法律规范的规定,确认行政程序合法。原告或者第三人认为行政主体作出行政行为的程序违法,重点论述原告或者第三人有关程序问题所提出的异议,其他部分经审查符合法定程序的简单论述即可。

当事人对行政程序问题未提出异议,法庭在审查中发现问题的,对所发现的问题应当论述清楚。例如,对行政强制行为违反法定程序的,可以作如下论述:根据《行政强制法》第 35 条第 1 项、第 44 条①和 2019 年《城乡规划法》第 68 条②的规定,建设工程所在的市县级以上人民政府责成的有关部门,有权按照《行政强制法》的规定强制拆除违法建筑;强制拆除违法建筑应当事先予以公告,并在法定申请行政复议和提起行政诉讼的期限届满后实施;实施强制拆除前,应当发出催告履行通知书,要求被处罚人在合理的

---

① 《行政强制法》第 35 条规定:"行政机关作出强制执行决定前,应当事先催告当事人履行义务。催告应当以书面形式作出,并载明下列事项:(一)履行义务的期限;(二)履行义务的方式;(三)涉及金钱给付的,应当有明确的金额和给付方式;(四)当事人依法享有的陈述权和申辩权。"第 44 条规定:"对违法的建筑物、构筑物、设施等需要强制拆除的,应当由行政机关予以公告,限期当事人自行拆除。当事人在法定期限内不申请行政复议或提起行政诉讼,又不拆除的,行政机关可以依法强制拆除。"

② 2019 年《城乡规划法》第 68 条规定:"城乡规划主管部门作出责令停止建设或者限期拆除的决定后,当事人不停止建设或者逾期不拆除的,建设工程所在地县级以上地方人民政府可以责成有关部门采取查封施工现场、强制拆除等措施。"

期限内自行拆除;实施强制执行行为方式、方法应当合理、适当,不得实施野蛮强拆。本案中,在没有对涉案房屋进行调查认定的情况下,××区政府、××区城管大队、××街道办没有作出强制拆除决定,未经公告、催告等法定程序,直接拆除涉案房屋,明显违反法律规定。

这里需要说明的是,有些特殊的行政行为所涉及的有关行政程序问题,在多部单行法律、法规中规定,需要查清所涉及的法律、法规对此类行政行为有关程序的规定。例如,国有土地上的房屋征收决定就涉及《城乡规划法》《土地管理法》《环境保护法》《文物保护法》等法律中有关立项、规划许可、开发土地证明、环境评估、文物部门的意见等行政程序方面的规定,所以,还需要根据其中有关程序方面的规定确定有关方式、步骤、顺序等程序方面的内容,而后再与法院查清的程序方面的事实进行比对,对被诉行政行为作出的程序是否合法进行评价。

3. 对行政行为认定事实主要证据是否充分的论述

论述被诉行政行为认定事实的主要证据是否充分时,应当从被诉行政行为所依据的证据,结合举证、质证、认证的情况,对被诉行政行为认定的事实主要证据是否达到证明标准问题,进行分析论证并予以说明。在判决说理部分应当对所有可采纳的证据及其效力进行分析,从中阐述推导出被诉行政行为认定的事实是否已达到证明标准的过程和结论。

需要注意以下两个问题:

其一,有关定性和处理结果的事实,尤其是关键性的情节事实一定要叙述清楚且不能有遗漏,否则会让上级法院审判人员和当事人看不懂。例如,笔者在办理一起工伤认定申诉案件中,原审判决认定,章某某中午回家吃饭,饭后返回车间的路上摔倒,造成腰肌严重损伤。因不在工作场所,故不认定为工伤。根据《工伤保险条例》第 14 条第 2 项、第 6 项的规定,职工工作时间前后在工作场所内,从事与工作有关的预备性或者收尾性工作受到事故伤害的,或者在上下班途中,受到非本人主要责任的交通事故或者城市轨道交通、客运轮渡、火车事故伤害的,应当认定为工伤。该职工回家吃饭,吃完饭返回车间,属于上班途中,若因机动车原因导致该职工摔倒,主要责任属于机动车方,就应认定工伤;若已到车间做预备工作中摔倒,亦应认定工伤。因摔倒的原因和地点不详,难以判断不认定工伤是否正确。后调卷审查,被诉不予认定工伤决定中写明,原告返回车间时,在离工厂门口还有两三米处,自己摔倒的。相关证据也予以证明。正因这两个关键性事实没有叙述清楚,让人难以判断不认定工伤是否存在错误。又如,诉某市场监督局作出的没收违法所得的行政处罚决定一案的行政判决书中认定的事实中没有写明违法所得的数额,被诉行政处罚决定没收违法所得的数额从何而来,就让人看不明白。

其二,不应用不是必然判断,而是或然判断作为三段论的大前提进行论证。例如,彭某一案的一审判决中是这样说理的:“如果被告是见义勇为做好事,更符合实际的做法应是抓住撞倒原告的人,而不仅仅是好心相扶;如果被告是做好事,根据社会情理,在原告的家人到达后,其完全可以在言明事实经过并让原告的家人将原告送往医院,然后自行离开,但被告未作此等选择,其行为显然与情理相悖。”这段话逻辑有问题。这段话所设置的大前提是“扶起被撞倒的人”“主动去为被撞倒的人付医药费”,就是撞人的人。也就是说,扶起被撞倒的人并替他交医药费的人,就是撞人的人;小前提是彭某主动扶起被撞倒的老太太并付了医药费,由此推导出彭某就是撞人的人。显然,大前提所设置的条件出了问题,在现实社会中,此段论理并不能得出唯一的结论,有多种可能性,扶起倒地人或为他人付医药费的人,就是撞到人的人;或者是学雷锋做好事的人;或者看见有人倒地下意识地扶了一把;或者基于同情、可怜扶一把或者垫付医药费;等等。因不能得出扶起倒地人或为他人付医药费的人就是撞倒人的人这一唯一结论,而是有多种可能性，所以说，大前提自身不周延，从而推定彭某扶老太太、为老太太付医药费，老太太就是被彭某撞倒的结论很有可能是错误的。彭某案的一审判决正是犯了这一致命的逻辑推理错误，才使法院成为众矢之的的。这么多年，法院百口难辩，就是政法委出面也未挽回法院的骂名。如果判决书按照证明标准进行说理：彭某第一个从公交车上下来的，老太太站到车门口的最前面，彭某撞倒老太太的可能性较大。彭某在派出所询问中和一审法庭上均承认过其碰倒老太太，如果按照上述证据，从证明标准进行上分析，认定彭某碰倒老太太的证据占优势，按照优势证明标准认定彭某撞倒老太太，就不会发生此问题，法院的判决也不会被人误读。我们一定要吸取这个教训。

4. 对适用法律规范是否正确的论述

论述适用法律规范是否正确的问题时，对诉讼当事人无争议，法院审查后认为没有问题的法律规范条文，可以点到为止，不加过多的论述。诉讼当事人认为被诉行政行为适用法律错误，有以下两种情况。

一种情况是，被诉行政行为适用的法律规范条文不正确。主要包括以下三种情况：其一，适用定性的法律条文错误，即将行政相对人的合法行为，错误定性为违法性质，或者将甲类违法行为定性为乙类违法行为。前者需要论述清楚行政行为适用的法律规范条文的构成要件，对照本院认定的事实，从而推导出该行政行为适用的法律条文是否错误。但要得出行政相对人行为合法，还必须对涉及行政行为合法性的要件进行全面论述，确认符合合法行政行为的，才能得出行政相对人行为合法的结论；后者，需要结合法律中有关甲、乙两类违法行为的构成要件，对照法院认定的事实，分析行政相对人的行为究竟属于其中哪一类违法行为，从而推导出行政行为适用有关定性的法律规范条文是否正确。

此外，还需要注意一般规定与特别规定的问题。有些行为从一般规定的角度看，属于违法行政行为，但根据特别规定，则不属于违法行政行为。例如，2008 年《政府信息公开条例》第 11 条规定："设区的市级人民政府、县级人民政府及其部门重点公开的政府信息还应当包括下列内容……（三）征收或者征用土地、房屋拆迁及其补偿、补助费用的发放、使用情况……"第 14 条第 4 款规定："行政机关不得公开涉及国家秘密、商业秘密、个人隐私的政府信息。但是，经权利人同意公开或者行政机关认为不公开可能对公共利益造成重大影响的涉及商业秘密、个人隐私的政府的信息，可以予以公开。"为了防止房屋征收部门滥用权力、暗箱操作，为某些被征收人谋取不正当利益，让被征收人互相监督，实现所有被征收人公平补偿，《国有土地上房屋征收与补偿条例》（以下简称《征补条例》）第 15 条规定："房屋征收部门应当对房屋征收范围内房屋的权属、区位、用途、建筑面积等情况组织调查登记，被征收人应当予以配合。调查结果应当在房屋征收范围内向被征收人公布。"第 29 条第 1 款规定："房屋征收部门应当依法建立房屋征收补偿档案，并将分户补偿情况在房屋征收范围内向被征收人公布。"上述规定对国有土地上房屋调查结果和分户补偿情况的公布并未附加不予公开的例外情况，即使涉及个人隐私，也要予以公开。据此，上述两条规定与 2008 年《政府信息公开条例》第 14 条第 4 款的规定不尽一致。根据 2015 年《立法法》第 92 条中"同一机关制定的法律、行政法规、地方性法规、自治条例和单行条例、规章，特别规定与一般规定不一致的，适用特别规定"的规定，因国务院 2008 年《政府信息公开条例》第 14 条第 4 款是对政府信息公开问题的一般规定，《征补条例》第 15 条和第 29 条是对有关房屋征收政府信息公开的特别规定，故对房屋调查情况和分户补偿情况的公开问题，应当适用《征补条例》相关规定，而非 2008 年《政府信息公开条例》相关规定。

其二，行政行为适用处理条款错误。如果诉讼各方当事人对定性正确没有异议，仅仅是对处理条款存在异议，法院审查后认为定性正确的，有关定性问题点到为止，不必展开论述。重点分析行政行为适用的处理条款适用的范围及条件，而后对照本院认定的事实，从而推导出行政行为适用处理条款是否存在问题。

其三，适用法律规范的条文没有错误，但没有适用必须适用的部分，仅适用了选择适用的部分，仍属于适用法律错误的性质。例如，某市市场监管局查获某药店销售了价值5万元的劣药，未销售出去的劣药10箱。该局依据2019年《药品管理法》第117条第1款的规定，作出罚款50万元的决定，没有没收劣药和违法所得。购买劣药的消费者不服诉至法院。法院应对作出被诉处罚决定的程序是否合法，认定事实的证据是否确实、充分进行审查，并对2019年《药品管理法》第117条第1款的规定进行分析。该条第1款规定："生产、销售劣药的，没收违法生产、销售的药品和违法所得，并处违法生产、销售的药品货值金额十倍以上二十倍以下的罚款；违法生产、批发的药品货值金额不足十万元的，按十万元计算，违法零售的药品货值金额不足一万元的，按一万元计算；情节严重的，责令停产停业整顿直至吊销药品批准证明文件、药品生产许可证、药品经营许可证或者医疗机构制剂许可证。"笔者认为，因未没收违法生产、销售的劣药，这部分劣药有可能流入社会，侵害消费者的健康权利；不没收违法所得，仅给予罚款处罚，会使违法者的违法代价太小，起不到对违法者的震慑作用。所以，该条规定没收劣药和违法所得是必须适用的部分，罚款等其他种类的处罚属于选择适用的部分，故该处罚决定属于适用法律错误。

另一种情况是，被诉行政行为适用了没有法律效力的法律规范条文。主要有两种情况：一种情况是行政行为适用的法律规范条文尚未生效或者已失效。对此种情况，首先要论述清楚行政行为适用的法律规范生效时间或者失效时间，而后对照本院认定的事实的发生至结束的时间，从而推导出行政行为适用法律规范条文是否有效或者失效的结论。

这里需要注意的是，对行政相对人的行为或被处理的事项与行政机关的处理均在新法生效之前的,应适用旧法;对行政相对人的行为或被处理的事项和行政机关的处理均在新法生效之后的,应适用新法;对行政相对人的行为发生或被处理的事项在新法生效之前,行政机关处理在新法生效之后的,除法律、法规明确规定该法具有溯及既往的效力以外,对行政相对人的行为在新法生效之前发生,行政机关处理在新法生效之后作出的,有关实体问题原则上应适用旧法的规定;有关程序问题,应适用新法的规定。但是,以下四种情形属于例外:第一,对行政处罚行为适用从旧兼从轻的原则。第二,法律、法规中有关程序的规定,按照"新的程序法律规范生效后必须遵守"的原则,行政机关和人民法院在处理这类案件时,均应适用新法的规定,而不应适用旧法的规定。第三,有关许可准许从事的事项或者行为均是在改变门槛之后,因此,对许可条件问题应当适用新法而不得适用旧法。但新法与旧法规定不一致,应当适用为了更好地保护公民、法人和其他组织的权利和利益而作的特别规定。第四,两个效力层级相同的法律规范规定不一致,但都是具体法律效力的,应当适用特别法律规范的规定。

另一种情况是认为行政行为适用的法律规范条文与上位法的规定相抵触不具有法律效力。对此种情况首先应当确认行政行为适用的法律规范条文的上位法有哪些。一般情况下,其上位法是该法律规范制定所依据的法律、法规及其相对应的法条,但时常还会出现与之有关联的法律、法规。如某林业行政机关依据某省有关林业方面的规章作出的行政处罚决定,该规章制定依据是《森林法》《森林法实施条例》,它们是其上位法。《行政处罚法》是规范所有行政处罚行为的程序法,因该决定是行政处罚,亦要符合《行政处罚法》相关规定,故《行政处罚法》也是其上位法,该规章的规定不得与《行政处罚法》的规定相抵触。搞清楚上位法后,再用法理分析论证阐述清楚下位法的相关规定是否与上位法的规定存在相抵触的问题。

5. 对是否存在滥用职权或明显不当的论述

在行政法中,滥用职权是指行政主体作出的行政行为虽然在其自由裁量权限的范围内,但违背或者偏离了法律、法规的目的、原则,不合理地行使自由裁量权。也就是说,滥用职权的前提条件必须是行政行为不存在超越职权、行政程序违法、认定事实主要证据不足、适用法律规范错误等问题的情况下,仅仅是处理结果不合理。从审判实践中反映出滥用职权的主要原因有动机不良、考虑了不应当考虑的因素、未考虑应当考虑的因素、反复无常、违反了比例原则等作出不合理的行政行为。因此,在论述行政行为是否存在滥用职权问题时,应首先分析行政行为所适用或与之有关联的法律规范的目的和原则,再分析作出该行政行为应当考虑的因素等情况;最后,分析行政行为的处理结果是否存在不合理的问题。

滥用职权与明显不当主要有两个区别:一是滥用职权多数是作出行政行为的主体主观上存在故意,而明显不当,作出的主体主观上不存在故意;二是不合理的"度"上的不同,滥用职权会使具有一般通常思维的人都会感觉到明显不合理,而明显不当却仅限于具有一般专业知识的人认为明显不合理。因此,两者的论述方式应当基本相同,论述明显不当问题时,无须论述执法者主观上是否具有故意,不合理的程度要比滥用职权适当放宽一点,其他论述方式与滥用职权问题相同。

这里需要注意以下三个问题:

其一,判断法律规范的目的和原则,不能限于行政行为所适用的法律规范,而应扩展到行政行为未适用但规范作出该类行政行为的行政程序法律规范的规定。例如,行政机关对违反《产品质量法》的行为作出行政处罚,在判断该行政处罚决定是否存在滥用职权或明显不当时,不仅要分析该行政处罚决定是否存在违反《产品质量法》的立法目的和适用原则,同时还要分析该行政处罚决定是否违反 2021 年《行政处罚法》的立法目的和适用原则,如果分析不到位,就很难论述清楚该行政处罚决定是否存在滥用职权或明显不当的问题。

其二,判断被诉行政行为是否存在滥用职权或者明显不当,除需要考虑法定因素外,还应当考虑常理上的因素。我国立法未对“常理”的定义、类型及其司法适用等作出明确规定。所谓的“常理”就是指作为社会公众普遍认同的实践准则。它是人们对日常生活中总结运用的经验知识、基本道理和情感态度。它具有两个特征:一是它必须是现实生活中有着正常智力水平的大多数人的共识。二是它具有经验性。常理的经验性意味着不必苛求其具有绝对性,只要求其有较高的可信度。换句话说,常理具有可证伪性。因此,在考虑“常理”因素时,不能脱离正常人的一般认知水平,使人可以感受到通常处理事务中应当考虑的因素。例如,某房屋征收决定,将一位腿有残疾、行动不方便的拆迁户安排在没有电梯的六层楼上。一般人都会认为,腿有残疾的人行动不方便,将其安置在没有电梯的六层楼上,显然没有考虑保障残疾人行动方便所应当考虑的因素,有悖常理,该征收决定明显不当,应予纠正。

其三,在论述是否存在滥用职权或明显不当问题时,不要把法律与良知问题对立起来。例如,某市广播电视新闻出版局作出的行政处罚决定认定,某加工厂加工生产 2962 个“NOK 生肖鼠毛绒玩具招财鼠 S”玩具,未能取得版权所有者的版权授权,侵犯了版权所有人的著作权,依据《著作权法实施条例》第 36 条的规定,决定没收 2962 个侵权玩具“NOK 生肖鼠毛绒玩具招财鼠 S”,并处 20 万元罚款。某法院的行政判决书在论述中这样写道:“《行政处罚法》第 6 条规定,实施行政处罚,纠正违法行为,应当坚持处罚与教育相结合,教育公民、法人或者其他组织自觉守法。某市广电局查处本案时,原告积极予以配合,态度较好。原告父亲长期生病,妻子无固定职业,两个孩子年龄较小,家庭经济状况一般,某市广电局在处罚时,给予原告

200,000元巨额处罚,没有体现处罚与教育相结合、过罚相适应原则和体恤上诉人家庭实际困难,不符合行政处罚法的立法精神。行政管理职能的能动性是实现国家行政管理所必需的要素,在行政执法中,法律会规定一些裁量权,裁量权的行使应当符合正义和公正,是法律与良知的平衡,我们追求法治的同时,不能放弃良知。在裁量权的范围内,当法律与良知发生冲突时,法律应当为良知适当让路。在案涉处罚时,没能充分考虑违法行为的事实、性质、情节以及社会危害程度相当,从重情节部分事实不清,对某加工厂处以200,000元巨额罚款,违反比例原则,依法应当予以纠正。"此段论述基本正确,但是存在着一个致命的错误:根据2021年《行政处罚法》第32条①的规定,被处罚人配合行政机关查处违法行为的,应当从轻或者减轻行政处罚。该条规定属于从轻或者减轻处罚的法定因素。给予被处罚人的处罚应在其承受范围之内,属于常理上应当从轻或者减轻处罚的常理因素。原告积极予以配合,态度较好,家庭经济困难难以承受巨额罚款,这两个法定和一个常理应当减轻处罚的因素,被诉行政处罚决定均未考虑,处罚显失公正,故不存在"法律与良知发生冲突"的问题。该判决中"我们追求法治的同时,不能放弃良知。在裁量权的范围内,当法律与良知发生冲突时,法律应当为良知适当让路"的论述显然不妥,会让老百姓误认为我国的法律存在严重问题,造成不良的社会效果。

(三)判决说理中应注意的问题

行政判决书的说理部分是向当事人阐述判决的理由,让当事人明白道

---

① 2021年《行政处罚法》第32条规定:"当事人有下列情形之一,应当从轻或者减轻行政处罚:(一)主动消除或者减轻违法行为危害后果的;(二)受他人胁迫或者诱骗实施违法行为的;(三)主动供述行政机关尚未掌握的违法行为的;(四)配合行政机关查处违法行为有立功表现的;(五)法律、法规、规章规定其他应当从轻或者减轻行政处罚的。"

理。因此,在制作行政判决书的说理时,应当注意以下十个问题:

1. 用语须注意的问题

判决书的说理用语须注意两个问题:

其一,说理所使用的语言应当平和,不应使用具有刺激性、嘲讽性、挖苦性、教训性等容易激化矛盾的语言。也不得对一方当事人使用吹捧、夸赞、奉承等语言,容易让另一方当事人产生法官偏私的想法。判决说理应当用摆事实讲道理的方式,使用平和的语言进行论述,才能使人信服。如果使用具有刺激性、嘲讽性、挖苦性、教训性、吹捧、夸赞、奉承等语言,不仅不能获得当事人对判决的认同和信服,反而增强了当事人与法院的对立情绪,产生判决不公的想法,不利于纠纷的平息。

其二,使用的语言要简洁、明确,通俗易懂,避免使用冷僻、晦涩、模棱两可的语言。判决书所说的道理只有明确,当事人能看明白,才能使当事人理解判决的结果。因此,判决书说理的语言应当简洁、明确,所使用的法言法语尽可能做到通俗易懂。只有这样才能避免产生歧义,使当事人懂得判决的道理,知道赢输的原因,从而服判息诉。如果使用模棱两可、冷僻、晦涩的语言,当事人看不明白,就难以理解判决书所述的道理,很难使其服判息诉,起不到说理的应有作用。

2. 不宜使用文学性的表述

文学性的表述往往具有形象描述、渲染氛围、抒发感情、发泄情绪等特征,不能准确地反映事实,或冷静地说明道理。例如,在个别判决书说理的部分,用"一片狼藉""惨不忍睹"描述强拆行政行为的后果。乍一看,让人感到法官的判决很有感染力,但是缺乏准确性,很难判断出具体的损害程度。若有不当的情绪、感情渲染或抒发,很容易让人误读法官偏向一方当事人,若被人发挥到社会上,会给整个社会造成不良的影响。当不良影响产生后,会给法院及法官带来不利的影响,有时甚至是无法补救的。

3. 禁用假设句、疑问句、反问句

叙述案件事实和说理要用肯定句，不要用假设句、疑问句和反问句。用肯定句表达意思明确，假设句、疑问句、反问句仅仅是提出问题，而不能准确表达出法官的观点，需要琢磨才有可能明白其含义，这样很容易被当事人、读者误读。例如，有些判决中说理部分论述道："如这事不是你干的，又是谁干的？""你说你没有同意，为啥这个协议有你的签名？"这两句话中因没有指明究竟是谁干的，究竟是同意，还是没同意签订协议，如果当事人回答不是我干的，是谁干的，我不知道。如果当事人说，我没有同意，协议是对方当事人伪造我的签名或者暴力强迫我签的。也就是说，上述事实仍然没有说清楚案件的事实或法官的意思。所以判决书说理部分，必须要用肯定句，不要用假设句、疑问句、反问句。

4. 禁用西方法谚及西方名人名言

有些裁判文书中喜欢引用西方的法谚、西方名人的名句，甚至有些法官在判决书中引用圣经。少数法官认为只有这样，才能显示出法官的判决有法治底色，有学术底蕴、广博的知识和文学修养。这种做法也得到了不少学者的赞赏。笔者曾读过裁判文书的说理部分引用了这样几句西方法谚："一个没有理由的决定，等于一个猜不透的谜语""法律不保护装睡人的权利"等。西方法谚由于翻译的问题和不了解其产生的背景，可能会将其真实含义翻译或者理解错误。即使不存在翻译错误的问题，对这些法谚不作解释，一般人很难理解其确切的意思，很可能造成当事人或者其他人对裁判误读，甚至会让人误解法院不是依据中国的法律裁判案件，而是依据西方法谚、西方名人的名句等进行裁判。

5. 说法理不能夹杂个人情感

判决说理部分，应当将法院依据的法律、法理讲明道理。因此，说理不能脱离法律条款和这些条款来源的法理。必要时可以介绍法律规则变化的原理。但是,作为法官,在写判决理由时,不能夹带个人情感,如有一份行政判决中写了一大段原告提起诉讼不易或艰难等同情的话,而后再说原告起诉时超过了起诉期限,驳回起诉。似乎给人一种原告起诉有理,值得同情,法律规定有问题,法官无能为力的感觉。这种裁判,怎能让原告服判息诉,反而会使其对我国的诉讼制度产生对立情绪。

6. 不能用道德说理代替法律论述

不同阶层的人、受过不同教育背景的人,往往对同一事物会产生不同的道德标准。正因为如此,没有任何一部法律规定过,可以依据道德进行裁判。《民法典》第 10 条规定:“处理民事纠纷,应当依照法律;法律没有规定的,可以适用习惯,但是不得违背公序良俗。”习惯与道德是有很大的区别,习惯是人们在长期生活、工作中形成的广泛共识,所以在法律没有明确规定,习惯不违反公序良俗的,可以适用,没有规定道德可以适用。这一规定,同样适用行政裁判。也就意味着,不能用道德说理代替法律论述。

7. 不要随意创制不规范的法律名词

规范的法律名词无须解释,法律人都可明白其含义。因此,在有现成规范的法律名词时,在判决书中,应当适用规范的法律术语,避免造成概念不清等问题。但是,近些年有些法官在撰写裁判文书中,喜欢随意自创新词,使法律人读了之后不知何意,还需在判决书中对新名词做大篇幅的解释,才能明白该词的意思。如有人将“复议中止”表述为“复议阻却”,将“法律宗旨”表述为“法律去旨”。当读完有关“复议阻却”“法律去旨”的论述后,才知道原来就是“复议中止”“法律宗旨”。

8. 不宜用有争议的外国法律理论解释我国的法律规定

有些法官未完全弄懂外国某些法律理论,盲目将在外国就有争议的法律理论用在判决书中,解释我国法律的相关规定,引起人们对我国某些法律条文理解上的混乱。例如,在某行政判决书中,用德国的“保护规范理论”

解释我国行政诉讼中的原告资格问题。德国的“保护规范理论”是指，行政诉讼乃公法上之诉讼，上述法律上的利害关系，一般也仅指公法上的利害关系；除特殊情形或法律另有规定，一般不包括私法上的利害关系。我国法律中没有区分公法与私法上的利害关系。我国《行政诉讼法》规定，行政相对人或者与行政行为有利害关系的人，具有原告资格。这里所讲的“利害关系”，是指原告与被诉行政行为之间存在利益关系。它包括不利的关系和有利的关系，但必须是一种已经形成或者必将形成的关系。它的具体表现形式为，行政行为赋予、增加、减少、消灭、毁损了原告的某些权利或者义务，或使原告申请或请求不能实现或者只能部分实现。显然，我国《行政诉讼法》规定的原告资格宽于德国的“保护规范理论”中的原告资格。如果用“规范保护理论”论证原告资格问题，显然不利于公民、法人或者其他组织行政诉讼权利的保护，何况“规范保护理论”在德国也受到不少学者的批判。因此，在裁判文书中，不宜用有争议的外国法律理论解释我国的相关法律规定。

9. 要注意法律效果与社会效果相统一的问题

经审理，行政机关对造假制假行为作出的行政处罚决定超越职权，法院应当依法判决予以撤销。但是，被处罚的行为属于违法行为并在社会上造成很坏的影响。因此，对这类超越职权行为，法院在处理时一定要注意法律效果与社会效果的统一，不能简单地一判了之，而应当解决好两个问题，一是在法院行政判决书的说理部分应当明确指出，此类行为属于违法行为，应当受到法律的制裁，尔后阐明被告超越职权及依法应当由其他机关予以制裁的理由，依此判决撤销，从而避免给人民群众造成法院偏袒违法者的误解。二是应当向具有职权的行政部门提出司法建议，促使其履行法定职责，或者向人民政府或上级机关反映，使这类违法行为及时受到法律的制裁，维护人民群众的合法权益，真正起到处理一案解决一类问题的社会效果。

10. 判决说理不在长,而在于讲明道理

以前,判决书不讲道理,饱受外界的诟病。现在有个别法官认为,判决书写得越长,越有水平。有些刚从学校毕业不久的法官,把判决书当作论文来写,洋洋洒洒写了上万字。行政判决书的说理,不是写长了就有水平,而是道理、法理讲清楚就是好判决。没有讲清楚法理、道理再长也不是好判决。写得过长或者写得很啰唆,法理、道理虽然讲清楚了,但因太长其效果也会减弱。如果说得有些不恰当,可能还会招致不必要的麻烦。高手写出的判决理由,惜字如金,简单道理简单论述,复杂的问题仍能用别人能听懂的简单的法理、道理论述清楚,才是真正的"高手"。我们一定要记住,"言多必有失"。

二、有关判决引用法律、法规条文的问题

根据有关司法解释的规定,人民法院审理行政案件,适用的法律、法规及司法解释,应当在裁判文书中援引;可以在裁判文书中引用合法有效的规章及其他规范性文件。

由于行政审判涉及的法律规范层级和门类较多,《立法法》施行以后有关法律适用规则也发生了很大变化,在法律适用中经常遇到如何识别法律依据、解决法律规定冲突等各种疑难问题。为此,最高人民法院在调查研究、总结经验的基础上,于 2003 年 10 月在上海召开了审理行政案件适用法律的专题座谈会,并于 2004 年 5 月 18 日下发了《关于审理行政案件适用法律规范问题的座谈会纪要》(以下简称《会议纪要》),①就行政案件的审判依据、法律规范冲突的适用规则、新旧法律规范的适用规则和法律规范具体

---

① 参见《中华人民共和国最高人民法院公报》(2004 年卷),人民法院出版社 2005 年版,第 138 ~ 141 页。

应用的解释等问题提出了意见，可供各级法院和法官适用法律时参考。

根据《会议纪要》的规定，人民法院审理行政案件，适用的法律、法规及司法解释，应当在裁判文书中援引；可以在裁判文书中引用合法有效的规章及其他规范性文件。因此，在行政判决书的说理部分，应当引用所适用的法律规范。但一般不宜采取简单地根据××法律规范第×条的规定作出判决的方式进行引用，而是应当在分析被诉行政行为合法性的基础上，采用被诉行政机关是否超越法律规范所规定的权限行使职权，实施行政行为是否符合法律规范的规定，适用法律规范是否正确，所适用的法律规范是否具有法律效力等方式表现出来。经常适用的有关判决程序的法律及司法解释条文可以采取“根据”的方式援引。这里需要注意的问题是，为了保障说理部分的简洁性、明确性，对所适用的法条可以不在说理部分中将条文的内容全部引用，可将具体法律条文的内容放在附录部分。

援引法律、法规条文要准确、具体、完整。要写明所适用的具体条、款、项或者目。人民法院作出的判决或者裁定，需要参照有关的规章时，应当写明：

根据《中华人民共和国行政诉讼法》第×××条，参照×××规章（条、款、项）的规定。

这里需要注意三个问题：一是有关实体的规范性文件，应当在裁判文说理部分引用并加以论述，在裁判依据部分可以不再引用。二是有关法律和司法解释的理解与适用中的论述，因有的观点并非法律和司法解释的本意或者出入较大，故只能作为说理的论据，不能作为裁判依据。三是在最终判决依据的适用上，应当分别适用《行政诉讼法》中有关判决的法律条文和最高人民法院司法解释的有关规定，作为判决的法律依据。既须引用法律，又须引用司法解释的，在顺序上，则应当先引用法律，再引用相关司法解释，因为司法解释是对现行法律条文所作的解释。

第四节　判 决 方 式

判决结果即判决的主文,是人民法院对当事人之间的行政诉讼争议作出的实体处理结论。依照《行政诉讼法》和有关司法解释的规定,人民法院经过审理,根据案件不同情况,可以分别作出以下判决:

一、驳回诉讼请求判决

1989 年《行政诉讼法》第 54 条第 1 项规定:“具体行政行为证据确凿,适用法律、法规正确,符合法定程序的,判决维持。”对维持判决学术界和实务界均有不同意见,主要有以下两种观点:

一是主张废除维持判决,以驳回原告诉讼请求判决代替维持判决。主要理由是:第一,维持判决是中国特色的判决形式,比照域外亦属仅见。第二,维持判决并不能起到支持行政机关依法行政的作用。因为根据行政法的一般原理,有效的行政行为一经作出,在被有权机关撤销或者变更之前,应当一直被视为有效而有约束力。法院判决维持一个有效的具有约束力的行政行为实属没有必要。第三,从行政法理论上讲,维持判决的实质效果基本上相同于驳回诉讼请求判决,唯一不同的是,经法院判决维持的行政行为,行政机关不能轻易变更。这不是维持判决的优点,而是其缺点。第四,维持判决限制了行政机关根据条件的变化和行政管理的需要作出应变的主动性,使法院和行政机关处于尴尬的境地,容易导致法院裁判反复无常。第五,维持判决与驳回原告诉讼请求判决针对的对象不一致,维持判决针对行政行为的合法性,驳回原告诉讼请求的判决针对原告的诉讼请求和理由,两者有本质的区别。[1] 有观点认为，正是由于维持判决存在不合理性，所以，大陆法系国家都没有设定维持判决。[2]

二是主张保留维持判决。主要理由是：第一，维持判决与行政诉讼法基本原则相适应，而驳回诉讼请求判决不符合行政诉讼法基本原则。第二，维持判决与“被告承担举证责任”密切相关，驳回原告诉讼请求判决有悖这一举证规则，由此导致实践中发生适用上的变形。第三，驳回原告诉讼请求判决在实践中也并不需要。是否驳回原告诉讼请求是合法性审查的隐含内容，人民法院判决维持被诉行政行为已经隐含着判决驳回原告诉讼请求的内容。[3]

2014 年、2017 年《行政诉讼法》原则上采纳了第一种观点。该法第 69 条规定：“行政行为证据确凿，适用法律、法规正确，符合法定程序的，或者原告申请被告履行法定职责或者给付义务理由不成立的，人民法院判决驳回原告的诉讼请求。”

需要注意的是，2014 年、2017 年《行政诉讼法》第 69 条与 1989 年《行政诉讼法》第 54 条第 1 项规定的驳回诉讼请求与维持的条件基本相同。2000 年《执行行诉法解释》第 56 条规定：“有下列情形之一的，人民法院应当判决驳回原告的诉讼请求：(一)起诉被告不作为理由不能成立的；(二)被诉具体行政行为合法但存在合理性问题的；(三)被诉具体行政行为合法，但因法律、政策变化需要变更或者废止的；(四)其他应当判决驳回诉讼请求的情形。”除该条第 1 项规定的“起诉被告不作为理由不能成立的”可以驳

---

① 参见甘文：《行政诉讼法司法解释之评论》，中国法制出版社 2000 年版，第 159 ~ 160 页。当然，也有一些学者不同意两者的区分，认为维持判决就是“肯定原行政决定的合法，也是驳回原告的诉讼请求，故可称为‘驳回判决’”。参见陈新民：《中国行政法学原理》，中国政法大学出版社 2002 年版，第 324 页。

② 参见马怀德主编：《行政诉讼原理》，法律出版社 2003 年版，第 431 页。

③ 参见梁凤云：《新行政诉讼法讲义》，人民法院出版社 2015 年版，第 414 ~ 415 页。

回诉讼请求,与2014年、2017年《行政诉讼法》第69条规定的“原告申请被告履行法定职责或者给付义务理由不成立的”,判决驳回原告的诉讼请求基本相同外,其他三项与第69条的规定不尽相同。因此,有以下三个问题需要说明:第一,2014年、2017年《行政诉讼法》第70条第6项规定,行政行为“明显不当的”,也可判决撤销。也就是说,2000年《执行行诉法解释》第56条第2项规定可以驳回诉讼请求的条件与2014年、2017年《行政诉讼法》第70条第6项规定可以判决撤销的条件基本相同,故遇到存在不合理问题的,应当适用2014年、2017年《行政诉讼法》第70条第6项的规定。第二,符合2014年、2017年《行政诉讼法》第69条规定驳回诉讼请求的条件,故应适用第69条驳回诉讼请求的判决形式。但在执行上,应根据具体情况酌情对待。如果由于法律的变化,原认定违法,新法不认为违法,也就是说,此种行为不具有社会危害性,原则上不再执行。第三,2000年《执行行诉法解释》第56条第4项的规定在我国现行法律、法规中未出现过相关规定,故无必要列出。总之,在司法实践中,要严格依照2014年、2017年《行政诉讼法》第69条的规定,适用驳回诉讼请求判决。

综上,驳回诉讼请求判决,指肯定行政行为合法的判决。2014年、2017年《行政诉讼法》第69条规定,判决驳回诉讼请求,必须是行政行为证据确凿,适用法律、法规正确,符合法定程序。这是确认行政行为合法的三个基本条件。这三个条件是统一的、不可分割的整体,缺少其中任何一个条件,不能判决驳回诉讼请求。但原告申请被告履行法定职责或者给付义务理由不成立的,亦可适用驳回诉讼请求判决。

根据2014年、2017年《行政诉讼法》第69条的规定,驳回原告诉讼请求的,表述为:

驳回原告×××的诉讼请求。

二、撤销判决

1989年《行政诉讼法》第54条第2项规定:“具体行政行为有下列情形之一的,判决撤销或者部分撤销,并可以判决被告重新作出具体行政行为:1. 主要证据不足的;2. 适用法律、法规错误的;3. 违反法定程序的;4. 超越职权的;5. 滥用职权的。”2014年、2017年《行政诉讼法》第70条有关撤销判决的规定与前者基本相同,只是增加了一项内容“明显不当的”,也可判决撤销。

判决撤销或者部分撤销,并可以判决被告重新作出行政行为。判决撤销,是否定行政行为合法的判决。根据法律规定,判决撤销,必须是行政行为的主要证据不足、适用法律法规错误、违反法定程序、超越职权、滥用职权或者明显不当的。只有具备上述五种情形之一的,才能判决全部撤销。某种行政行为部分合法、部分不合法的,则对合法部分判决驳回诉讼请求,对不合法部分判决予以撤销。

判决被告重新作出行政行为,是判决撤销行政机关行政行为的一种补充。行政行为虽因违法被撤销,但是问题并未得到解决,还需要行政机关重新作出处理决定,才能彻底化解行政纠纷。例如,某法院在审理一起工伤认定案件时,经审理认为社保机构不予认定工伤的决定错误,应当认定工伤。判决仅仅撤销了不予认定工伤的决定,但没有作出责令社保机构重新作出工伤认定决定。原告胜诉后,社保机构未再作出有关工伤认定的决定,原告虽胜诉,但实质问题迟迟得不到解决,多次申诉、上访。为了实质上化解行政纠纷,对这类情况,法院除了撤销不予认定工伤的决定,还需判令被告在一定期限内重新作出行政行为。只有这么做才可以促使行政机关纠正原违法的行政行为,及时重新作出合法的行政行为,保护原告的合法权益,维护正常的行政管理秩序。但被告不得以同一事实和理由作出与原行政行为基本相同的行政行为。

这里还需要注意四个问题:其一,根据2017年《行政诉讼法》第71条的规定,人民法院判决被告重新作出行政行为的,被告不得以同一事实和理由作出与原行政行为基本相同的行政行为。人民法院判决被告重新作出行政行为,被告重新作出的行政行为与原行政行为的结果相同,但主要事实或者主要理由有改变的,不属于2017年《行政诉讼法》第71条规定的情形。人民法院以违反法定程序为由,判决撤销被诉行政行为的,行政机关重新作出行政行为不受2017年《行政诉讼法》第71条规定的限制。其二,为避免久拖不决、循环诉讼,判决撤销重作,一定要在判决理由部分指出行政行为存在的问题,并指明重作的方向和被告重新作出行政行为的期限。判决所确定的期限应当根据重新作出行政行为所需时间来确定,但不能长于法律、法规及规章规定处理此类问题的期限。其三,对行政行为违法的,可以适用变更、确认违法等方式判决的,为了彻底解决纠纷,避免循环诉讼,不应适用撤销重作判决。其四,行政行为主要证据不足,说明被告作出时未查清相关事实,不具备作出条件,是否需要重新作出难以判断,据此,以主要证据不足判决撤销被诉行政行为的,一般不宜判决被告重新作出行政行为。但涉及依申请的裁决或者拒绝履行法定职责的行政行为,因主要证据不足被撤销后,行政相对人申请裁决或许可的事项或者其职责是否需要履行未确定,因此,在这两类行政行为被撤销时,应当判决被告在一定期限内重新作出行政行为。

(一)撤销判决的写法

根据2017年《行政诉讼法》第70条的规定,判决撤销行政行为的,表述为:

一、撤销被告×××(行政主体名称)作出的(××××)……字第×

××号……(行政行为名称);

二、责令被告×××(行政主体名称)在××日内重新作出行政行为(不需要重作的,此项不写;不宜限定期限的,期限不写)。

(二)部分撤销判决的写法

判决部分撤销行政行为的,表述为:

一、撤销被告×××(行政主体名称)作出的(××××)……字第××号……(行政行为名称)的第××项,即……(写明撤销的具体内容);

二、责令被告×××(行政主体名称)在××日内重新作出行政行为(不需要重作的,此项不写;不宜限定期限的,期限不写)。

三、驳回原告×××其他诉讼请求。

三、变更判决

制定1989年《行政诉讼法》时,关于法院有无判决变更权的问题争论较大。一种意见认为,法院不应有变更权。理由如下:法院审理行政案件主要是对行政机关的行政行为是否合法进行审查。行政机关在法律、法规规定范围内作出的行政行为是否适当,应由行政复议机关处理,法院不能代替行政机关作出决定。另一种意见认为,法院应当有变更权。理由如下:第一,法院享有变更权,能够及时纠正行政机关的错误,有利于保护公民、法人或者其他组织的合法权益;第二,可以减少当事人的诉累,提高审判效率和行政效率;第三,节约审判和行政开支。1989年《行政诉讼法》采取了折中方案,其第54条第4项规定:"行政处罚显失公正的,可以判决变更。"根据该规定,变更判决必须同时具备以下条件:一是判决对象必须是行政处罚;二是存在显失公正的问题。为了完善有限变更权的规定,2000年《执行行诉法解释》第55条规定:"人民法院审理行政案件不得加重对原告的处罚,但利害关系人同为原告的除外。人民法院审理行政案件不得对行政机关未予处罚的人直接给予行政处罚。”

2014 年修改《行政诉讼法》的过程中,要求扩大法院变更权的呼声较高,该法适当地扩大了司法变更权,吸收了司法解释中的相关规定,第 77 条规定:“行政处罚明显不当,或者其他行政行为涉及对款额的确定、认定确有错误的,人民法院可以判决变更。人民法院判决变更,不得加重原告的义务或者减损原告的权益。但利害关系人同为原告,且诉讼请求相反的除外。”

适用该条需要注意以下问题:一是司法变更权虽然扩大,但仅仅是有限扩大,并不是对所有的行政行为都可以变更,仅限于行政处罚明显不当和其他行政行为涉及对款额的确定、认定确有错误的情形。二是增加了“不得加重原告的义务或者减损原告的权益”的条件。2000 年《执行行诉法解释》规定利害关系人同为原告的,可以加重;新法规定需要同时具备利害关系人同为原告,且诉讼请求相反两个条件的,才能加重处罚或增加义务。

根据 2014 年、2017 年《行政诉讼法》第 77 条的规定,变更判决,指当行政机关作出的行政处罚明显不当,或者其他行政行为涉及对款额的确定、认定确有错误的,人民法院判决直接变更。为了实质性化解行政纠纷,减少当事人诉累、提高行政和司法的效力,对行政赔偿、行政补偿案件以及其他涉及款项额的案件,被诉行政行为明显不当的,均应直接作出变更判决,不宜判决撤销后令被告重作。

判决变更行政行为的,表述为:

变更被告×××(行政主体名称)作出的(××××)……字第××号……(行政行为的内容或者具体项),改为……(写明变更内容)。

四、确认违法或无效判决

确认违法判决,指被诉行政行为违法,没有撤销的内容或者必要,保留其效力,或责令被告采取补救措施,造成损失的,依法判决承担赔偿责任。但撤销该行政行为将会给国家利益或者公共利益造成重大损失的,人民法院应当作出确认被诉行政行为违法(或者无效)的判决,并责令被诉行政机关采取补救措施;

根据2017年《行政诉讼法》第74条的规定,确认违法判决可分为两大类:

一类是判决确认被诉行政行为违法,但不撤销被诉行政行为。它适用两种情况:一是行政行为依法应当撤销,但撤销会给国家利益、社会公共利益造成重大损害的;二是行政行为程序轻微违法,但对原告权利不产生实际影响的。所谓"程序轻微违法"是指行政机关违反法定程序不会对原告依法享有的听证、陈述、申辩等重要程序性权利产生实质损害。其表现形式有:超过处理期限轻微违法,通知、送达等程序轻微违法,其他程序轻微违法的情形。如果对原告依法享有的听证、陈述、申辩等重要程序性权利产生实质损害的,就不能认定为程序轻微违法,一般不适用确认违法判决,而应适用撤销判决。

另一类是被诉行政行为不需要撤销或者判决履行的。它适用以下三种情况:一是行政行为违法,但不具有可撤销内容的;二是被告改变原违法行政行为,原告仍要求确认原行政行为违法的;三是被告不履行或者拖延履行法定职责,判决履行没有意义的。

1989年《行政诉讼法》中没有规定可以判决行政行为无效,因行政合同存在有效无效的问题,还有一些行政行为存在重大且明显违法情形,如行政决定上未加盖公章,领导人口头作出确权决定等,撤销、确认违法等判决形式都无法解决这些问题。据此,2000 年《执行行诉法解释》第 57 条第 2 款第 3 项规定,被诉具体行政行为依法不成立或者无效的,可以判决无效。

2014 年《行政诉讼法》第 75 条规定:“行政行为有实施主体不具有行政主体资格或者没有依据等重大且明显违法情形,原告申请确认行政行为无效的,人民法院判决确认无效。”该条中规定的“重大且明显违法”,是指以上两种违法之外的重大且明显违法情形。主要包括以下四种:一是行政行为实施主体不具有行政主体资格。一般是指行政机关的内部机构、派出机构、临时机构在没有法律、法规的特别授权的情况下,以自己名义作出行政行为。二是减损权利或者增加义务的行政行为没有法律规范依据。三是行政行为的内容客观上不可能实施,包括因相对人的自身原因,无法做到行政主体要求实施的行为。四是其他重大且明显违法的情形。如以书面形式作出,但未注明作出的机关;应颁发证书,但未遵守形式规定;明显违背有关地域管辖的规定;要求相对人实施的行为构成犯罪等。

2018 年《行诉解释》第 94 条第 1 款规定:“公民、法人或者其他组织起诉请求撤销行政行为,人民法院经审查认为行政行为无效的,应当作出确认无效的判决。”这里需要指出,判决行政行为无效与判决撤销行政行为从判决结果上看,无实质性差别,均是自始无效。因此,在行政行为已达到撤销标准,但对是否构成无效拿不准的情况下,判决撤销为宜。

确认被诉行政行为违法(或无效)的,表述为:

一、确认被告×××(行政主体名称)作出的(年度)×字第××号……(行政行为名称)违法(或无效);

二、责令被告×××(行政主体名称)采取……(写明采取的补救措施;不需要采取补救措施的,此项不写)。

五、一并行政赔偿判决

判决驳回原告赔偿请求或者判决被告予以赔偿，指对原告对被告作出的行政行为提起诉讼的同时一并提出行政赔偿诉讼，经法院审查认为可以合并审理的案件，可以在判决书中将行政赔偿作为原告的一个诉讼请求来处理。

1. 驳回赔偿请求判决

驳回原告赔偿请求的，表述为：

驳回原告×××关于……(赔偿请求事项)的赔偿请求。

2. 赔偿判决

判决被告予以赔偿的，表述为：

(行政主体名称)于本判决生效之日起××日内赔偿原告……(写明赔偿的金额)。

第五节　尾部和附录

一、尾部

尾部应依次写明诉讼费用的负担，上诉的权利、方法、期限，上诉审法院，合议庭成员署名，判决日期，书记员署名等内容。

判决书的正本，应由书记员在判决日期的左下方、书记员署名的左上方加盖“本件与原本核对无异”字样的印戳。

具体表述为：

本案诉讼费用××××元，由×××(原告或者被告)承担。

如不服本判决,可在收到本判决之日起15日内,向本院递交上诉状,并按对方当事人的人数提出副本,上诉于××××人民法院。

审判长:×××

审判员:×××

审判员:×××

××××年××月××日

本件与原本核对无异

书记员:×××

二、附录

根据案件的不同需要,可将判决书中的有关内容载入附录部分,如:将判决书中所提到的法律规定条文附上,以供当事人全面了解有关法律规定的内容。一般应当按照先实体法律规范,后程序法律规范;先上位法律规范,后下位法律规范;先法律,后司法解释等次序排列。另外,群体诉讼案件中原告名单及其身份情况、案件中涉案图案、表格、计算公式等均可以列入此部分。

制作好判决书,校对工作非常重要,校对时一定要认真。在校对中,最好两个人一起校对,一个读,另一个看。校完一遍后,再换过来,看的人读,读的人看。特别要注意当事人的姓名和标题等最明显的地方,往往越是明显的地方,越容易出错。对于串案要特别是粘贴部分,往往未进行替换,在论理部分会出现本案以外的人名,让人看不懂,也容易引起当事人的误解。若被当事人发现会给法院造成很大的麻烦。

第三章 一审特殊类型的行政（赔偿）判决书

一审特殊类型的行政(赔偿)判决书主要有人民法院对第一审复议机关为共同被告案件、不履行法定职责或义务类型案件、行政协议案件和行政赔偿案件就实体问题所作出的司法文书。

第一节　一审复议机关为共同被告案件的行政判决书

根据2017年《行政诉讼法》第26条第2款和第79条①的规定,复议机

① 2017年《行政诉讼法》第26条第2款规定:"经复议的案件,复议机关决定维持原行政行为的,作出原行政行为的行政机关和复议机关是共同被告;复议机关改变原行政行为的,复议机关是被告。"第79条规定:"复议机关与作出原行政行为的行政机关为共同被告的案件,人民法院应当对复议决定和原行政行为一并作出裁判。"

关维持原行政行为的案件与其他行政案件有两点不同:一是作出原行政行为的行政机关与复议机关为共同被告;二是对原行政行为和复议裁决的合法性均须进行审查。正因此类案件具有这两个特点,一审复议机关作为共同被告类的案件,在《文书样式(试行)》中单独作为一种判决书样式列出。

这里需要指出,行政复议机关维持原行政行为包括两种形式:一是行政复议决定维持原行政行为;二是行政复议决定实体上驳回复议,实质上是驳回申请人复议实体上的复议申请,仍属于维持的性质,故亦归入复议决定维持原行政行为之内。

一、首部

(一)标题及当事人基本情况

本判决书首部中的法院名称、文书名称和案号与一般行政判决书相同。

在当事人部分,有关原告、被告、第三人的排列顺序及当事人及其代理人的信息表述与一般行政判决书基本相同。所不同的是作出原行政行为的行政机关与复议机关为共同被告,在此部分,作出原行政行为的行政机关列在前面,复议机关列在后面。原告只起诉其中一个行政机关,未起诉另一行政机关的,亦应将未起诉的行政机关追加为被告。

(二)案件名称

维持原行政行为的案件,复议机关和作出原行政行为的行政机关是共同被告,案由表述为"××(行政行为)及行政复议"。例如,起诉某市市场监管局维持某区局作出的政府信息公开答复的案件,案由表述为"政府信息公开及行政复议。"

案件名称表述为:“原告×××不服某市某区市场监督管理局及被告某市市场监督管理局作出的政府信息公开及行政复议决定。”

此外,有关案件的由来和审理过程与一般类行政案件判决的写法基本相同。如追加共同被告的,应当在案件由来部分交代清楚。

二、事实

(一)当事人争议的事实

1. 被诉行政行为的表述问题

根据2017年《行政诉讼法》第79条的规定,法院对复议维持原行政行为的案件,均要对原行政行为和行政复议决定的合法性进行审查。因此,原行政行为和复议决定在当事人争议部分均要简要表述清楚。

2000年《执行行诉法解释》(已失效)第7条规定:“复议决定有下列情形之一的,属于行政诉讼法规定的‘改变原具体行政行为’:(一)改变原具体行政行为所认定的主要事实和证据的;(二)改变原具体行政行为所适用的规范依据且对定性产生影响的;(三)撤销、部分撤销或者变更原具体行政行为处理结果的。”根据该规定,行政复议维持原行政行为的案件,原行政行为与复议决定除复议程序问题存在不同外,其他部分高度契合,可以先写明原行政行为认定的主要事实、适用法律法规、处理结果及有关行政程序问题,而后写明有关作出复议决定的行政程序。

2018年《行诉解释》第22条将2000年《执行行诉法解释》(已失效)第7条进行了修改,该条规定:“行政诉讼法第二十六条第二款规定的‘复议机关改变原行政行为’,是指复议机关改变原行政行为的处理结果。复议机关改变原行政行为所认定的主要事实和证据、改变原行政行为所适用的规范依据,但未改变原行政行为处理结果的,视为复议机关维持原行政行为。

复议机关确认原行政行为无效,属于改变原行政行为。复议机关确认原行政行为违法,属于改变原行政行为,但复议机关以违反法定程序为由确认原行政行为违法的除外。”根据该规定,复议机关改变原行政行为所认定的主要事实和证据,或者改变所适用的规范依据,但未改变原行政行为处理结果的,视为复议机关维持原行政行为。在审理复议决定维持原行政行为的案件中,就会出现原行政行为认定的主要事实和证据或者所适用的规范依据与复议决定不一致的问题,不可能两者皆对,而是必有一错或者两者皆错。因此,凡是遇到原行政行为所认定的主要事实和证据及所适用的规范依据与复议决定不一致的情形,应当先写作出原行政行为的行政程序和该行为认定的事实和适用的规范依据及处理结果;而后再写作出复议决定的程序和复议决定与原行政行为所认定的事实或者适用的法律规范依据的不同点。

当然,在绝大多数复议决定维持原行政行为的案件中,原行政行为与复议决定之间除复议程序外,认定的主要事实和证据及所适用的规范基本一致,因此除有关复议程序外,两者可以合二为一进行表述。先叙述作出原行政行为的行政程序和该行为所认定的事实、适用法律规范条文、处理结果,而后单独叙述作出复议决定的程序问题。

2. 被告举证的表述

被告举证的表述与一般类行政判决的表述基本相同。但有两点不同:一是表述完原行政行为和复议决定之后,先列举有关原行政机关合法性的证据,而后列出复议机关有关复议程序的证据。复议机关在复议行政程序中收集和补充的证据亦应列出。二是根据《行政证据规定》第 61 条“复议机关在复议程序中收集和补充的证据,或者作出原具体行政行为的行政机关在复议程序中未向复议机关提交的证据,不能作为人民法院认定原具体行政行为合法的依据”的规定,复议机关在复议程序中收集和补充的证据,应当作为复议机关提供的证据单独列出并予以说明。

3. 原告诉称和被告辩称的表述

因此类案件法院审理的对象是原行政行为和复议行为的合法性问题,故在原告的诉称中,需要分别将原告对这两个行政行为的诉讼请求及理由叙述清楚。

原行政行为认定的主要事实、所适用的法律规范条文和处理结果与复议决定高度一致的,在被告辩称中可以先对原行政行为合法性问题进行阐述,而后阐述有关复议程序的合法性问题。倘若原行政行为认定的主要事实和证据或者所适用的法律规范条文与复议决定不一致的,应当分别将两被告就原行政行为与复议决定的合法性问题所作出的论述用简洁、明确的语言概括清楚。

这里需要注意,复议机关改变原行政行为的,因原行政行为所确定的权利义务关系,已被复议决定替代,故无须对原行政行为的合法性进行论述,但有两种情况例外:一是复议机关以“行政程序违法”撤销原行政行为,复议机关需要对原行政行为行政程序违法进行论述;二是行政复议的第三人作为原告对复议决定提起诉讼,认为撤销复议决定错误,恢复原行政行为的效力的,应将被告复议机关对有关原行政行为合法性予以回应的问题写进判决书中。

当事人争议的事实部分,所涉及的其他问题可参考一审一般类行政案件判决书样式及其说明。

(二)法院认定的事实

正因为审理复议维持原行政行为的案件,要对原行政行为和行政复议决定的合法性进行审查,所以,在法院认定的事实部分,需要将经过审理认定原行政行为和复议决定有关合法性的事实均叙述清楚。如果原行政行为与复议决定认定事实一致,先叙述经法庭查明原行政行为有关合法性方面的事实,而后单独叙述复议程序方面的事实。如果原行政行为与复议决定认定的主要事实和所适用的法律规范不同,直接叙述法院查明的事实,同时指出原行政行为与复议决定认定的主要事实、依据的主要证据、适用的法律规范的不同点,为论述原行政行为和复议决定的合法性问题打好基础。

此部分的具体写法与一般行政判决书的写法基本相同。

三、判决结果

根据 2017 年《行政诉讼法》第 79 条的规定,复议机关与作出原行政行为的行政机关为共同被告的案件,人民法院应当对复议决定和原行政行为一并作出裁判。在多数情况下,复议机关维持原行政行为的案件中,复议决定与原行政行为高度契合,仅是复议程序游离于原行政行为合法性之外。因此,审查清楚原行政行为的合法性问题,复议决定的合法性也就基本查清。仅仅是复议程序的合法性与之无关。因此,对此类案件的审理应当是先审查原行政行为的合法性问题,而后审查复议程序的合法性问题。但是因复议维持原行政行为包括复议决定与原行政行为认定的主要事实和证据及所适用的法律规范不同,处理结果相同。出现此种情况,原行政行为与复议决定必有一错或者两者皆错,因此决定方式就会出现多种形式。据此,需注意,根据《行政诉讼法》对此类案件可以根据具体案情,遵循有利于明晰法律关系及定分止争的原则适当调整。

(一)原行政行为与复议决定均合法或者均违法的判决方式

1. 原行政行为与复议决定均合法的判决方式

原行政行为与复议决定均合法,也就意味着,原告对原行政行为和复议决定的诉讼请求均不能成立,应当适用驳回原告对原行政行为和复议决定的诉讼请求。具体表述为:

驳回原告×××的诉讼请求。

2. 原行政行为与复议决定均违法的判决方式

原行政行为违法应当撤销,复议决定维持原行政行为,亦属于违法,也应予以撤销。此类情况,应当原行政行为与复议决定一并撤销。具体表述为:

一、撤销××××(作出原行政行为的行政机关的名称)××××年××月××日作出的××号行政行为(文号及名称)及××××(复议机关名称)于××××年××月××日作出××号复议决定等(下同)。

二、责令原行政机关在××日内重新作出行政行为。(不需要重作的,此项不写;不宜限定期限的,期限不写。)

(二)确认原行政行为与复议决定其中一个违法的判决方式

1. 确认原行政行为违法的判决方式

原行政行为违法有两种形式:

(1)原行政行为仅行政程序违法

原行政行为仅行政程序违法,其他部分合法,复议决定亦属于不合法。为纠正原行政行为和复议决定的错误,防止行政机关再次出现类似的问题,减少当事人诉累,提高审判效率,对此种情况,应当判决确认原行政行为和复议决定违法,保留原行政行为的法律效力,故应一并判决确认原行政行为和复议决定违法。具体表述为:

确认原行政行为及复议决定违法。

(2)原行政行为违法,复议决定合法

复议决定改变了原行政行为认定的主要事实和证据或者改变了原行政行为所适用的法律规范依据,意味着原行政行为认定事实错误、主要证据不足,或适用法律规范错误,故应当认定原行政行为违法;复议决定改变了原行政行为的主要事实和证据或者改变了所适用的法律规范,维持了原行政行为的处理结果,说明复议决定纠正了原行政行为的错误,复议决定合法,原告对复议决定的诉讼请求不能成立,应当予以驳回。但因复议决定纠正了原行政行为的错误,已无撤销的必要,故应判决确认违法。具体表述为:

一、确认原行政行为违法;

二、驳回原告×××……(写明有关针对复议决定)的诉讼请求。

2. 原行政行为合法,但复议决定违反法定程序

原行政行为合法,但复议决定违反法定程序,为了减少当事人诉累、提高审判效力,此类情况,应当判决确认复议决定违法,驳回原告对原行政行为提出的诉讼请求。具体表述为:

一、确认复议决定违法;

二、驳回原告×××……(写明有关针对原行政行为)的诉讼请求。

(三)确认无效,变更,履行法定职责、给付义务的判决方式

1. 确认原行政行为无效

原行政行为无效,复议决定必然违法,判决撤销复议决定,原行政行为的法律效力亦不存在。具体表述为:

一、撤销复议决定;

二、确认原行政行为无效。

2. 变更原行政行为

变更原行政行为,意味着复议决定违法,因判决变更原行政行为后,原行政行为不再具有法律效力,复议决定应当撤销。具体表述为:

一、撤销复议决定;

二、参照判决变更行政行为的主文。

3. 履行法定职责、给付义务

行政机关对原告请求的履行法定职责或给付义务予以拒绝(含行政机

关不作为)违法,复议决定必然违法,原行政行为和复议决定均应当予以撤销,同时还应当判决被告履行法定职责或者给付义务。具体表述为:

一、撤销(原行政行为)及(复议决定)(如判决主文第二项已经使法律关系明确的,该项亦可不写);

二、(参照判决被告履行法定职责或者给付义务的主文)。

本判决书的首部、尾部(包括附录部分)和正文中有关证据的列举、认证、说理方式以及相关的制作要求等,可参考一审一般类行政案件判决书样式及其说明。

第二节　一审不履责行政判决书

一审不履责案件有两种不同的划分方式,如果从履责的内容上划分,可分为不履行法定职责案件、不履行法定义务案件和不履行给付义务案件等三种;如果从不履责的程度上划分,可分为拒绝履责、部分不履责、拖延履责和不答复及不予给付义务四种。一审不履责行政判决书,是第一审人民法院依照《行政诉讼法》规定的第一审程序,对审理终结的诉不履行法定职责或者义务的第一审行政案件,就实体问题作出的书面司法文书。

本判决书的首部、尾部(包括附录部分)和正文中有关证据的列举、认证、说理方式以及相关的制作要求等,可参考一审一般类行政案件判决书样式及其说明。这里需要注意的是,此类案件的案由与一般类型的行政判决书的案由有所不同,应表述为“不履行××职责或义务”。例如,起诉不履行行政处罚职责的案件,案由应表述为“不履行行政处罚职责”。如果原告明确以不履行行政罚款职责提起诉讼的,此处行政处罚职责的内容,一般按照二级案由表述即可,案由表述为“不履行罚款职责”。

由于不履责案件,在事实证据、判决理由和判决结果方面,与一般类型的行政案件有所不同,制作时应当注意加以区别。

一、事实

不履责案件中,对当事人双方的举证要求与一般类行政案件有所区别,在判决书中应当有所体现。对这类行政案件争议的事实,首先,应当概括写明原告提供的其已经向被诉行政机关申请的事实证据,或其他公民、法人或者组织向行政机关报告的事实证据,或行政机关应当发现其应当履行职责的事实已发生的证据,及其原告认为被诉行政机关不履行职责的有关证据及依据;其次,叙述被告提供的证据证明原告的申请事项、其他人报告的事项或应当发现的事项是否属于被诉行政机关法定职责或者给付义务,其是否在法定期限内履行了法定职责或者义务,以及拖延履行或者不予答复的行为是否符合法律规定等事实。判决书要围绕行政实体法预先设定的有关条件一一列举证据,分别对双方当事人所举证据予以认证,在认证的基础上进行充分说理、论证。

具体可在首部“本案现已审理终结”之后,写明以下内容:

(一)当事人行政争议的内容

1. 概括写明原告申请被告履行法定职责的情况

法院受理原告起诉被告不履行法定职责或义务的一个重要条件就是被告是否在法定期限内履行了法定职责或义务。因此,应当交代清楚原告向被告提出申请的时间,被告有无作出处理等问题。

行文中应当表述为:

原告(或其他公民、组织)×××于××××年××月××日向被告×××提出……申请(或报告……事项)。被告在原告起诉之前未作出处理决定。或者被告于××××年××月××日作出拒绝（或部分拒绝）原告提出……申请。

这里需要特别注意两个问题。

（1）2017 年《行政诉讼法》第 38 条第 1 款规定："在起诉被告不履行法定职责的案件中，原告应当提供其向被告提出申请的证据。但有下列情形之一的除外：（一）被告应当依职权主动履行法定职责的；（二）原告因正当理由不能提供证据的。"根据该条规定，在案件由来部分，如果被告作出拒绝履行职责或义务决定，原告提起诉讼的，应当写明被告作出决定的时间、原告提起行政诉讼的时间。如果被告不作为的，应当写明申请履行法定职责或义务（含给付义务）的时间及相关证据，原告提起诉讼的时间，以便计算原告是否在法定期限内提起诉讼，法院受理是否正确。如果被诉行政行为属于依职权的行政行为，可以不写曾经向被告提出申请的时间及证据；原告因正当理由不能提供证据的，应当说明理由。

（2）2017 年《行政诉讼法》第 47 条规定："公民、法人或者其他组织申请行政机关履行保护其人身权、财产权等合法权益的法定职责，行政机关在接到申请之日起两个月内不履行的，公民、法人或者其他组织可以向人民法院提起诉讼。法律、法规对行政机关履行职责的期限另有规定的，从其规定。"行文时应当注明行政机关接到申请的时间，同时要查找法律、法规对履行期限有无特别规定，从而便于判断原告提起行政诉讼时是否超过起诉期限。

2. "原告诉称"的形式

以"原告诉称"的形式，概括写明原告提出的事实、理由及诉讼请求。表述与一般类行政判决书相同。

3. "被告辩称"的形式

以"被告辩称"的形式，概括写明被告答辩的主要理由。被告未提交答辩状的，具体表述为：

被告未提交答辩状,但在庭审中辩称……

4.“第三人述称”的形式

以“第三人述称”的形式,概括写明第三人的主要意见,第三人提供的证据。

(二)经庭审查明的事实和证据

1.举证、质证、认证的表述

原告向法院提交证据的情况,应当表述为:

原告在起诉时提供了以下证据证明其(或其他公民、组织)曾于××××年××月××日向被告提出……申请事项(或报告……事项):……(概括写明证据的名称、时间、内容)。经质证,被告认为……(写明被告提出异议的理由;如无异议,应予说明。具有《行政证据规定》第4条第2款中所列情形的,则此项不写)。

被告向法院提交证据的情况应当表述为:

被告于××××年××月××日向本院提供了以下证据及依据:……

若被告申请延期提供证据的,写明:

被告以……为由,于××××年××月××日向本院提出延期提供证据的书面申请,经本院准许,被告于××××年××月××日提供了证据1.……2.……经质证,原告认为……(写明对证据提出异议的理由;如无异议,应予说明),并提供了以下证据:……经质证,被告认为……

法院依法收集的证据,应当表述为:

本院依法(或依原告、第三人的申请)调取了以下证据:……

经过庭审质证、认证的证据,应当表述为:

经庭审质证(或交换证据),本院对证据作如下确认:……

2. 本院认定的事实表述

本院认定的事实,应当表述为:

本院根据以上有效证据及当事人质证意见认定以下事实:……(认定有效证据所证明的事实,详细分析当事人各自所举证据能否支持其主张)。

(三)质证、认证中应注意的问题

在质证、认证过程中,应当注意以下三个问题:

(1)对于案情较复杂,证据较多的案件,可分类、分层次叙述举证、质证的过程。对于案情较简单,证据较少的案件,可待被告列举全部证据后一并质证。

(2)按照《行政证据规定》的规定,一方当事人提供的证据,对方当事人明确表示认可的,可以认定该证据的证明效力。对于这类证据的认证,可简略表述为:

×告对×告提供的××证据表示认可,本院予以确认。

(3)认定事实时,可根据案情需要,先将双方当事人没有争议的事实直接予以认定,如:"原告对××事实无异议,被告对××事实无异议。上列事实,本院予以认定。"然后再根据有效证据对双方有争议的事实进行分析、认定。

对于案情简单、证据较少以及双方当事人对事实和证据的争议较小的案件,宜将认证和认定事实结合在一起进行综合叙述,以避免出现不必要的重复。

对原告一并提出行政赔偿诉讼、经法院审查认为可以合并审理的案件,可以在判决书中将行政赔偿作为原告的一个诉讼请求来处理,在判决结果上选用"驳回原告赔偿请求"或者"判决被告予以赔偿"的方式。

二、理由

诉不履责案件在判决说理的谋篇布局、说理方法等方面与一般类型的行政案件行政判决的说理基本相同,但此类案件的举证内容、审查重点还是有不少的区别,论述方式和重点亦有不同。

诉不履责案件可以分为拒绝履责、不作为和行政给付义务三种类型的案件。因其特点不同,说理的重点有所区别。

(一)拒绝履责案件的说理

在拒绝(部分拒绝)履责案件中,被告作出拒绝或部分拒绝原告申请或请求的决定,此类案件的争议焦点是被告作出履行原告申请或请求履行法定职责或义务的决定是否合法。

按照拒绝的理由划分,可分为两类:

一类是被告认为其不具有原告请求履行职责或义务的职权,作出拒绝原告申请或请求的决定。此类案件的关键问题是被告是否具有处理原告申请或请求事项的法定职责或者义务。此类案件在诉讼中,被告称其不具有原告申请或请求事项的职权,如果法律、法规明确规定此类职权应由其他机关行使的,被告一般会将有关法律、法规的相关条文提供给法庭。如果法律、法规规定不明确,被告不会提供相关法律规范条文。因此,在论述前者被告应否履行职责的问题上,重点要结合法律规范的规定与原告申请或请求的事项是否一致展开论述,从中推导出被告应否履行原告申请或请求的事项。后者,因被告不提供相关法律规范条文,法庭在未查到相关法律规范规定的,可以要求被告提供该机关的“三定方案”,如果原告申请或请求的事项在“三定方案”规定被告的具体职权范围内,从而可以确定被告未履行法定职责或义务;若不在其“三定方案”规定的具体职责内,应推定被告拒绝原告申请或请求的事项是合法的。

另一类是法律规范规定,原告申请或请求的事项获得许可或确认,需要具备一定的条件,其中有一个条件不具备的,被告拒绝就可以成立。因此,论述的重点应当是,被告拒绝履行法定职责或义务的理由是否成立,若成立其拒绝行为就属合法,不成立其拒绝行为就属于违法。因此,判决的说理部分,应当重点围绕被告拒绝的理由是否成立来进行。论述方式,一般是先论述法律规范规定原告申请或者请求的事项获得许可或确认需要具备哪些具体条件,而后根据本院认定的事实确认被告提出原告不具备许可或确认的条件是否成立,如果不成立,即可确认被告拒绝履行的法定职责或义务的行为违法;如果被告拒绝的理由成立,再将法律规范规定的条件与本院认定被告拒绝的理由方面的事实是否在法律规范规定的条件之内,从而得出拒绝履责行为是否合法的结论。

这里需要注意以下两个问题:

其一,为实质上化解行政纠纷,对诉行政机关不颁发许可证、房产证等案件,经审查原告符合颁证法定条件的,除撤销不颁发许可证等决定外,还应当判令被告限期向原告发证。如果采取判令被告限期向原告发证的,在判决说理部分必须对原告符合全部颁证的法定条件进行详细论述;法院只查清被告拒绝的理由不能成立,未查清原告符合颁证的其他条件的,只能撤销不予颁证的决定,判令被告限期重新作出行政行为,不能判令被告向原告颁证。

其二,被告以多个理由拒绝颁证的,其中一个理由成立,其他理由不成立的,该拒绝颁证行为存在违法问题,但客观上仍不能给予原告颁证,此种情形属于2017年《行政诉讼法》第74条第2款第1项规定的“行政行为违法,但不具有可撤销内容”,不需要撤销或者判决履行的情形,应当判决确认违法。因此,需要对被告拒绝中不成立和成立的理由都进行分析并予以指出,同时还需阐述判决确认违法,保留拒绝颁证法律效力的理由。

（二）不作为案件的说理

不作为案件的表现形式有:被告收到原告的申请或者请求,在法定的期限内,没有给予任何答复,或者没有给予实质性答复,或被告得知其依职权的事情发生,未实施依职权行使应当作出的行政行为。不作为案件的争议焦点是被告应否履行某一法定职责或者义务。

依申请的行政行为,具有许可或确认的行政机关在接到申请人的申请有以下四种情况不作出决定不属于违法:

1. 申请人在规定期限内未补交相关材料

申请人向行政机关申请许可,接受申请的行政机关经审查,发现缺少某项材料,通知申请人补交,申请人未提出异议,在规定的期限内未补交的,应当视为申请人放弃申请,行政机关可以不作决定。

被告提出此种理由未作答复的,要从四个方面进行分析论述:一是被告要求原告补充的材料是否为法律规范规定应当补充的材料;二是原告对补充材料是否提出异议;三是原告在规定的期限内是否补充了相关材料;四是根据上述推论得出的被告是否应当作出履行法定职责行为的结论。

2. 不具有办理申请事项的职权

行政机关接到申请人的申请后,经审查,申请人申请的事项不在其法定职权或义务管辖的范围内,因法律、法规没有要求其应当给予答复,可以不答复。对此种情况的案件,应当重点从被告是否具有此项法定职责或义务进行论述。论述方式与以不具有职责为由拒绝履责案件的方式相同。

3. 未收到申请人的申请

行政机关未收到申请人的申请,未予答复的,不属于违法。对被告以此种理由未答复的案件,一般情况下,原告会向行政机关递交申请书等材料,并提交有关邮寄凭证或者其他证据材料,行政机关提交的证据能够否定原告提交的证据材料不具有证据“三性”,才能说明其未收到申请,未答复不违法。因此,判决说理的重点,应当放在被告未收到申请是否真实上。

4.办理申请期限未届满

行政机关办理申请期限未届满,未作答复不属违法。对被告以此种理由未作答复的案件,被告提供收到申请人申请的时间和办理申请期限的法律依据,经审查,确实未到期限的,即应认定被告完成举证责任。反之,则应认定未完成举证责任。这里需要特别说明,法律、法规及规章未规定期限的,被告应当向法庭提供办理这类申请通常所需的时间,在没有特殊情况的,超出通常办理时间较长的,应当认定为违法。此类案件多数是行政机关在办理申请事项过程中,需要等待另一机关或机构批准文件或者评估、检测、检验等意见,另一机关或机构的批准期间或评估、检测、检验等意见处理的过程,应当从办理期限中扣除,扣除后未超过办理期限的不构成违法。

对此类不作为案件,在说理中,应当将计算办理期限作为重点进行分析论述,具体应当从以下四个方面进行论述:一是法律规范规定的办理期限及是否需要等待另一机关或者机构的意见;二是被告收到原告申请的时间;三是对照相关法律规范规定办理期限和应当扣除的期限;四是根据上述分析得出被告应当作出处理决定的时间,从而推导出被告办理原告申请事项是否超过法定期限。

(三)行政给付义务案件的说理

相对人基于法律规范的规定或者先前行政行为的决定享有一定的金钱、物质等帮助的权利。相对人依法享有的上述权益,相对行政机关而言,就是其应当依法给付兑现的义务。行政机关依法给付兑现的义务,在行政法中称为“行政给付义务”。

从行政给付义务的由来划分,可以分为以下两大类:

一类是基于法律规范的规定而产生的行政给付义务。此类案件与拒绝履责案件基本相同,重点论述接受申请的行政机关拒绝行政给付义务的理由是否成立。这里需要注意的是,拒绝理由不能成立,一般可以判决被告重新履责。但涉及依申请的行政行为,如给付最低社会保障金、经济适用房、政府信息等,被告拒绝理由错误的,但是直接给付还需符合其他条件的,只有查清原告完全符合所有法定条件的,才能判决被告直接给付最低社会保障金、经济适用房、政府信息。如果属于此类情况的,在判决理由部分,不仅要论述被告拒绝理由的错误,还要论述原告申请复核所有的法定条件。如果不能确认符合给付全部条件的,应当判决限令被告在一定期限内作出是否给付的决定。

另一类是基于先前行政行为而产生的行政给付义务。因申请给付义务的前提是先前行政行为合法,此类案件,行政机关往往以先前行政行为不合法或存在重大误解等原因而拒绝给付。若原告对先前行政行为一并提起诉讼的,应当先论述先前行政行为是否合法,如果先前行政行为应当撤销或确认无效,行政机关无须履行先前行政行为所确定的义务,这要讲清楚这一道理,无须再作过多的论述;如果先前行政行为合法,而后论述原告申请履行给付义务的是否基于先前行政行为所确定的义务、应当给付的数额等。若原告未对先前行政行为提起行政诉讼,法院应当按照非诉行政行为的标准审查先前行政行为是否存在重大明显违法,而后根据先前行政行为的效力,其后审查与一并对先前行政行为审查的方式相同。据此,对此类案件先论述先前行政行为的效力问题,而后论述应否履行给付义务的问题。

三、判决结果

(一)对不履行法定职责的判决结果

2017年《行政诉讼法》第72条规定:"人民法院经过审理,查明被告不履行法定职责的,判决被告在一定期限内履行。"2018年《行诉解释》第91条规定:"原告请求被告履行法定职责的理由成立,被告违法拒绝履行或者无正当理由逾期不予答复的,人民法院可以根据行政诉讼法第七十二条的规定,判决被告在一定期限内依法履行原告请求的法定职责;尚需被告调查或者裁量的,应当判决被告针对原告的请求重新作出处理。"最高人民法院《关于审理政府信息公开行政案件若干问题的规定》(法释〔2011〕17号,已失效)第9条亦有类似规定。根据上述规定履行法定职责类案件的判决结果分为以下五种情况:

第一,判决驳回原告诉讼请求的。具体表述为:

驳回原告×××的诉讼请求。

第二,判决被告履行法定职责的。具体表述为:

一、撤销被告×××(行政主体名称)作出的(××××)……字第××号……(行政行为名称),即……(写明撤销的具体内容;无拒绝性决定的,该项不写)。

二、责令被告×××在××日内(法律有明确规定履行职责期限的,也可表述为'在法定期限内';不宜限定期限的,也可不写)作出……(写明履行法定职责的具体内容)。

第三,判决被告针对原告的请求重新作出处理的。具体表述为:

一、撤销被告×××(行政主体名称)作出的(××××)……字第××号……(行政行为名称),即……(写明撤销的具体内容;无拒绝性决定的,该项不写)。

二、责令被告×××(行政主体名称)在××日内(法律有明确规定履行职责期限的,也可表述为"在法定期限内";不宜限定期限的,也可不写)……(可写对原告的申请重新作出处理,也可将原告的申请予以精炼概括并写明原告申请的内容)。

第四,原告的请求成立,但行政机关已经无法履行或者履行已无实际意义的,具体表述为:

一、确认被告(行政主体名称)不履行……(应当履行的法定职责内容)违法;

二、责令被告×××在××日内(不宜限定期限的,也可不写)……(写明补救措施的内容,无法采取补救措施的,该项可不写)。

第五,原告的请求不成立,但行政机关有违法情形依法应当确认违法的,具体表述为:

一、确认被告×××(行政主体名称)……违法;

二、驳回原告×××的诉讼请求(需要判决驳回原告诉讼请求的,以写明)。

(二)对履行给付义务的判决结果

所谓给付判决,是指法院根据原告的请求,作出的被告为一定给付(包括行为或不行为)的判决,包括课予义务和一般给付两种情形。前者是针对行政不作为的诉讼所作出的,后者是针对以财产给付或非财产给付为内容的诉讼所作出的。这里的给付不仅包括金钱,还包括行为,如判决颁发执照、许可证,判决颁发房产证、土地证、学位证、毕业证等。

给付判决应设定履行给付期限。期限设定多长,应由法院根据案件的实际情况确定。一般来讲,有法定标准的,应按照法定标准确定;没有明确法定标准的,可以参照类似行政行为的期限标准和实践中行政机关作出此种行政行为的一般情况确定。还要注意一点,在确定合理期间时既要考虑国家利益、社会公共利益和相对人要求的迫切性,同时也要考虑行政机关的履行能力和一般的效率水平,避免主观臆断。

判决被告履行给付义务的判决结果,可分为以下八种情况:

第一,判决驳回原告给付请求的,具体表述为:

驳回原告×××的诉讼请求。

第二,判决被告履行给付义务的,具体表述为:

责令被告×××(行政主体名称)……(写明被告应当在确定期限内履行给付义务的具体内容、方式及期限;因特殊情况难以确定的,可判决被告在一定期限针对原告的请求作出处理;原告申请依法履行返还财产、排除妨碍、停止侵害、恢复原状等给付义务且无须被告再行作出处理的,可直接写明上述内容)。

第三,被告撤销拒绝给付决定时,判决被告履行给付义务的,具体表述为:

一、撤销被告×××(行政主体名称)于××××年××月××日对原告作出××号拒绝决定(或其他);

二、责令被告××(行政主体名称)……(现场能确定被告应当在一定期限内履行给付义务的具体内容、方式及期限;因特殊情况难以确定的,可判决被告在一定期限针对原告的请求作出处理;原告申请依法履行返还财产、排除妨碍、停止侵害、恢复原状等给付义务且无须被告再行作出处理的,可直接写明上述内容)。

第四,判决确认被告不履行给付义务或者于××××年××月××日被告作出拒绝给付决定(或其他名称)违法的,具体表述为:

确认被告××××(行政主体名称)……(不履行给付义务或者拒绝给

付的决定)违法。

第五,原行政机关对原告请求履行的法定职责或者给付义务不予答复违法的,具体表述为:

一、撤销复议决定;

二、(参照不履行法定职责或者给付义务的主文。)

第六,驳回原告赔偿请求的,具体表述为:

驳回原告×××关于……(赔偿请求事项)的赔偿请求。

第七,判决被告予以赔偿的,具体表述为:

被告(行政主体名称)于本判决生效之日起××日内赔偿原告×××……(写明赔偿的金额)。

第八,其他情形,可以照一审请求履行法定职责类的判决结果。

(三)需要注意的问题

作出不履责判决结果时,需要注意以下问题:

(1)根据2018年《行诉解释》第93条第2款的规定,人民法院经审理认为原告所请求履行的法定职责或者给付义务明显不属于行政机关权限范围的,可以裁定驳回起诉。

(2)被告对原告的履行申请应当依法予以作出答复的,未履行答复义务,但由于原告请求履行给付义务不成立,判决履行答复义务已无实际意义的,可以根据2017年《行政诉讼法》第74条第2款第3项的规定,判决确认不答复行为违法,并驳回其他诉讼请求。

(3)被告不履行给付义务,作出答复的结果正确,但程序违法的,应当根据2017年《行政诉讼法》第74条第1款的规定,判决确认违法,保留其法律效力。

(4)2017年《行政诉讼法》第78条规定:“被告不依法履行、未按照约定履行或者违法变更、解除本法第十二条第一款第十一项规定的协议的,人民法院判决被告承担继续履行、采取补救措施或者赔偿损失等责任。被告变更、解除本法第十二条第一款第十一项规定的协议合法,但未依法给予补偿的,人民法院判决给予补偿。”2018 年《行诉解释》第 95 条规定:“人民法院经审理认为被诉行政行为违法或者无效,可能给原告造成损失,经释明,原告请求一并解决行政赔偿争议的,人民法院可以就赔偿事项进行调解;调解不成的,应当一并判决。人民法院也可以告知其就赔偿事项另行提起诉讼。”

尾部和附录部分写法与第一审一般类型的行政判决书相同。

第三节　一审行政协议判决书

行政协议案件是指公民、法人或者其他组织认为行政机关不依法履行、未按照约定履行或者违法变更、解除政府特许经营协议、土地房屋征收补偿协议等协议的案件。一审行政协议判决书,是第一审人民法院依照《行政诉讼法》规定的第一审程序,对审理终结的第一审行政协议案件,就实体问题作出的书面司法文书。

这里所讲的被告“不依法履行、未按照约定履行”的情形主要有:一是协议履行期限届满前,明确表示或者以自己的行为表明将不履行约定义务的;二是在协议履行期限届满后,不履行约定义务的;三是履行协议行为不当的;四是其他违法或者违反约定义务的情形。

本判决的首部、尾部(包括附录部分)和正文中有关证据的列举、认证、说理方式以及相关的写作要求等,可参照一审一般类行政案件和不履责类行政案件样式及其说明。这里需要注意的是,行政协议的案由与一般类行政判决案由有所不同,确定行政协议案件的案由时,须将行政协议名称予以列明,当事人一并提出行政赔偿、解除协议或者继续履行协议等请求的,要在案由中一并列出。例如,起诉行政机关解除行政补偿协议,请求赔偿损失并判令继续履行协议的案件,案由表述为"单方面解除行政补偿协议及行政赔偿、继续履行"。

一审行政协议判决书在事实证据、判决理由和判决结果方面,与一般类行政案件和不履责行政案件又有所不同,制作时应当注意加以区别。

一、事实

根据 2017 年《行政诉讼法》第 12 条第 11 项,人民法院受理公民、法人或者其他组织认为行政机关不依法履行、未按照约定履行或者违法变更、解除政府特许经营协议、土地房屋征收补偿协议等协议提起行政诉讼的规定,人民法院审理行政协议案件的对象是原告认为被告不依法履行、未按照约定履行或者违法变更、解除等行政协议的行为,而不是当事人对行政协议的争议。因此,此类案件的事实主要是行政机关对行政协议所作出的行为,但行政协议行为是由行政协议派生出来的,行政协议的合法性与行政协议的行为有密切联系。在判断行政协议行为的合法性问题时,必然需要对行政协议的合法性和有效性作出判断。由于不同的行政协议行为与行政协议的密切关系存在一定程度的差距,举证、质证、认证有所不同,本院认定的事实中需要叙述的事实亦有一定的差异。行政协议行为主要有以下三种类型。

(一)签订协议行为

行政机关与相对人签订行政协议的方式主要有以下两种。一是行政机关通过招投标的方式,与中标人签订行政协议。参加竞标人认为,行政机关招标中违反法定程序,不符合条件者中标,符合条件者落标。落标者依法向法院提起行政诉讼。或者中标者签订行政协议后反悔,以发标者"采取欺骗手段”“重大误解”等为由提起诉讼。前者案件的举证责任应由被告承担,庭审需要围绕被告有关招标的职权和招投标的方案、程序等问题进行举证、质证、认证,从而认定案件的事实。

二是行政机关与行政相对人协商一致后签订行政协议,事后行政相对人认为签约中受到欺骗、威胁或存在重大误解等原因,向法院提起诉讼,请求解除行政协议。在此类案件中,被告不会主动举出对其不利的证据,因原告提出签订行政协议行为中,没有认定存在原告主张解除行政协议的事由,举证责任应当由原告承担。如果原告在行政处理程序中向被告提供相关证据,被告未向法庭提供,法庭可以依职权调取。判决说理时,应当围绕被告有无签订行政协议的职权和签订行政协议中是否存在原告认为的签订行为违法的事由进行,通过举证、质证、认证查清的事实,论证签订行政协议是否存在违法行为。

(二)单方面行政协议行为

单方面行政协议行为,是指行政机关单方面改变(包括变更、解除行政协议和单方面宣布行政协议无效)行政协议的行为和行政机关因行政协议签订的个别条款意思不明确,未经行政相对人同意,单方面对意思不明确的条款作出解释的行为。行政协议本身是否存在需要改变或解释的问题,是依赖行政协议的合法性以及是否存在需要改变或解释等因素,才可判断出单方面行政协议行为的合法性问题。因此,需要在庭审中举证、质证、认证,查清楚行政协议和单方面改变或解释行为的合法性,故在本院认定的事实中应将这两个方面的事实叙述清楚。

(三)不履行行政协议行为

行政机关与行政相对人签订行政协议后,未履行协议约定其应履行的义务。诉至法院的这类案件有两种情况:一种是行政机关拒绝履行协议约定的义务。此类案件,进入诉讼后,行政机关在应诉中会以种种理由阐述其拒绝履行行政协议所确定其应当履行的义务。另一种是行政协议生效后,行政相对人请求行政机关履行行政协议所约定的义务,行政机关既不答复也不履行。因行政协议涉及公共利益,直接关系拒绝履行协议约定的义务或者不作为行为的合法性,故在本院认定的事实中需要将有关行政协议和拒绝履行协议约定的义务或者不作为方面的事实均叙述清楚。

二、理由

人民法院审理行政协议案件的对象是不依法履行、未按照约定履行或者违法变更、解除协议等行政协议行为。对行政协议行为判决理由的论证,要结合查明的事实,围绕被诉行政协议行为的有效性和合法性,运用行政法律规范的实体、程序规定对行政协议行为的合法性问题进行分析论证。对行政法律规范未规定的问题,可以参照民事法律规范对被诉行政协议行为的合法性问题进行分析、论证。对各方当事人的诉讼理由应当逐一分析,论证是否成立,表明是否支持或采纳,并说明理由。但不同类型的行政协议行为,说理的布局、重点有所不同。

在审理签订行政协议行为案件需要重点论述四个方面的问题:(1)行政协议的立项是否合法;(2)招标或签订协议的行政机关是否具有签订此项行政协议的职权;(3)批准文件齐全;(4)签订方法、步骤、顺序等程序问题是否合法。因此,判决中的说理应当围绕上述四个问题进行展开和论述。

审理单方面行政协议行为和不履行行政协议行为的顺序是首先论述审查行政协议的合法性,其次论述行政机关提出变更、解除、宣布无效、解释、不履行行政协议的理由是否成立。原告主张的理由成立,但被告无法继续履行或者继续履行已无实际意义的,法官在撰写判决书的应当在理由部分对被诉行政行为的违法性予以阐述和确认。判决的法律依据部分,要写明判决依据的2017年《行政诉讼法》、参照有关民事法律规定以及相关司法解释的条、款、项、目。

虽然行政协议是从民事合同中演变过来的,与民事合同有不少相同之处,但行政协议是行政机关为了实现公共利益或者行政管理目的与行政相对人协商一致所签订的具有行政法上权利义务内容的协议。也正如此,行政协议与民事合同在追求的目的和权利义务上存在差异,故在对行政协议案件判决的说理部分需要注意以下三个问题。

(一)行政协议与民事合同有效的条件并不完全相同

行政协议与民事合同在此问题上有两点不同:

(1)民事合同的各方当事人对其合法财产均具有自由处分的权利;行政机关一方签订行政协议涉及的钱或物是国家的,其只是受国家委托以出资人的身份与公民、法人或者其他组织签订行政协议,其法律地位为受委托人。因此,行政机关一方超出法律、法规及规章的授权所签订的行政协议,按照行政法中的越权无效理论,属于无效协议。例如,某市政府因征收房屋,与被拆迁人因房屋征收款长期谈不拢。后因开工日期临近,为尽快达到拆迁目的,政府工作人员与该拆迁户协商时,该户提出评估为100万元的房屋要价1000万元,政府答应下来,与其签订补偿1000万元拆迁补偿协议。房屋拆迁后,政府拒绝支付1000万元补偿款,该拆迁户起诉至法院。因政府是代表国家签订拆迁补偿款,但其应当在自己的职权范围内签订补偿协议,政府同意拆迁户补偿1000万元,超出了国家授予其补偿的权限,故其签订的该补偿协议无效。

(2)民事合同是各方独立的民事主体之间所签订的协议,该协议仅在合同的各方当事人之间具有约束力,不会影响到其他人的合法权益。行政协议表面上是行政机关与单个公民、法人或者其他组织签订的协议,只对协议各方当事人具有法律效力,似乎与其他人无关。实际上,行政机关为了实现公共利益、行政管理目标往往分别与若干个公民、法人或者其他组织签订大量相类似的行政协议。因此,涉及较多人的合法权益。

据此,不能因行政协议是原告与被告意思表示一致,就用民事法律规范中的"意思自治"理论论述行政协议的有效性问题,而是应当运用行政法的有关原理进行论述。据此,在判决书的说理部分,应当将被告是否在法律、法规的授权范围签订行政协议的问题论述清楚。

(二)行政协议与民事合同适用法律不同

民事合同是平等主体之间就民事问题签订的协议,因此法院在审理有关民事合同争议的案件时,适用民事法律规范中有关合同问题的规定。行政协议虽是从民事合同中演变而来,但是签订的目的是公共利益或者行政管理目标。仅仅是行政机关通过协议的方式来实现行政管理。因此,我国法律、法规及规章中一般对有关实现公共利益或者行政管理目标方面的问题作出规定。正因为行政协议是行政管理的一种方式,我国法律、法规及规章中多有这方面的具体规定。因此,法院审理诉行政协议行为的案件,原则上应当适用行政法律规范,只有在行政法律规范没有明确规定的情况下,才参照民事法律规范。据此,判决文书中的说理,应当运用行政法律规范论证行政协议和行政协议行为的合法性及有效性。只有在行政法律规范中没有明确规定的,才可参照民事法律规范对行政协议和行政协议行为的合法性及有效性进行论证。例如,××市人民政府在招标采购中发现甲工程有限公司弄虚作假,违反招投标诚信制度,依据《投标诚信保证合同》的约定,决定不予返还甲工程有限公司诚信保证金 600 万元。《招标投标法》第 54 条规定:"投标人以他人名义投标或者以其他方式弄虚作假,骗取中标的,中标无效,给招标人造成损失的,依法承担赔偿责任;构成犯罪的,依法追究刑事责任。依法必须进行招标的项目的投标人有前款所列行为尚未构成犯罪的,处中标项目金额千分之五以上千分之十以下的罚款,对单位直接负责的主管人员和其他直接责任人员处单位罚款数额百分之五以上百分之十以下的罚款;有违法所得的,并处没收违法所得;情节严重的,取消其一年至三年内参加依法必须进行招标的项目的投标资格并予以公告,直至由工商行政管理机关吊销营业执照。”此案争议的行为属于行政协议行为,根据该规定,××市人民政府对在招标采购中弄虚作假,尚不构成犯罪的行为,应当给予投标人甲工程有限公司、该单位直接负责的主管人员和其他直接责任人员罚款处罚等行政处罚。××市人民政府与甲工程有限公司签订的《投标诚信保证合同》中约定,若发现投标人弄虚作假,××市人民政府不返还600 万元投标诚信保证金。该约定的此项内容,违反了《招标投标法》第 54 条的规定。据此,法院判决撤销××市人民政府作出的不予返还甲工程有限公司 600 万元投标诚信保证金行为,并责令××市人民政府依法重新处理。

这里需要注意的是:地方性法规、规章与法律、行政法规有关强制性规定相抵触的,应当适用上位法的相关规定。

(三)行政优益权的适用条件

行政优益权在行政协议中主要表现为行政机关享有单方面变更、撤销、解除、终止行政协议的权力。但行政优益权的适用必须具有以下条件:

(1)法律、法规明确规定,发生某种情况,行政机关签约后发现行政协议不符合或者部分不符合法定条件的,可以对行政协议行使行政优益权。例如,S 公司与政府签订开发某片土地协议后,在约定的开始计算开发期限起,超过 2 年未开发,县级以上人民政府可以依据《土地管理法》第 38 条中“连续二年未使用的,经原批准机关批准,由县级以上人民政府无偿收回用地单位的土地使用权”的规定,无偿收回 S 公司这片土地的使用权。

(2)行政相对人采取欺诈、恶意串通等违法手段签订行政协议后被发现,行政机关有权对行政协议行使行政优益权。

(3)因情事变更,为了公共利益,行政机关对行政协议行使行政优益权。

因此,在涉及行政优益权的问题上,必须论证行政机关适用行政优益权的三个条件进行分析论证。

这里需要说明两个问题:

(1)由于行政机关行使行政优益权,由此使行政协议变更、撤销、解除、终止等,产生行政相对方的公民、法人或者其他组织诉行政机关不履行行政协议义务的诉讼。如果公民、法人或者其他组织同时诉行政机关行使行政优益权和不履行行政协议义务两个行为,应当对这两个行政行为的合法性均进行全面论述;如果只诉不履行行政协议义务行为,应对行政机关行使行政优益权行为有无重大明显违法进行审查,对不履行行政协议义务行为的合法性全面论述。

(2)行政机关行使行政优益权的行为违法,应当撤销的,因协议而产生的义务,并不一定必须给付。据此,在说理中还应对行政协议所确定的义务的合法性及是否应当履行等问题进行论述。

三、判决结果

可以分为以下四种情形,分别写明判决结果:

第一,协议有效,原告主张被告不依法履行、未按照约定履行协议或者变更、解除协议违法,理由成立的,可以采用以下判决方式,具体表述为:

一、被告继续履行协议(可写明具体内容);

二、被告×××(行政主体名称)于本判决生效之日起××日内赔偿原告……(写明赔偿的金额)(原告未提出请求赔偿的,该项不写)。

对于被告无法继续履行或者履行已无实际意义的,可表述为:

一、被告×××(行政主体名称)采取补救措施……(写明具体补救措施);

二、被告×××(行政主体名称)于本判决生效之日起××日内赔偿原告……(写明赔偿的金额)。

第二,原告请求解除协议或者确认协议无效,并要求赔偿理由成立的,表述为:

一、确认……(协议名称)无效或者自××××年××月××日解除……(协议名称);

二、被告×××(行政主体名称)于本判决生效之日起××日内赔偿原告……(写明赔偿的金额)。(原告未提出请求赔偿的,该项不写。)

第三,被告因公共利益需要变更或者其他法定理由变更、解除协议,给原告造成损失的,表述为:

被告×××(行政主体名称)于本判决生效之日起××日内补偿原告……(写明补偿的金额)。

第四,其他情形,参照民事判决书样式制作。

这里需要注意的是,法院的民事判决方式有驳回诉讼请求,判决无效、部分无效或判决履行民事合同约定的义务。对于行政协议的签订、变更、撤销、终止等行为,认定为合法的,虽也判决驳回诉讼请求,但不是针对行政协议,而是针对签订等行为。认定这些行为违法的,一般撤销这些行为或宣告无效。不宜撤销的,应判决确认违法,让被告采取补救措施。

第四节 一审行政赔偿判决书

一审行政赔偿判决书,是指第一审人民法院依照《行政诉讼法》规定的第一审程序,对审理终结的当事人单独提起的行政赔偿案件,就赔偿问题作出处理的书面决定。

按照2017年《行政诉讼法》和2012年《国家赔偿法》的规定,当事人对行政机关作出的行政行为可以依法提起行政赔偿诉讼。行政赔偿案件分为一并提起行政赔偿案件和单独提起行政赔偿案件两类。如果原告对行政行为提起行政诉讼时一并提起行政赔偿诉讼,可以只制作一份判决书,也可以分别制作判决书。如上所述,制作一份判决书时,可以将行政赔偿作为原告的一个诉讼请求来处理。

这里需要注意的是,一并提起行政诉讼和行政赔偿诉讼的案件,案由表述为“××(行政行为)及行政赔偿”。例如,起诉公安机关行政拘留一并请求赔偿限制人身自由损失的案件,案由表述为“行政拘留及行政赔偿”。单独提起行政赔偿诉讼的案件,案由表述为“行政赔偿”。例如,起诉行政机关赔偿违法强制拆除房屋损失案件,案由表述为“行政赔偿”。本判决书的首部、尾部(但行政赔偿诉讼不收取诉讼费用),正文中有关证据的列举、认证、说理方式以及相关的制作要求等,可以参考一审一般类行政案件行政判决书样式及其说明。但由于行政赔偿案件是要解决因行政机关及其工作人员的侵权行为引起的赔偿问题,所以在事实、理由和判决结果方面与行政判决书又有所不同,制作时应注意加以区别。

一、事实

根据2012年《国家赔偿法》的规定,行政行为违法是行政机关承担赔偿责任的前提条件,也就是说,行政机关作出的合法的行政行为不承担赔偿责任。一并提起行政赔偿诉讼的,判决书应当以行政判决书确认的被诉行政行为是否合法为判决依据,如果被诉行政行为被确认合法,也就不存在需要行政判决的问题。如果被诉行政行为确认违法,才谈得上有可能存在行政赔偿的问题。被诉行政行为确认违法后,还需审查是否造成原告损害,损害之间是否具有因果关系。倘若存在损害,被诉行政行为与损害结果才存在真正的赔偿。据此,在一并提起行政赔偿案件的判决书中,应当先对被诉行政行为的合法性进行举证、质证、认证的情况叙述清楚,通过审理确认被诉行政行为违法的,再对有关行政赔偿问题进行举证、质证、认证的情况和本院认定的事实叙述清楚。

审理单独提起行政赔偿的案件,人民法院仅就行政赔偿争议进行审理。因行政行为的合法性已通过先行确认程序或者行政诉讼予以审查;经过先行确认程序,且行政赔偿义务机关已经作出行政赔偿处理决定的,行政赔偿处理决定并非行政赔偿诉讼标的,法院仍应针对原告的赔偿请求能否成立进行审查。被告收到原告的赔偿申请逾期不作赔偿决定的,审查的重点也应是原告主张的侵权事实是否存在,要求赔偿是否有法律依据,以及损害结果与行政行为之间是否具有因果关系。因此,在判决书中应当对上述问题进行举证、质证、认证的情况和本院认定的事实叙述清楚。

一并提起行政赔偿案件中有关对被诉行政行为争议表述方式与一般类型或拒绝履职的行政判决书的表述方式相同,有关行政赔偿争议的表述与单独提起行政赔偿的判决书的表述方式相同。

(一)行政赔偿争议的表述方式

因行政赔偿诉讼中,证明受被诉行政行为侵害而遭受损失的事实,适用民事诉讼中“谁主张,谁举证”的举证规则。也就是说,原告对损害事实承担举证责任。据此,有关行政赔偿争议可作如下表述:

1. 原告诉称

以“原告诉称”的形式,概括写明原告提出的主要事实、理由及赔偿诉讼请求。

2. 被告辩称

以“被告辩称”的形式,概括写明被告答辩的主要理由和要求。如果被告未提交答辩状,写明:“被告未提交答辩状,但在庭审中辩称……”

3. 第三人述称

以“第三人述称”的形式,概括写明第三人的主要意见,第三人提供的证据。

(二)经庭审查明的事实和证据

重点写经庭审举证、质证、认证的情况。

1. 原告就赔偿请求提供了以下证据:概括证据名称、内容及证明目的。经质证,被告认为……(写明被告异议的理由;如无异议,应予说明)。原告则认为……(写明辩驳理由)。

2. 被告就答辩内容提供了以下证据:概括证据的名称、内容及证明目的。经质证,原告认为……被告则认为……(辩驳理由)。

3. 本院依法(或依原告、第三人的申请)调取了以下证据:……

4. 经庭审质证,本院对证据作如下确认:……

5. 本院根据以上有效证据及当事人的质证意见认定以下事实:……

(写明有效证据所证明的事实)。

(三)需要注意的问题

在书写事实部分时,需要注意以下三个问题:

1. 行政行为与损害结果之间的因果关系须根据具体情况而定

有关行政行为与损害结果之间是否具有因果关系的举证责任没有明确,在民事诉讼中,侵权行为与损害事实之间是否具有因果关系的举证责任由主张者承担,一般由原告承担。在一般情况下,行政行为与损害事实之间是否具有因果关系,亦适用民事诉讼的原则,即由原告承担举证责任。但行政机关可以采取限制人身自由的强制措施和行政处罚,被羁押人在限制人身自由场所死亡或者身体受到伤害,原告因能力限制很难举出行政行为与损害结果之间是否具有因果关系的证据,故《行政证据规定》中没有明确规定,行政行为与损害事实之间的因果关系由哪一方当事人承担举证责任。如果行政机关需要对行政行为与损害事实之间的因果关系承担举证责任的,应当对这方面举证、质证、认证的情况叙述清楚。

2. 在特定情况下损害结果的举证责任发生转移

根据2017年《行政诉讼法》第38条第2款中"在行政赔偿、补偿的案件中,原告应当对行政行为造成的损害提供证据。因被告的原因导致原告无法举证的,由被告承担举证责任"的规定,在强制拆除建筑物的行为案件中,经常会遇到因建筑物被行政机关违法拆除,原告难以举出其具体损失的证据,此时举证责任就由原告转移到被告,遇到此种情况,在判决书中亦应将这一问题的举证、质证、认证叙述清楚。

3. 原告、被告均无法提供证据时的赔偿数额确定

因客观原因被告与原告均不具有举证条件,亦无法进行鉴定的,法院应当结合当事人的主张和案件已有的证据,遵循法官的职业道德,运用逻辑推

理和生活经验及常识,酌定赔偿数额。具体来讲,应当让原告提交财物损失清单及价值和原告的经济收入凭证。结合经济收入家庭财产状况进行确定。

原告提出贵重物品的,应当让原告提供物品的来源、价值等方面的证据,因客观原因提供不出的,应当在庭审询问与贵重物品相关的事实问题时叙述清楚。这里需要特别提醒,遇到此类问题时,庭审时法官一定要对相关细节问题进行询问,必要时,应当进行追问,通过各方当事人对细节问题的陈述及对追问的回答分析,尽可能接近真相。例如,我们在审理一起违法强拆案件中,原告提出他在强拆房屋中藏有一把唐代价值280万元的宝剑,强拆后灭失,请求行政机关予以赔偿。我们在庭审中对有关宝剑灭失问题进行询问,先问原告的宝剑来源。原告说是祖传的。他说找过专家评估过,价值280万元。我们接着问,决定拆迁该房屋时,该房屋谁住在里面。他回答,他的工人住在里面。我们又接着问,强拆前,你去过该房屋吗?他回答,去过。周边的房屋都拆完了,只剩下该房屋未拆。他的回答有两处不符合常理:一是如此贵重的宝剑,他搬出该房屋后,不带回新搬的家中,却留在其工人居住的房屋里;二是强拆前一天,他去过该房屋,周边的房屋都已拆除,只剩下该房屋,随时都有可能被强拆,他却未不取走宝剑。上述两点说明原告所述其持有因强拆掉失的唐代宝剑显然有悖合常理。据此,我们依据原告庭审陈述、申辩及对追问的回答对该段事实不予认定。因此,在认定案件事实中,应当向对各方当人询问关键的细节问题,通过询问、陈述、追问、回答进行全面分析,将分析的结论写进本院认定的事实中。

二、理由

一并提起行政赔偿的案件,被告是否应当承担行政赔偿责任及赔偿的数额等问题,取决于以下三个条件:一是被诉行政行为违法;二是被诉行政行为与损害结果之间存在因果关系;三是损害结果和程度。也就是说,被诉行政行为的合法性问题直接关系到被告是否应当承担行政赔偿责任,被诉行政行为合法性确定不了,被告承担行政赔偿责任的问题也就无从谈起。故应在被诉行政行为的合法性问题论述后,再论证行政赔偿问题。经审查,被诉行政行为合法,在说理部分点出合法的行政行为国家不承担赔偿责任,原告行政赔偿的请求不能成立,应予以驳回。

2014 年《行政诉讼法》将事实行政行为亦纳入行政诉讼的受案范围,对事实行政行为不服可以提起行政诉讼,同时可以一并提起行政赔偿诉讼。因对事实行政行为是否存在,起诉时的证明标准是初步证明标准,即可能存在就应当立案受理。因此,进入诉讼阶段,被告行政机关是否承担赔偿责任,就应当审查事实行政行为是否存在,若存在还应审查其合法性,所以在判决书的理由部分,应当对被诉事实行政行为是否存在和合法性的问题进行论述,如果事实行政行为不存在或合法,有关行政赔偿也就无从谈起,可以点出事实行政行为不存在或合法,被告行政机关无须给予赔偿。如果事实行政行为存在并不合法,此后应当对有关行政赔偿的问题进行论述。被诉的事实行政行为多数是行政机关工作人员的行为,就需要分清楚行政机关工作人员的行为是行使职务的行为,还是个人行为,因此遇到此类情况时,在判决理由部分应当将行使职务行为与个人行为论述清楚。

单独提起行政赔偿的案件,因行政行为违法已被生效的法律文书所确认,故只需点出法律文书的名称及该行政行为已被确认违法即可,无须对行政行为的合法性进行论述,重点是对有关行政赔偿问题进行论述。

一并行政赔偿案件和单独行政赔偿案件在判决书中有关行政赔偿问题的说理部分,应当从以下六个方面进行论述:一是侵权的主体是否是行政机关及其工作人员;二是赔偿义务机关是否适格;三是原告是否存在合法权益的损害事实;四是原告的合法权益损失是否与已确定的违法行政行为之间具有因果关系;五是原告被侵害的结果及程度;六是行政赔偿的方式和赔偿数额。

此外,根据2012年《国家赔偿法》第5条的规定,具有行政机关工作人员与行使职权无关的个人行为,因公民、法人和其他组织自己的行为致使损害发生的,法律规定的其他情形,这三种情形之一的,国家不承担赔偿责任。因此,在一些特殊案件中,还须论述是否属于上述三种情形之一,若属于,则应排除在行政赔偿的范围之外,若不属于符合行政赔偿其他条件的,应当承担行政赔偿责任。

在论述行政赔偿问题时,还需要注意以下两个问题:

1. 有关混合过错的问题

混合过错的行政赔偿案件主要有两类:

一类是诉行政机关与非行政机关的组织共同作出的行为的行政赔偿案件。例如,某县土地局与某乡党委共同实施强制拆迁行为,被拆迁人认为该行为侵害其合法权益依法向人民法院提起行政赔偿。在该案中应在判决说理部分首先论述清楚行政机关的行政行为是否违法,如果确认行政行为违法,可以确认非行政机关的组织也具有过错。而后根据行政机关与非行政机关的组织在该行为中过错责任的大小确定他们各自所应当承担的赔偿责任。如果确认行政行为合法,阐述清楚行政机关和非行政机关的组织均不应当承担赔偿责任的理由。

另一类是诉行政机关的行政行为违法侵害原告的合法权益,非行政机关的组织在采取某种措施中存有不当的问题,扩大了损害后果的案件。例如,某公安人员将某公民打伤,在医院治疗期间,由于医院的医疗事故导致该公民死亡,其近亲属依法向人民法院提起行政赔偿的案件。判决理由部分应按照下列步骤说明理由,如果经审查确认行政机关的行政行为违法,先阐述清楚非行政机关的组织的行为是否存在过错;若确认其行为存在过错,阐明有无扩大损害的问题。如果不存在过错或者未扩大损害,说明确认赔偿责任由行政机关承担的理由;如果存在过错并扩大损害的,则应当论述清楚他们各自责任的大小确定赔偿责任。如果经审查确认行政机关的行政行为合法,非行政机关的组织无过错的,即可驳回原告有关赔偿的诉讼请求。如果非行政机关的组织有过错并造成原告损害的,法院可以就有关民事赔偿问题进行调解,调解不成的,可以在判决理由中告知原告另行提起民事诉讼。一并提起民事诉讼的,可以在判决理由中说明,此问题将在民事判决中作出判决。

2. 对不履行法定职责引起的行政赔偿问题

不履行法定职责及行政赔偿案件主要有两种情况:

(1)请求行政机关保护其人身权、财产权,行政机关拒绝或者拖延实施保护行为的赔偿案件。例如,某公民被精神病人追逐,请求公安机关保护,公安机关将其拒之门外,在精神病人追逐下摔伤一条腿。该公民依法向法院提起诉讼,请求法院判决公安机关赔偿损失。

(2)诉公安机关等机关不履行法定职责致行政相对人受伤或者死亡,请求行政赔偿的案件。例如,某公民在行政拘留所被同室人员殴打致伤或者致死,以"公安机关未履行保护其人身权职责"为由提起行政赔偿诉讼。又如,被行政拘留人员在拘留期间生病,监管机关未给予及时治疗造成死亡或者病情加重,或在监管期间自杀等,被羁押人或其近亲属以"公安机关不履行保护其人身权职责"为由提起行政赔偿诉讼。

上述两种情况判决理由,应当先写明被告行政机关是否履行了该项职责;如果被告在履行该项职责时,因客观原因履行的效果不好或者未达到原告期望的,再写明不能认定被告未履行法定职责的,只有被告拒绝履行法定职责或者拖延履行法定职责的,才应当承担行政赔偿责任的理由。如果被告未履行法定职责,应当对行政机关不履行法定职责(含未尽监管职责)致使公民、法人和其他组织的合法权益遭到损害的,以及对该不履行法定职责的行为在损害发生过程和结果中所起的作用等因素和应当承担的具体赔偿责任进行分析论证。因第三人的行为造成公民、法人或者其他组织人身、财产损失的,在判决理由部分应当阐述清楚由第三人承担民事侵权赔偿责任;民事赔偿不足的,行政机关应当根据其不履行、拖延履行法定职责行为在损害发生过程和结果中所起的作用等因素承担相应的行政赔偿责任。

3. 刑事诉讼与行政赔偿诉讼的衔接

刑事诉讼与行政赔偿诉讼的衔接常常涉及行政机关工作人员在执行职务中与该机关以外的其他人勾结共同实施了同一构成犯罪的违法行为,造成公民、法人或者其他组织的合法权益损害。这里涉及诉讼程序和行政机关是否应当承担赔偿责任两个方面的问题。

从诉讼程序上,应当先进行刑事案件的审理,在审理刑事案件中,被侵害人可以向非行政机关工作人员提起刑事附带民事赔偿。刑事判决后,判决行政机关工作人员和非行政机关工作人员均构成犯罪的,非行政机关工作人员承担不了民事侵权赔偿责任的,被侵权人应先向行政机关提起行政赔偿。行政机关拒绝赔偿或者赔偿数额达不到被侵权人的要求的,可以依法提起行政赔偿诉讼。人民法院受理的此类案件,属于已确认行政行为违法,单独提起行政赔偿的案件。

人民法院在审理这类案件中,被告答辩中称,行政机关未授权其工作人员行使该项权利,该侵权行为属工作人员的个人行为,由此造成的损失行政机关不应当承担行政赔偿责任。例如,2003 年年初,侯某明伙同某某市交警大队法制宣传科科长张某虎、财务室科员石某山以“交警部门近期要处理部分罚没车辆,并可以办理车辆的落户手续”的虚构事实,骗取原告 3,340,400 元购车款。该购车款交纳地点是该市交警大队财务室,出具的收款收据印章属于该市交警大队。另外,为了骗取原告的信任,张某虎、石某山还将盖有该市交警大队财务专用章等公章的《行政处罚决定书》《领取车辆及其办理落户通知》《解除(封存)(扣押)决定书》《外籍车辆准办通知》及保证交车或退还购车款的保证书等交给原告。由于张某虎、石某山、侯某明一直未能按约定交付车辆,原告向公安机关举报。2003 年 3 月张某虎、石某山、侯某明逃亡境外。2004 年 2 月该市交警大队宣传科科长张某虎、财务室工作人员石某山分别被判处有期徒刑 12 年、10 年。因侵权人张某虎、石某山、侯某明外逃,未追回赃款。被侵权人于 2004 年 7 月 19 日向赔偿义务机关即该市交警支队递交了《赔偿申请书》,但该市交警支队未给予任何答复。被侵权人依法向人民法院提起行政起诉,请求依法确认该市交警支队和市交警大队处理罚没车辆的行为违法;判令两被告返还原告预付购车款及其他损失 3,464,378.67 元。被告辩称,市交警支队、市交警大队未授权张某虎、石某山处理所谓的罚没车辆的行为,该行为属于该二人的个人行为,市交警支队、市交警大队不应承担行政赔偿责任。本案的争议焦点也是两被告应否承担行政赔偿责任的关键问题,故判决的说理部分应当重点论述张某虎、石某山处理罚没车辆的行为是个人行为,还是职务行为。对此问题,应做如下论述:张某虎是该市交警大队法制宣传科科长,石某山是市交警大队财务室科员。从其身份上看,二人均是公安机关的交通警察。张某虎、石某山以交通警察的身份向原告宣称要处理罚没车辆的信息,向原告出具加盖被告单位公章的《退款保证书》《领取车辆通知书》等;二人是以交警大队法制科的名义收取原告行政处罚购车款,向原告出具加盖市交警大队法制科印章的收款收据。也就是说,对被侵权人而言,张某虎、石某山是以市交警大队的名义实施处理罚没车辆的行为。该行为与张某虎、石某山执行职务的行为密不可分。尽管二人所在的机关没有授权,他们又将收取的车款存入自己的账户中,但是,石某山、张某虎都是人民警察,从一般人的角度来看,其二人是代表公安机关执行职务的,原告也没有理由不相信这是职务行为。因此,可以认定二人的行为被人们的一般常识和社会观念认同为行使职务的行为。二人在行为中不仅使用了职务标志,而且所有行为都是在办公场所实施,所出具的收款收据均盖有该市交警大队法制宣传科的印章。综上,张某虎、石某山的行为完全符合行使职务行为的构成要件,故应认定为职务行为,而不能认定为与职务无关的个人行为。

三、判决结果

分几种情况,分别写明判决结果:

第一,驳回原告赔偿请求的,表述为:

驳回原告×××关于……(赔偿请求事项)的赔偿请求。

第二,判决被告予以赔偿的,表述为:

被告×××(行政主体名称)于本判决生效之日起××日内赔偿原告……(写明赔偿的金额)。

第三,如果复议机关因复议程序违法给原告造成损失的,表述为:

被告×××(复议机关名称)于本判决生效之日起××日内赔偿原告……(写明赔偿的金额)。

行政赔偿诉讼不收取诉讼费用。

四、行政(赔偿)调解书

(一)行政(赔偿)调解书的概念

行政(赔偿)调解书,是人民法院依照2017年《行政诉讼法》的规定,在审理行政案件过程中,通过调解,当事人自愿达成解决赔偿争议的协议而制作的具有法律效力的文书。

根据2017年《行政诉讼法》第60条的规定,人民法院审理行政案件,一般不适用调解。但是,以下三类案件可以适用调解:一是行政赔偿案件,二是补偿案件,三是行政机关行使法律、法规规定的自由裁量权的案件。

调解应当遵循当事人自愿原则,在查清事实,分清是非的基础上进行。调解的内容应符合法律的规定,不得损害国家利益、社会公共利益和他人合法权益。如果法律、法规明确规定了数额的范围,人民法院只能在这个范围内进行调解。制作行政调解书应当体现上述原则。

(二)行政(赔偿)调解书的内容和制作方法

行政调解书的首部、正文、尾部(附录部分),正文中有关证据的列举、认证、说理方式以及写作要求等,可以参照一审一般类型的行政判决样式及说明。

认定事实与调解结果,表述为:

经审理查明……(写明法院查明的事实)。

本院在审理过程中,经本院主持调解,双方当事人自愿达成如下协议:

……(写明协议的内容)。

……(写明诉讼费用的负担)。

上述协议符合有关法律规定,本院予以确认。

本调解书经双方当事人签收后,即具有法律效力。

需要注意的问题是,对当事人诉辩意见、审理查明部分应当与裁判文书有所区别,应当本着减小分歧、化解矛盾,有利于促进调解协议的原则,对争议和法院认定的事实适当简化。

调解协议内容应当明确、具体、便于履行。诉讼费用的负担,由当事人协商解决的,可以作为协议内容的最后一项;由法院决定的,应另起一行写明。

制作第二审和再审的行政案件调解书可参照上述方式制作。第二审及再审行政调解书送达后,原一审、二审判决、裁定不再执行。

第四章 二审和再审行政判决书

第一节 二审行政判决书

二审行政判决书，是第二审人民法院依照 2017 年《行政诉讼法》规定的第二审程序，对不服一审判决的上诉案件审理终结后，就实体问题依法作出的维持原判或者改判的书面决定。2017 年《行政诉讼法》第 85 条规定："当事人不服人民法院第一审判决的，有权在判决书送达之日起十五日内向上一级人民法院提起上诉。当事人不服人民法院第一审裁定的，有权在裁定书送达之日起十日内向上一级人民法院提起上诉。逾期不提起上诉的，人民法院的第一审判决或者裁定发生法律效力。"第 87 条规定："人民法院审理上诉案件，应当对原审人民法院的判决、裁定和被诉行政行为进行全面审查。"

第二审人民法院通过对上诉案件的审理，不仅可以纠正一审行政判决中可能发生的错误，使当事人的合法权益得到及时保护，还有利于上级人民法院监督下级人民法院的行政审判工作。因此，制作二审行政判决书有着重要的意义。

二审行政判决书由首部、事实、理由、判决结果和尾部五部分组成。第二审是复审。因此,制作第二审行政判决书应当充分体现上诉审的特点,强调针对性和说理性。

一、首部

二审行政判决书首部由标题和当事人情况、案件由来和审理经过组成。

(一)标题和当事人称谓

二审行政判决书的标题与一审行政判决书的标题相比较,主要是文书编号中反映审级的代字不同。一审为“行初”字,二审为“行终”字,如“(××××)×行终字第×号”。

上诉案件当事人的称谓与第一审行政案件相比,当事人的诉讼地位不同。二审行政判决书中提起上诉一方当事人的诉讼地位为“上诉人”,一审中的对方当事人为“被上诉人”。在一审中与上诉人处于相同地位的原告或被告没有上诉的,在二审中的谓称为“原审原告”或“原审被告”;有第三人的案件,一审第三人没有上诉的,在二审中的谓称为“原审第三人”。当事人的排列顺序上,应先写上诉人、再写被上诉人、后写其他当事人;其他当事人按照原审诉讼地位和顺序写明。

这里需要注意以下三个问题:一是在“上诉人”“被上诉人”后面,用括号注明其在原审中的诉讼地位。二是原告、被告、第三人均提起上诉的,可并列为“上诉人”。当事人中一人或者部分人提出上诉,上诉后是可分之诉的,未上诉的当事人在法律文书中可以不列;上诉后仍是不可分之诉的,未上诉的当事人可以列为被上诉人。三是上诉案件当事人中的代表人、诉讼代理人等,分别在该当事人项下另起一行列项书写。

(二)案件由来和审理经过

二审行政判决书应当写明案由，上诉人不服一审提起上诉是情况。在行文上一般表述为：

上诉人×××因……(写明案由)一案，不服××××人民法院(××××)×行初字第××号行政判决，向本院提起上诉。

有多个上诉人或者被上诉人的，相同身份的当事人之间以顿号分割。双方当事人均提起上诉的，均列为上诉人。在行文上一般表述为：

上诉人×××、×××因……(写明案由)一案。

根据 2017 年《行政诉讼法》第 86 条①的规定，第二审程序的审理方式有两种，即开庭审理和书面审理。但开庭审理是原则，不开庭审理是例外。因此，一般在叙述案件由来后，先写立案时间，再写审理经过。表述为：

本院于××××年××月××日立案，本院依法组成议庭，公开(或不公开)开庭审理了本案。……(写明到庭的当事人诉讼代理人等)到庭参加诉讼。本案现已审理终结。(未开庭的，写"依法组成合议庭，对本案进行了审理，现已审理终结"。)

二、事实

二审行政判决书的事实部分，由以下两个方面的内容构成。

(一)上诉争议的内容

一审查明的事实和说理及判决结果是二审审理的基础，为了客观反映

---

① 《行政诉讼法》第 86 条规定："人民法院对上诉案件，应当组成合议庭，开庭审理。经过阅卷、调查和询问当事人，对没有提出新的事实、证据或者理由，合议庭认为不需要开庭审理的，也可以不开庭审理。"

一审情况,使一审、二审相连接,明确二审争议的焦点,因此,在上诉争议的内容中,首先要写明一审认定的事实、理由(包括所适用的法律、法规条文)和判决的结果,再写明上诉人的上诉请求及其主要理由,最后写明被上诉人答辩的主要内容。叙述要概括、简练、准确,抓住争议焦点,防止照抄原审判决书、上诉状和答辩状,但又要不失原意。

(二)二审查明认定的事实和证据

在表述二审查明认定的事实和证据时,要注意根据案件的不同情况书写。如果原审判决认定的事实清楚,上诉人亦无异议,简要地确认一审判决认定的事实即可;如果一审判决认定的事实清楚,但上诉人提出异议的,则应当对有异议的事实、证据进行重点叙述,并进行具体的分析、认证,阐明采信证据的理由;如果一审判决认定的事实不清,证据不足,经二审查清事实后改判的,则应当具体叙述查明的事实和有关证据。所引证据都应写明所证明的事实,不要只罗列证据的名称。

一般情况下,二审认定事实与一审认定事实一致的,表述为:

本院经审理查明的事实与一审判决认定的事实一致,本院予以确认。

与一审认定的主要事实基本一致,但在个别事实作出新的认定的,表述为:

本院经审理查明的事实与一审判决认定的事实基本一致,但一审认定的……事实不当,应认定为……

本院认定的事实是一审未认定的,表述为:

本院另查明:……

三、理由

二审行政判决书的理由部分,也由两个方面的内容构成:

(一)维持或者改判的理由

维持或者改判的理由,应当针对上诉请求和理由,重点围绕争议的焦点,就原一审行政判决及被诉行政行为的合法性、上诉理由是否成立、上诉请求是否予以支持以及被上诉人的答辩是否有理等进行充分论证,阐明维持原判或者撤销原判予以改判的理由。理由一定要有针对性和说服力,注意事理分析和法理分析,回答上诉争议的主要问题,引出合乎逻辑的公正结论。在对一审行政判决正确与否的论述中,要紧紧扣住上诉理由和请求,以案件事实、法律规定,上诉理由和请求是否成立,应否支持上诉请求等进行分析论证。需要作出维持判决的,应当对上诉理由和请求不能成立做出分析论证后,得出上诉请求不予支持的结论;需要作出改判的,应当指出一审行政判决认定事实或者适用法律规范错在何处,并对哪些上诉理由和请求成立进行分析,得出哪些上诉请求成立,应予以支持,哪些不成立的不予支持的结论,同时还要阐述清楚改判的理由。二审查清事实后改判的,应当根据二审审理后认定的事实,依据有关法律法规的规定,针对一审行政判决错误和上诉理由和请求进行全面分析论证。

这里需要注意以下三个问题:一是一审行政判决论述的理由基本正确但有遗漏或者个别理由错误的,二审说理中可以将一审遗漏的理由补充进去,或者指出一审存在的问题。不影响到判决结果的,写明无须改判的理由。二是一审行政判决引用的法律规范条文基本正确,但遗漏了应当引用的条款,或者引用的个别条款已失效或尚未生效,或者引用个别条款错误,但均不影响判决结果的,二审行政判决可以补充一审行政判决遗漏的条款,或者指出一审行政判决引用的哪些条款已失效或者尚未生效,或者指出一审行政判决引用错误的具体条款,不会影响到判决结果的,还应写清楚无须改判的理由。三是为了避免一审、二审行政判决论述理由的重复,对一审行政判决论述到位的,二审行政判决的理由可以简单概括一审行政判决理由即可,无须再长篇大论。一审行政判决理由说得不够清楚的,应将一审行政判决理由不清楚的地方阐述清楚。

(二)二审行政判决所依据的法律条文

二审行政判决所依据的法律条文,应当分别引用 2017 年《行政诉讼法》第 89 条第 1 款第 1 项至第 4 项的规定。其中,全部改判或者部分改判的,除先引用 2017 年《行政诉讼法》有关条款外,还应当同时引用改判所依据的实体法的有关条文。

四、判决结果

(一)裁判的方式

根据 2017 年《行政诉讼法》第 89 条的规定,人民法院审理上诉案件,按照下列情形,分别处理:

1. 维持裁判

原判决、裁定认定事实清楚,适用法律、法规正确的,判决或者裁定驳回上诉,维持原判决、裁定。

2. 改判或者裁定驳回起诉

原判决、裁定认定事实错误或者适用法律、法规错误的,依法改判、撤销或者变更。

3. 发回重审或改判

原判决认定基本事实不清、证据不足的,发回原审人民法院重审,或者查清事实后改判。

4. 裁定撤销原判决或发回重审

原判决遗漏当事人或者违法缺席判决等严重违反法定程序的,裁定撤销原判决,发回原审人民法院重审。

需注意的问题:原审人民法院对发回重审的案件作出判决后,当事人提起上诉的,第二审人民法院不得再次发回重审。人民法院审理上诉案件,需要改变原审判决的,应当同时对被诉行政行为作出判决。

(二)判决结果的写法

根据上述规定,二审判决结果可分以下四种情况,表述为:

第一,维持原判的,表述为:

驳回上诉,维持原判。

第二,对原审判决部分维持、部分撤销的,表述为:

一、维持×××人民法院(××××)×行初字第×号行政判决第×项,即……(写明维持的具体内容);

二、撤销×××人民法院(××××)×行初字第×号行政判决第×项,即……(写明撤销的具体内容);

三、……(写明对撤销部分作出改判的内容。如无须作出改判的,此项不写)。

第三,撤销原审判决,驳回原审原告诉讼请求的,表述为:

一、撤销×××人民法院(××××)×行初字第×号行政判决;

二、驳回×××(当事人姓名)的诉讼请求。

第四,撤销原审判决,同时撤销或者变更行政机关的行政行为的,表述为:

一、撤销×××人民法院(××××)×行初字第×号行政判决;

二、撤销(或者变更)××××(行政机关名称)××××年××月××

日(××××)×字第×号××决定(写明具体行政行为或者复议决定或者其他行政行为);

三、……(写明二审法院改判结果的内容。如无须作出改判的,此项不写)。

五、尾部

尾部主要写有关当事人诉讼费用的分担。二审诉讼费用负担的写法,应当区别两种情况:一是对驳回上诉,维持原判的案件,二审诉讼费用由上诉人承担;双方当事人都提出的,由双方分担。二是对撤销原判,依法改判的案件,应同时对一审、二审的各项诉讼费用由谁承担,或者共同分担的问题作出决定,相应地变更一审法院对诉讼费用负担的决定。

尾部的其他事项与一审一般类型行政判决相一致。

第二节　再审行政判决书

再审行政判决书,是人民法院依照 2017 年《行政诉讼法》规定的审判监督程序,对已经发生法律效力的判决、裁定,发现违反法律、法规规定,进行重新审理后,就案件的实体问题作出的书面决定。

《行政诉讼法》第 90 条规定:"当事人对已经发生法律效力的判决、裁定,认为确有错误的,可以向上一级人民法院申请再审,但判决、裁定不停止执行。"第 92 条规定:"各级人民法院院长对本院已经发生法律效力的判决、裁定,发现有本法第九十一条规定情形之一,或者发现调解违反自愿原则或者调解书内容违法,认为需要再审的,应当提交审判委员会讨论决定。最高人民法院对地方各级人民法院已经发生法律效力的判决、裁定,上级人民法院对下级人民法院已经发生法律效力的判决、裁定，发现有本法第九十一条规定情形之一，或者发现调解违反自愿原则或者调解书内容违法的，有权提审或者指令下级人民法院再审。”第93条第1款规定：“最高人民检察院对各级人民法院已经发生法律效力的判决、裁定，上级人民检察院对下级人民法院已经发生法律效力的判决、裁定，发现有本法第九十一条规定情形之一，或者发现调解书损害国家利益、社会公共利益的，应当提出抗诉。”

从上述规定可以看出，对提起再审的条件和程序是很严格的，即提起再审的案件必须是已生效的判决、裁定违反法律、法规的规定。行政诉讼的审判监督程序的目的，在于使已生效但确实违反法律、法规规定的判决、裁定，依照法定程序予以纠正，以保证人民法院裁判的正确性和合法性，保护公民、法人和其他组织的合法权益，维护国家法律的统一。制作再审行政判决书，应当充分体现再审程序的特点。

再审行政判决书由首部、事实、理由、判决结果和尾部五部分组成。

一、首部

再审行政判决书首部由标题、当事人的诉讼地位、案件由来和审理经过、审判组织、审判方式和审判过程六部分组成。

（一）标题

在再审行政判决书中，文书制作机关的名称、文书名称格式和要求，与一审、二审行政判决基本相同。所不同的是文书中的审级代字不同，为“行再”字，如“（××××）×行再字第×号”。

（二）当事人的诉讼地位

再审案件当事人的诉讼地位分别表述为：“再审申请人”“再审被申请

人”,并分别用括号注明其在一审、二审的诉讼地位。

再审申请人表述为:“再审申请人(写明原审诉讼地位)×××,……(写明姓名或名称等基本情况)。”

再审被申请人表述为:“被申请人(写明原审诉讼地位)×××,……(写明姓名或名称等基本情况)。”

其他当事人按照原审诉讼地位表述。例如,一审终审的,称为“原审原告”或“原审被告”或“原审第三人”;二审终审的,称为“二审上诉人、一审原告”或“二审上诉人、一审被告”等。

人民检察院依据《行政诉讼法》第93条第1款提起抗诉的再审案件,应在诉讼参加人部分先写明,抗诉机关:×××人民检察院;而后写明原审上诉人(一审原告或者被告)、原审被上诉人(一审原告或被告)及基本情况。

(三)案件由来和审理经过

案件由来和审理经过,应当写明当事人姓名或者名称、案由、原判决文号,提起再审的原因或者根据。

根据2017年《行政诉讼法》第90条、第92条和第93条的规定,再审案件可分为两大类。

1. 依当事人申请再审案件由来的表述

依当事人申请再审的案件,有三大类:

第一,依当事人申请提审的,案件由来和审理经过表述为:

原审原告(或者原审上诉人)×××与原审被告(或者原审被上诉人)×××……(写明案由)一案,本院(或者×××人民法院)于××××年××月××日作出(××××)×行×字第×号行政判决,已经发生法律效力。……(写明再审的根据)。

第二,依申请指令或指定再审的,案件由来和审理经过表述为:

×××人民法院于××××年××月××日作出(××××)×行再字第×号行政裁定,指令本院对本案进行再审。

第三,依申请对本院的案件再审的,案件由来表述为:

本院于××××年××月××日作出(××××)×行再字第×号行政裁定,对本案提起再审。

2. 其他再审案件由来和审理经过的表述

其他再审的三类案件由来的表述,与当事人申请再审的,在表述思路上基本相同,体现各自特点的部分,则应作相应的改述。

第一,案外人申请再审的,表述为:

……作出……号行政判决,已经发生法律效力并强制执行。×××(写明案外人的姓名或名称)对裁定不服,认为原判决/调解书错误,向本院申请再审……

第二,本院依职权再审的表述要写明:

……本院经审判委员会讨论决定,于……裁定,再审本案。

第三,人民检察院抗诉案件指令再审的,表述为:

申诉人×××因与被申诉人×××一案,不服……裁定,向××××人民检察院申诉。××××人民检察院作出……号行政抗诉书,向××××人民法院提出抗诉。××××人民法院作出……行政裁定,指令本院再审本案。

(四)审判组织、审判方式和审判过程

再审的审判组织、审判方式和审判过程,与一审、二审行政判决书的写法基本相同。表述为:

本院依法组成合议庭,公开(或者不公开)开庭审理了本案。……(写明到庭的当事人、诉讼代理人等)到庭参加诉讼。现已审理终结。(未开庭的，写“本院依法组成合议庭审理了本案。现已审理终结”。）

二、事实

再审行政判决书的事实部分，包括再审争议的内容以及再审查明认定的事实和证据，要根据不同类型的案件书写。

（一）再审争议的内容

原审生效判决查明的事实和说理及判决结果是再审审理的基础，为了客观反映原审情况、使原审与再审相互连接，明确再审争议的焦点。因此，在再审争议的内容中，首先要写明原审认定的事实、理由（包括所适用的法律、法规条文）和判决的结果；其次写明再审申请人的申请再审请求及其主要理由；最后写明再审被申请人答辩的主要内容。人民检察院抗诉引起的再审案件，还应写明人民检察院的抗诉意见及理由。叙述要概括、简练、准确，抓住争议焦点，防止照抄原审判决书、申诉状、抗诉状和答辩状，但又要不失原意。

（二）再审查明认定的事实和证据

再审中，当事人对原审所依据的证据提出异议或者依法向法院提交新的证据，或法院经审查中认为原审依据的证据有疑点的，应将再审中对这些证据质证、认证的情况及结论叙述清楚。

一般情况下，如再审认定事实与原审一致的，表述为：

本院经审理查明的事实与原审判决认定的事实一致，本院予以确认。

与原审认定的主要事实基本一致，但在个别事实作出新的认定的，表述为：

本院经审理查明的事实与原审判决认定的事实基本一致，但原审认定的……事实不当，应认定为……

本院认定的事实是原审未认定的，表述为：

本院另查明……

三、理由

2017年《行政诉讼法》第91条规定："当事人的申请符合下列情形之一的，人民法院应当再审：(一)不予立案或者驳回起诉确有错误的；(二)有新的证据，足以推翻原判决、裁定的；(三)原判决、裁定认定事实的主要证据不足、未经质证或者系伪造的；(四)原判决、裁定适用法律、法规确有错误的；(五)违反法律规定的诉讼程序，可能影响公正审判的；(六)原判决、裁定遗漏诉讼请求的；(七)据以作出原判决、裁定的法律文书被撤销或者变更的；(八)审判人员在审理该案件时有贪污受贿、徇私舞弊、枉法裁判行为的。"因此，申诉人的请求均是要求改变原裁判，理由应当是原裁判存在该条所规定的上述八种情形中的一种或者几种。

再审判决主要根据申诉人所提出的申诉请求及理由，在查明相关事实基础上，着重论证原审生效判决是否正确，包括原审判决认定的事实和适用的法律、法规两个方面的内容。也就是，是否存在2017年《行政诉讼法》第91条所规定的8种情形。对检察机关的抗诉或者当事人申诉的理由和请求，有针对性地进行分析论证，正确的，予以支持；不正确的，有理有据地予以驳回。要阐明应予改判、如何改判或者仍然维持原判的理由。同时要写明判决所依据的法律、法规条文。这部分内容可以参照二审行政判决书理由部分的书写方法和要求制作。

四、判决结果

可以按照案件不同情况分别表述。

第一,全部改判的,表述为:

一、撤销本院(或者×××人民法院)××××年××月××日(××××)×行×字第×号行政判决(如一审判决、二审判决、再审判决均需撤销的,应分项写明);

二、……(写明改判的内容,内容多的可分项写。)

第二,部分改判的,表述为:

一、维持本院(或者×××人民法院)××××年××月××日(××××)×行×字第×号行政判决第×项,即……(写明维持的具体内容);

二、撤销本院(或者×××人民法院)××××年××月××日(××××)×行×字第×号行政判决第×项,即……(写明撤销的具体内容);

三、……(写明改判的内容,内容多的可分项写。)

第三,维持原判的,表述为:

维持本院(或者×××人民法院)××××年××月××日(××××)×行×字第×号行政判决。

五、尾部

尾部有以下两项内容:

1. 有关当事人诉讼费用的分担

关于诉讼费用的分担要区别对待,一是对全部改判或者部分改判而变更原审诉讼费用负担的,写明原审诉讼费用由谁负担或者双方如何分担;二是对依照《诉讼费用交纳办法》第 9 条规定需要交纳案件受理费的,同时写明一审、二审及再审诉讼费用由谁负担或者双方如何分担;三是对驳回再审申请,但依照《诉讼费用交纳办法》第 9 条规定需要交纳案件受理费的,写明再审诉讼费用的负担。

2. 有关救济权的交代

按照一审程序进行再审的，表述为：

如不服本判决，可以在判决书送达之日起十五日内向本院递交上诉状，并按对方当事人的人数提出副本，上诉于××××人民法院。

按第二审程序进行再审或者上级法院提审的，表述为：

本判决为终审判决。

其他事项与一审一般行政判决书相同。

第五章

一审行政裁定书

一审行政裁定书，是第一审人民法院依照 2017 年《行政诉讼法》规定的第一审程序，在审理第一审行政案件过程中，为解决程序问题作出的书面决定。

根据 2017 年《行政诉讼法》及最高人民法院有关行政诉讼的司法解释的规定，一审行政裁定适用于以下范围：(1) 不予立案；(2) 驳回起诉；(3) 管辖异议；(4) 移送或者指定管辖；(5) 中止或者终结诉讼；(6) 诉讼期间停止或者不停止行政行为执行；(7) 财产保全；(8) 先予执行；(9) 撤诉；(10) 证据保全；(11) 简易程序转为普通程序；(12) 补正裁判文书中的笔误；(13) 其他需要裁定的事项（如解除财产保全等）。对前三项行政裁定的，当事人不服可以提起上诉；对其他行政裁定一经作出便发生法律效力，当事人不可以提起上诉。

第一节 不予立案、驳回起诉行政裁定书

不予立案行政裁定书，是指第一审人民法院接到起诉状后，经审查认为不符合法律规定的起诉条件，依法裁定不予立案的司法文书。

驳回起诉行政裁定书，是指第一审人民法院对已经受理的行政诉讼案件，在审理过程中发现起诉不符合法律规定的受理条件，决定驳回起诉的司法文书。

这两类裁定书都是由首部、正文和尾部组成。因两者之间最大的不同点是，前者未进入诉讼程序、后者已进入诉讼程序，因此在当事人的称谓和案件由来部分有明显的不同，正文和尾部基本相同。

一、首部

不予立案、驳回起诉行政裁定书的首部由文书名称及案号、诉讼当事人称谓和案件由来三部分构成。

（一）文书名称及案号

一审行政裁定与一审行政判决的文书在名称上不同，前者称之为“行政裁定书”，后者称之为“行政判决书”。

不予立案、驳回起诉行政裁定书的案号与一审行政判决书案号相同，仍用“行初字”，即“（××××）×行初字第××号”。

（二）诉讼当事人称谓

1. 不予立案行政裁定案件当事人的称谓

因裁定不予立案的案件，没有进入行政诉讼程序，不存在原告、被告

和第三人,故在不予立案行政裁定书中,提起诉讼方的当事人,称为"起诉人"。写明起诉人及其基本情况,起诉人基本情况的内容与一审原告相同。

2. 驳回起诉行政裁定诉讼当事人的称谓

因驳回起诉的案件已经进入诉讼程序,当事人称谓与不予立案的行政裁定书有所不同,驳回起诉行政裁定书中应根据当事人的诉讼地位,分别称为"原告""被告""第三人"。分别写明原告、被告、第三人的基本情况,其内容与一审原告、被告、第三人的基本情况相同。

(三)案件由来

根据2017年《行政诉讼法》第50条①的规定,起诉有提供书面起诉状和口头起诉两种方式,故应当在案件由来部分,写明起诉人或者原告的起诉方式。为了判断起诉人或者原告是否在法定起诉期限内提起诉讼,法院是否在法定立案期限内作出裁定,亦应写明起诉人或者原告提起诉讼的时间,概括写明起诉的事由。由于作出不予立案行政裁决的案件未进入行政诉讼程序,与驳回起诉行政裁决的,案件由来部分的写法不同。

1. 不予立案的,案件由来的表述

不予立案的,案件由来表述为:

××××年××月××日,本院收到×××的起诉状(口头起诉的,注明起诉方式)……(概括写明起诉的事由)。

2. 驳回起诉的,案件由来的表述

驳回起诉的,案件由来具体表述为:

原告×××诉被告×××……(写明案由)一案,本院受理后,依法组

① 2017年《行政诉讼法》第50条规定:"起诉应当向人民法院递交起诉状,并按照被告人数提出副本。书写起诉状确有困难的,可以口头起诉,由人民法院记入笔录,出具注明日期的书面凭证,并告知对方当事人。"

成合议庭(或依法由审判员×××独任审判),公开(或者不公开)开庭审理了本案,现已审理终结(未开庭的,写“本院依法进行了审理,现已审理终结”)。

案件首部的其他事项均与一审行政判决书基本相同。

二、正文

不予立案和驳回起诉行政裁定书正文的主要内容,包括事实、理由和裁定结果。这里所讲的“事实”应当是不符合《行政诉讼法》规定的提起行政诉讼的事实。“理由”应当是不符合起诉条件的法律依据。“结果”应当是不予立案或者驳回起诉。

根据2017年《行政诉讼法》的规定,公民、法人或者其他组织提起行政诉讼应当符合下列条件:

(一)有具体的诉讼请求和被诉行政行为的存在

2017年《行政诉讼法》第49条第3项规定,提起诉讼应当有具体的诉讼请求和事实根据。

起诉人或者原告提出的诉讼请求包括两项内容:

1. 明确被诉行政行为

这里所讲的事实根据,就是指被诉行政行为存在。法院审理行政案件是对被诉行政行为的合法性进行审查,被诉行政行为不存在,法院审理行政案件就缺乏审查对象,行政诉讼将会无法进行。

起诉人或者原告提起行政诉讼时,应当明确被诉行政行为,并提供初步证明被诉行政行为存在的证据。起诉人或者原告对上述问题不明确或提供不出相应证据的,经法官释明后,仍不明确或者提供证据或者提供的证据不能成立的,在裁定书的正文中应当叙述清楚相关事实及证据材料,写明所适用的法律规范条文及理由,裁定不予立案。已经受理的案件,被告提出证据证明被诉行政行为不存在的,应当裁定驳回起诉。

在通常情况下被诉行政行为非常明确,但在有关征收土地、房屋案件中,起诉人或者原告起诉时,笼统地对征收土地或者征收房屋提起诉讼。征收集体土地、征收国有土地上的房屋是由征收土地或者房屋决定、补偿安置协议或者裁决、确认被征收房屋是否属于违法建筑决定等行为构成。

由于作出的主体、内容、适用的法律规范等都不同,因而在撰写不予立案或者驳回起诉的行政裁定书正文时,一般起诉人或者原告起诉的行政行为是明确的,但在征收土地、房屋类的行政案件中,原告笼统地起诉行政征收行为。此类行政征收是由若干个行政行为组成,如征收国有土地上的房屋征收是由房屋征收决定、房屋补偿决定(或房屋补偿协议)、违法建筑认定决定、强制拆除决定、未履行补偿决定(补偿协议)等行政行为所组成。每个行政行为相对独立,有的被告不同,审理的内容和方法亦有不同,按照不告不理的原则,起诉人或者原告应当在法官释明后,明确其起诉哪些行政行为。按照一行政行为一立案的原则,每个行政行为立一个案件,法院根据具体情况决定是否合并审理。凡遇到此类情况的案件,行政裁定书正文中,应当首先写明起诉人最初起诉的行政征收行为的情况;其次写明法官释明的情况及意见;再次写明原告不接受法官释明的意见,坚持原意见或者不接受法官的释明意见;最后以起诉人或者原告未明确“被诉行政行为”为由,起诉不符合起诉条件,裁定予以立案或者驳回起诉。

2. 起诉人或者原告所要达到的具体目的

起诉人所要达到的具体目的,称为“诉讼请求”。2018 年《行诉解释》第 68 条规定,“有具体的诉讼请求”是指:(1)请求判决撤销或者变更行政行为;(2)请求判决行政机关履行特定法定职责或者给付义务;(3)请求判决确认行政行为违法;(4)请求判决确认行政行为无效;(5)请求判决行政机关予以赔偿或者补偿;(6)请求解决行政协议争议;(7)请求一并审查规章以下规范性文件;(8)请求一并解决相关民事争议;(9)其他诉讼请求。

起诉人具体的诉讼请求不明确的,法官应当进行释明。释明后,起诉人仍不予明确的,可以裁定不予立案。在裁定书正文应当叙述清楚相关事实,写明所适用的法律规范条文。

需注意的是,行政诉讼是对被诉行政行为的合法性进行全面审查,不受诉讼请求和理由的限制,起诉人起诉时应当在诉状中明确其诉讼请求,但不能因其诉讼请求不准确,裁定不予立案或者驳回起诉。

3. 是否适用诉讼类型化

大陆法系中的一些国家按照行政争议分类处理。大陆法系国家有关行政诉讼分类主要为无效之诉、撤销之诉、变更之诉、确认之诉、履行之诉、给付之诉等。诉的类型不同,审理的范围和内容亦有所不同。换言之,诉讼请求是什么,就根据诉的类型进行审查及裁判。对无效之诉、撤销之诉、变更之诉、确认之诉、履行之诉、给付之诉等,需根据各类诉的条件进行审查,符合其诉讼请求的诉的种类条件,按照其诉求请求的诉的种类作出相应的判决。如果诉讼请求的诉的种类错误,则驳回原告的诉讼请求。

我国2014年和2017年两次修正后的《行政诉讼法》没有对行政诉讼适用诉讼类型作出规定。有人认为,《行政诉讼法》中暗含着行政诉讼适用诉讼类型化的原则。理由如下:第一,2017年《行政诉讼法》第49条中规定,提起诉讼应当有“具体的诉讼请求和事实根据”,第69条至第78条规定的判决方式分别是:驳回诉讼请求判决、撤销判决、确认违法判决、履行判决、给付判决及变更判决。上述规定暗含着行政诉讼适用诉讼类型化的原则,即根据原告诉讼请求作出判决。第二,根据法院审理行政案件是根据原告的请求作出的,如果原告没有请求的内容,根据“不告不理”的原则,法院不应进行审查及判决。第三,诉讼的类型化有利于提高行政审判的效率,节省审判成本。因大陆法系国家的这些分类与我国的诉讼请求分类基本相同。因此,我国行政诉讼亦应诉讼类型化。

依据这一观点,不少法官在立案时,过分强调原告提出的诉讼请求必须符合《行诉解释》第 68 条规定的诉讼请求中的一种请求,立案法官认为不正确的,可以要求原告变更诉讼请求,拒绝变更的,便可作出不予立案的裁定。

各国的行政诉讼制度都是由各国的国情所决定的,我国的社会制度、文化传统等与大陆法系国家有着明显的不同。因国情不同,故我国行政诉讼制度不能照搬照抄西方某些国家的法律规定,必须根据我国的国情来决定。笔者认为,诉讼类型化不适合我国的国情。理由如下:

(1)我国行政诉讼法规定诉讼请求的含义

我国行政诉讼法所规定的诉讼请求是由两部分组成:一是所诉行政行为。因行政诉讼是对被诉行政行为的合法性进行审查,必须明确被诉行政行为,否则,法院的审查就会缺少审查对象,无法将审查进行下去。因此,明确被诉行政行为是诉讼请求的组成部分。在一般情况下,原告对影响其权益的行政行为提起诉讼,其诉讼对象十分明确。但在一些特殊情况下,原告对所诉的行政行为并不明确,如原告起诉县人民政府征收房屋行为。征收房屋行为是由征收房屋决定、征收房屋补偿决定或征收房屋补偿协议、强制拆除被征收房屋等多个行政行为组成。根据"一行为一诉"的原则,原告必须在诉状中明确具体起诉哪个或者哪几个行政行为。如果所诉行为不明确,法院不知应对哪个或哪几个行政行为进行审查,行政诉讼也就无法进行。二是原告所要达到的目的,即撤销之诉、变更之诉、无效之诉、履行之诉、给付之诉等。

(2)诉讼类型化有悖于《行政诉讼法》的立法目的和基本原则

根据 2014 年、2017 年《行政诉讼法》第 1 条"为保证人民法院公正、及时审理行政案件，解决行政争议，保护公民、法人和其他组织的合法权益，监督行政机关依法行使职权，根据宪法，制定本法”的规定，对行政机关作出的行政行为进行监督是行政诉讼的目的之一。根据该法第 6 条“人民法院审理行政案件，对行政行为是否合法进行审查”的规定，对行政行为进行合法性审查是行政诉讼法的基本原则。为实现行政诉讼法的目的和遵循行政诉讼法的基本原则，法院在审理行政案件时，应当对被诉行政行为的合法性审查，只要与被诉行政行为合法性有关的问题都应进行审查。修改后的《行政诉讼法》只规定了判决的类型化，未规定诉讼类型化，诉讼类型化是原告诉讼请求是什么，法院审什么。对原告没有请求的，但与被诉行政行为合法性有关的问题不审查，显然有悖于合法性审查的原则。

（3）修改《行政诉讼法》的本意

修改后的《行政诉讼法》有关判决方式的规定，并非含有诉讼类型之意，而是判决类型化之意。2014 年、2017 年《行政诉讼法》第69 条规定：“行政行为证据确凿，适用法律、法规正确，符合法定程序的，或者原告申请被告履行法定职责或者给付义务理由不成立的，人民法院判决驳回原告的诉讼请求。”该条规定与 1989 年《行政诉讼法》第 54 条第 1 项人民法院经过审理，“具体行政行为证据确凿，适用法律、法规正确，符合法定程序的，判决维持”的规定，基本相同。只有对被诉行政行为进行全面审查后，才能判断出被诉行政行为是否证据确凿，适用法律、法规是否正确，是否符合法定程序，如果存在上述问题，一律不得作出驳回诉讼请求之判决。也就意味着，需要法院对被诉行政行为的合法性进行全面审查，不受原告诉讼请求之限制。2014 年、2017 年《行政诉讼法》第 69 条至第 78 条，仅仅是对判决类型化的规定，即只对原告明确的被诉行政行为的合法性进行审查，审查后适合何种判决方式，就按何种判决方式作出判决，不受诉讼请求的限制，而不是诉讼类型化的规定。

(4)诉讼类型化,不利于保护原告的权益

中国普通老百姓对《行政诉讼法》规定的很多名词不了解,难以分清无效之诉、撤销之诉、确认之诉、变更之诉、履行之诉、给付支付之诉等。法官在审理之前也难以判断出应当适用何种之诉的判决,一般老百姓更难弄明白。若采取诉讼类型化,老百姓诉是什么,法院就审什么,因行政诉讼是对被诉行政行为的合法性作出裁判,一旦诉讼请求写错,就有可能被判决驳回原告诉讼请求。被诉行政行为就被生效的判决所羁束,这就意味着原告不得再行起诉,完全丧失了再次起诉的权利。若被诉行政行为不合法,就再无其他救济渠道,不利于老百姓诉讼权利和实体权利的保护,不利于问题的解决,显然与《行政诉讼法》的目的和基本原则相悖。

(5)诉讼类型化,不利于问题的解决,不利于树立法院的权威

如果法官在一审释明错误,二审或者申诉阶段法官让原告变更诉讼请求。老百姓会认为,法官戏弄或故意刁难他们,有官官相护之嫌疑,会增加非正常渠道的申诉和上访,不利于问题的解决和维护社会的稳定,同时将会大大降低法院权威及信任度,容易让当事人对法律、法官产生误解。民事诉讼因诉讼请求错误,裁判后原告可以变更诉讼请再次提起民事诉讼。在行政诉讼中,原告仅仅因为诉讼请求错误,被驳回其诉讼请求的,如果不允许变更诉讼请求再次起诉,原告的合法权益难以得到充分的保护。如果允许再次起诉,行政机关会因同一行政行为多次应诉不胜其烦,也会感到法院在刁难行政机关,同时还会造成诉累,浪费行政资源和司法资源。

因为,诉讼类型化不适合我国的国情,我国行政诉讼是对被诉行政行为的合法性问题进行全面审查,故不受原告诉讼请求和理由的限制。原告也很难判断法院应当采取何种判决形式,因此,无须在这个问题上过于较真,只要提出上述任何一种请求,法院均应认可。但是,一并提起行政赔偿、一

并提出审查规章以下规范性文件、一并请求解决相关民事争议的,是两个诉的合并审理或者是行政附带抽象行政行为的审查,故应当予以明确。

(二)被诉行政行为属于行政诉讼的受案范围

1. 可诉的行政行为

2014年、2017年《行政诉讼法》第12条规定:"人民法院受理公民、法人或者其他组织提起的下列诉讼:(一)对行政拘留、暂扣或者吊销许可证和执照、责令停产停业、没收违法所得、没收非法财物、罚款、警告等行政处罚不服的;(二)对限制人身自由或者对财产的查封、扣押、冻结等行政强制措施和行政强制执行不服的;(三)申请行政许可,行政机关拒绝或者在法定期限内不予答复,或者对行政机关作出的有关行政许可的其他决定不服的;(四)对行政机关作出的关于确认土地、矿藏、水流、森林、山岭、草原、荒地、滩涂、海域等自然资源的所有权或者使用权的决定不服的;(五)对征收、征用决定及其补偿决定不服的;(六)申请行政机关履行保护人身权、财产权等合法权益的法定职责,行政机关拒绝履行或者不予答复的;(七)认为行政机关侵犯其经营自主权或者农村土地承包经营权、农村土地经营权的;(八)认为行政机关滥用行政权力排除或者限制竞争的;(九)认为行政机关违法集资、摊派费用或者违法要求履行其他义务的;(十)认为行政机关没有依法支付抚恤金、最低生活保障待遇或者社会保险待遇的;(十一)认为行政机关不依法履行、未按照约定履行或者违法变更、解除政府特许经营协议、土地房屋征收补偿协议等协议的;(十二)认为行政机关侵犯其他人身权、财产权等合法权益的。除前款规定外,人民法院受理法律、法规规定可以提起诉讼的其他行政案件。"

该条规定与1989年《行政诉讼法》第11条的规定,主要有三点变化:

第一,将"具体行政行为"改为"行政行为"。行政行为具有以下要件:

一是作出的主体是行政主体。主要包括:行政机关和行政机关工作人员、法律、法规及规章授权的组织。行政机关委托的个人或组织,其法律责任由委托的行政机关承担,故不能成为行政主体。二是在行政管理活动中实施的作为或不作为的行为。旧法将行政机关实施的事实行为排除在具体行政行为之外,即对事实行为不服不可以提起行政诉讼。新法将事实行为纳入行政行为之中,具有可诉性。

第二,将旧法中不明确是否属于可诉的行政行为予以明确。明确了1989 年《行政诉讼法》第 11 条中不明确的六个问题,属于行政诉讼的受案范围:一是公民、法人或者其他组织对行政机关作出的关于确认自然资源的所有权或者使用权的决定;二是征收、征用决定及其补偿决定;三是认为行政机关侵犯其农村土地承包经营权、农村土地经营权;四是行政机关滥用行政权力排除或者限制竞争;五是认为行政机关没有依法支付抚恤金、最低生活保障待遇或者社会保险待遇;六是认为行政机关不依法履行、未按照约定履行或者违法变更、解除政府特许经营协议、土地房屋征收补偿协议等。

第三,在其他人身权、财产权后面加上了个"等"字。新规定在 1989 年《行政诉讼法》第 11 条第 1 款第 8 项规定的"其他人身权、财产权"后加了一个"等"字,也就意味着涉及公民、法人或者其他组织"合法权益"的行政行为亦可以提起行政诉讼。也就是说,有关受教育权、劳动权、社会保障权、休息权等权利的行政行为均可以提起行政诉讼。

须注意的是,根据 2014 年、2017 年《行政诉讼法》第 12 条第 2 款的规定,必须是法律、法规明确规定的,人民法院才能受理。法院不应介入政治。因此,有关游行、集会、出版、结社等政治权利的行政行为,我国现行法律、法规未规定可以向人民法院提起诉讼,故此类行政行为仍应排除在行政诉讼受案范围之外。

2. 不可诉的行政行为

2014 年和 2017 年《行政诉讼法》第 13 条规定："人民法院不受理公民、法人或者其他组织对下列事项提起的诉讼：(一)国防、外交等国家行为；(二)行政法规、规章或者行政机关制定、发布的具有普遍约束力的决定、命令；(三)行政机关对行政机关工作人员的奖惩、任免等决定；(四)法律规定由行政机关最终裁决的行政行为。"

2018 年《行诉解释》第 1 条第 2 款规定："下列行为不属于人民法院行政诉讼的受案范围：(一)公安、国家安全等机关依照刑事诉讼法的明确授权实施的行为；(二)调解行为以及法律规定的仲裁行为；(三)行政指导行为；(四)驳回当事人对行政行为提起申诉的重复处理行为；(五)行政机关作出的不产生外部法律效力的行为；(六)行政机关为作出行政行为而实施的准备、论证、研究、层报、咨询等过程性行为；(七)行政机关根据人民法院的生效裁判、协助执行通知书作出的执行行为，但行政机关扩大执行范围或者采取违法方式实施的除外；(八)上级行政机关基于内部层级监督关系对下级行政机关作出的听取报告、执法检查、督促履责等行为；(九)行政机关针对信访事项作出的登记、受理、交办、转送、复查、复核意见等行为；(十)对公民、法人或者其他组织权利义务不产生实际影响的行为。"

综上两点，在制作不予立案或者驳回起诉裁定正文时，首先应当写明被诉行政行为属于何种行政行为，而后根据 2017 年《行政诉讼法》第 12 条、第 13 条及 2018 年《行诉解释》第 1 条第 2 款等的相关司法解释，分析该行为是否属于可诉的行政行为或者属于不可诉的行政行为，最后得出被诉行为不属于行政诉讼的受案范围。这里需要注意，被诉行为的属性，不能仅看被诉行为的名称，而应当结合其内容进行分析。在审判实践中，行政机关为了不当被告，使用不可诉行政行为的名称，其名称与内容并不符。因此，应当审查被诉行政行为的内容，判断其使用的名称与其内容是否相符。如果不相符,应当根据其内容的属性确定该行为是否可诉。

(三)具有原告资格

1. 原告资格问题

2017 年《行政诉讼法》第 25 条①规定,原告应当与被诉行政行为之间具有利害关系。这里所讲的利害关系,是指原告与被诉行政行为之间存在利益关系。它包括不利的关系和有利的关系,但必须是一种已经形成或者必将形成的关系。它具体表现形式为,行政行为赋予、增加、减少、消灭、毁损了原告的某些权利或者义务,或使原告的申请或请求不能实现或者只能部分实现。

为了进一步明确何为"利害关系",2018 年《行诉解释》第 12 条明确规定,有下列情形之一的,属于 2017 年《行政诉讼法》第 25 条第 1 款规定的"与行政行为有利害关系":(1)被诉的行政行为涉及其相邻权或者公平竞争权的;(2)在行政复议等行政程序中被追加为第三人的;(3)要求行政机关依法追究加害人法律责任的;(4)撤销或者变更行政行为涉及其合法权益的;(5)为维护自身合法权益向行政机关投诉,具有处理投诉职责的行政机关作出或者未作出处理的;(6)其他与行政行为有利害关系的情形。

在判断起诉人是否具有原告资格,须结合法律、法规明确规定的起诉的权利或者保护其权利的具体规定,认定起诉人是否具有原告资格。例如,某县于 2014 年将甲村村委会所有的 50 亩集体土地征收为国有土地。县人民政府因开发该幅被征收土地的 A 房地产公司连续两年未使用,于 2016 年 11 月 5 日依据 2004 年《土地管理法》第 37 条的规定,作出无偿收回 A 房地

① 《行政诉讼法》第 25 条第 1 ~ 3 款规定:"行政行为的相对人以及其他与行政行为有利害关系的公民、法人或者其他组织,有权提起诉讼。""有权提起诉讼的公民死亡,其近亲属可以提起诉讼。""有权提起诉讼的法人或者其他组织终止,承受其权利的法人或者其他组织可以提起诉讼。"

产公司所有该幅土地使用权的决定。2017 年 2 月，甲村村民得知该块土地被县政府无偿收回，将一份签有甲村 15 户原承包户姓名的申请书递交县政府，申请县政府批准他们恢复该幅土地的耕种。县政府于同年 4 月 6 日作出决定，决定中仅写明“不同意恢复申请耕种权”，未写其他。甲村 15 户原承包户于 2018 年 3 月 20 日以县政府不同意复耕决定违法，请求判决准予其恢复耕种为由，向法院提起行政诉讼。一审、二审法院裁定驳回起诉。甲村 15 户原承包户仍不服向六巡申请再审。我们在审理过程中，查阅了相关法律规范的规定。2004 年《土地管理法》第 37 条第 1 款规定：“禁止任何单位和个人闲置、荒芜耕地。已经办理审批手续的非农业建设占用耕地……连续二年未使用的，经原批准机关批准，由县级以上人民政府无偿收回用地单位的土地使用权；该幅土地原为农民集体所有的，应当交由原农村集体经济组织恢复耕种。”根据该规定，县级以上政府无偿收回用地单位的土地使用权后，应将没收的土地交由原农村集体经济组织恢复耕种。村委会是本案无偿收回土地的原所有人，村委会应享有恢复耕种的权利，县政府有责任将该幅土地交由村委会恢复耕种。县政府未将该幅土地交村委会恢复耕种，有可能损害村委会恢复耕种的权利，村委会与被诉行政行为之间具有利害关系，具有原告资格。原承包户因不享有恢复耕种的权利，与被诉行政行为之间不具有利害关系，不具有原告资格。但是，最高人民法院《关于审理涉及农村集体土地行政案件若干问题的规定》第 3 条第 1 款规定：“村民委员会或者农村集体经济组织对涉及农村集体土地的行政行为不起诉的，过半数的村民可以以集体经济组织名义提起诉讼。”经询问各方当事人后，查明起诉村民未过村民的半数以上，再审申请人不具有原告资格不予再审立案。

关于债权人是否与行政行为之间具有利害关系的问题，一直存在争论，为了统一执行 2018 年《行诉解释》第 13 条规定，债权人以行政机关对债务人所作的行政行为损害债权实现为由提起行政诉讼的，人民法院应当告知其就民事争议提起民事诉讼,但行政机关作出行政行为时依法应予保护或者应予考虑的除外。“依法应予保护或者应予考虑”是指,法院已将债务人的不动产、动产、存款、股权等查封、扣押、冻结,在此之后行政机关作出查封、扣押、冻结、没收等行政行为的情况。

2. 关于几种特殊类型的原告问题

(1)有权提起诉讼的公民死亡或者法人、组织终止的原告问题

根据2017年《行政诉讼法》第25条第2款的规定,有权提起诉讼的公民死亡,其近亲属可以提起诉讼。根据2018年《行诉解释》第14条第1款的规定,这里的“近亲属”,包括配偶、父母、子女、兄弟姐妹、祖父母、外祖父母、孙子女、外孙子女和其他具有扶养、赡养关系的亲属。这里需要注意的是,有权起诉的公民死亡后,其近亲属不服结婚登记行为,可以死者结婚权利受到侵犯为由提起行政诉讼,但不得仅以自身继承权受损为由提起行政诉讼。

根据2017年《行政诉讼法》第25条第3款的规定,有权提起诉讼的法人或者其他组织终止,承受其权利的法人或者其他组织可以提起诉讼。该款所说的“其他组织”是指非法人组织,包括合伙企业和其他合伙组织以及其他非法人组织。

(2)关于合伙企业与不具有法人资格的组织的原告问题

根据2018年《行诉解释》第15条的规定,合伙企业向人民法院提起诉讼的,应当以核准登记的字号为原告。未依法登记领取营业执照的个人合伙的全体合伙人为共同原告;全体合伙人可以推选代表人,被推选的代表人,应当由全体合伙人出具推选书。个体工商户向人民法院提起诉讼的,以营业执照上登记的经营者为原告。有字号的,以营业执照上登记的字号为原告,并应当注明该字号经营者的基本信息。

(3)关于几种类型企业的原告资格问题

根据2018年《行诉解释》第16条的规定,股份制企业的股东大会、股东

会、董事会等认为行政机关作出的行政行为侵犯企业经营自主权的,可以企业名义提起诉讼。联营企业、中外合资或者合作企业的联营、合资、合作各方,认为联营、合资、合作企业权益或者自己一方合法权益受行政行为侵害的,可以自己的名义提起诉讼。非国有企业被行政机关注销、撤销、合并、强令兼并、出售、分立或者改变企业隶属关系的,该企业或者其法定代表人可以提起诉讼。

(4)事业单位等非营利法人、设立人的原告资格问题

根据2018年《行诉解释》第17条的规定,事业单位、社会团体、基金会、社会服务机构等非营利法人的出资人、设立人认为行政行为损害法人合法权益的,可以自己的名义提起诉讼。

(5)关于业主委员会的原告资格问题

根据2018年《行诉解释》第18条的规定,业主委员会对于行政机关作出的涉及业主共有利益的行政行为,可以自己的名义提起诉讼。业主委员会不起诉的,专有部分占建筑物总面积过半数或者占总户数过半数的业主可以提起诉讼。

(6)关于检察机关在公益诉讼中的法律地位问题

检察机关与被诉行政行为之间没有利害关系,但根据2017年《行政诉讼法》第25条第4款的规定,检察机关可以提起公益诉讼,但提起公益诉讼必须具备以下三个条件:一是所起诉的行为必须是有关生态环境和资源保护、食品药品安全、国有财产保护、国有土地使用权出让等领域的行政行为;二是应当是检察机关已向行政机关提出过建议;三是行政机关未接受或者未予以答复的。检察机关提起行政诉讼的案件,不具有上述三个条件中的任何一个条件的,均不得提起公益诉讼。因检察机关在公益诉讼中不是以监督法院审判工作的身份参加诉讼,而是以公益人的身份参加诉讼,应当视作其为原告。

3. 小结

在制作不予立案或者驳回起诉裁定书时,如果起诉人或者原告不具备

原告资格,应当在正文中对起诉人或者原告所提供的证据及相关法律规范进行分析,从而得出起诉人或者原告与被诉行政行为之间是否具有利害关系的结论。不具有利害关系的,才可以裁定不予立案或者驳回起诉。特殊类型的案件,起诉人应当符合法律及司法解释规定的原告条件,才可确定其是否具有原告资格,对不符合法律及司法解释的特殊规定的,亦可作出不予立案或者驳回起诉的行政裁定。

(四)受诉人民法院具有管辖权

法院是否具有管辖权亦是受理行政案件的必要条件之一。因此,在接受起诉人的起诉前或者受理后被告提出管辖权异议的,法院都应当对本院是否具有管辖权的问题进行审查。本院不具有管辖权的,才可以作出不予立案或者驳回起诉的裁定。本院不具有管辖权,包括不具有级别管辖权或者不具有地域管辖权两种情况。

1. 关于级别管辖权的说理问题

根据 2017 年《行政诉讼法》第 14 条至第 18 条[①]的规定,第一审行政案件一般由基层人民法院管辖;国务院部门或者县级以上地方人民政府所作的行政行为提起诉讼的案件和海关处理的案件及个别重大、复杂的案件或者其他法律规定由中级人民法院管辖的案件,由中级人民法院作为一审法

① 《行政诉讼法》第 14 条规定:"基层人民法院管辖第一审行政案件。"第 15 条规定:"中级人民法院管辖下列第一审行政案件:(一)对国务院部门或者县级以上地方人民政府所作的行政行为提起诉讼的案件;(二)海关处理的案件;(三)本辖区内重大、复杂的案件;(四)其他法律规定由中级人民法院管辖的案件。"第 16 条规定:"高级人民法院管辖本辖区内重大、复杂的第一审行政案件。"第 17 条规定:"最高人民法院管辖全国范围内重大、复杂的第一审行政案件。"第 18 条规定:"行政案件由最初作出行政行为的行政机关所在地人民法院管辖。经复议的案件,也可以由复议机关所在地人民法院管辖。经最高人民法院批准,高级人民法院可以根据审判工作的实际情况,确定若干人民法院跨行政区域管辖行政案件。"

院管辖。极个别在高级法院辖区内或者在全国范围内有重大影响的案件由高级人民法院或者最高人民法院管辖。根据2018年《行诉解释》第5条①的规定,“本辖区内重大、复杂的案件”是指社会影响重大的共同诉讼案件,涉外或者涉及我国香港特别行政区、澳门特别行政区、台湾地区的案件和其他重大、复杂案件。在审判实践中因不具有级别管辖权作出的不予立案裁定,一般应从被告不属于国务院部门或者县级以上地方人民政府或者海关来论述受诉法院不具有别管辖权。特殊案件需要从所诉案件是否属于本法院辖区内的重大、复杂或者有重大影响的角度进行论述。

这里需要注意的是:诉行政复议机关维持原行政行为的案件,如果行政复议机关为国务院部门或者县级以上地方人民政府的,根据2017年《行政诉讼法》第25条第1项的规定,此类案件应当由中级人民法院管辖。从行政复议维持决定的特殊性来看,复议机关的维持决定虽然是行政行为,但它的“特殊性”就在于其只是覆盖了原行政行为的效力而已。本质上,真正发生法律效力的是原行政行为,故2018年《行诉解释》第134条第3款明确规定:“复议机关作共同被告的案件,以作出原行政行为的行政机关确定案件的级别管辖。”有关这方面的管辖问题,应当从该条的规定及原理进行论述。

2. 关于地域管辖的说理问题

2017年《行政诉讼法》第18条第1款规定:“行政案件由最初作出行政行为的行政机关所在地人民法院管辖。经复议的案件,也可以由复议机关所在地人民法院管辖。”根据该规定,在不予立案裁定中,首先要确认该行政案件是否经过复议,未经过复议的,只要求说明作出被诉行政行为的行政

---

① 《行诉解释》第5条规定:“有下列情形之一的,属于行政诉讼法第十五条第三项规定的‘本辖区内重大、复杂的案件’:(一)社会影响重大的共同诉讼案件;(二)涉外或者涉及香港特别行政区、澳门特别行政区、台湾地区的案件;(三)其他重大、复杂案件。”

机关所在地不在本法院管辖地之内，引用该款的规定，即可作出不予立案裁定。经过复议的，还需要确认复议机关所在地，只要将作出原行政行为的行政机关和复议机关都排除在本院的管辖地范围之外，才能根据该款的规定，作出不予立案裁定。

此外还需注意以下三个问题：

（1）关于诉限制人身自由或不动产行政行为的管辖问题

2017年《行政诉讼法》第19条规定："对限制人身自由的行政强制措施不服提起的诉讼，由被告所在地或者原告所在地人民法院管辖。"第20条规定："因不动产提起的行政诉讼，由不动产所在地人民法院管辖。"撰写涉及这两类不予立案裁定书时，在确认被诉行政行为属于限制人身自由的行政强制措施的情况下，应写明本法院不在被告所在地，亦不在原告所在地，故不具有管辖权，依据该法第19条的规定，裁定不予立案。被诉行政行为属不动产性质的，应先写明其性质，尔后写明本法院不在不动产行为所在地，不具有管辖权，依据该法第20条的规定，裁定不予立案。

（2）关于集中管辖的问题

2017年《行政诉讼法》第18条第2款规定："经最高人民法院批准，高级人民法院可以根据审判工作的实际情况，确定若干人民法院跨行政区域管辖行政案件。"根据该规定，最高人民法院于2015年印发了《关于人民法院跨行政区域集中管辖行政案件的指导意见》（法发〔2015〕8号），对全国各级人民法院跨行政区划集中管辖行政案件提出了具体指导意见和要求。该意见要求："行政案件集中管辖改革以普通人民法院为主，同时可以充分挖掘其他可利用司法资源，诸如铁路运输法院、林区法院、农垦法院、油田法院及开发区法院等潜力。""普通人民法院条件允许或者其他可利用司法资源比较丰富的地方，可以将行政案件全部或者大部向指定的管辖法院集中，普通人民法院条件有限或者可利用司法资源较少的地方，可以实行局部集中管辖或者按照案件类型指定管辖。”“已经设立跨行政区划人民法院的北京、上海，可以逐步将行政案件向跨行政区划法院及两地铁路运输基层法院集中。”“非集中管辖法院的行政庭，可以审理当事人选择由本地法院审理的案件或者事实清楚、权利义务关系明确、争议不大且可以适用简易程序审理的案件，办理部分非诉行政申请执行案件，协助集中管辖法院办理有关委托事项。”根据上述规定，跨地区集中管辖法院，在以不具有管辖权作出不予立案或者驳回起诉的行政裁定中，应写明根据上述规定及最高人民法院或者上级法院授予的管辖权的批文，起诉人或者原告所诉的行政案件，不在本院所受理的集中管辖行政案件之内的事实，作出不予立案或者驳回起诉的裁定。

（3）关于选择管辖的问题

2017年《行政诉讼法》第21条规定：“两个以上人民法院都有管辖权的案件，原告可以选择其中一个人民法院提起诉讼。原告向两个以上有管辖权的人民法院提起诉讼的，由最先立案的人民法院管辖。”对两个以上法院都具有管辖的案件，起诉人或者原告分别向两个以上法院均提起诉讼的，法院只有在起诉人或者原告已向其他法院起诉并立案的，才能不予受理。因此，在此类裁定书中，应当写明这一事实，依据该规定，作出不予立案或者驳回起诉裁定。

需要注意的是，受诉法院发现已受理的案件不属于本院管辖的，根据2017年《行政诉讼法》第22条“人民法院发现受理的案件不属于本院管辖的，应当移送有管辖权的人民法院，受移送的人民法院应当受理。受移送的人民法院认为受移送的案件按照规定不属于本院管辖的，应当报请上级人民法院指定管辖，不得再自行移送”的规定，移送有管辖权的法院，不宜直接裁定不予立案或者驳回起诉的裁定。

(五)被告必须适格

1. 一般案件适格被告的问题

2017 年《行政诉讼法》第 26 条第 1 款中“公民、法人或者其他组织直接向人民法院提起诉讼的,作出行政行为的行政机关是被告”规定,行政诉讼的被告是指被原告起诉指控侵犯其合法权益和与之发生行政争议,而由人民法院通知应诉的行政主体。适格行政诉讼的被告一般必须具备两个条件:一是原告提起行政诉讼的对象是法律规范确定的行政主体。行政主体包括:行政机关及其工作人员和法律、法规、规章授权的组织。二是被诉行政行为是由该行政主体所作出的。两个以上行政主体共同作出的行政行为,作出该行为的行政主体为共同被告。

在一般案件中,以“被告不适格”作出不予立案或者驳回起诉裁决的,在正文中应当论述清楚原告所控告的被告的具体名称,而后依据《行政诉讼法》第 25 条的规定,论证原告所控告不属于行政主体或者被诉行政行为不是其所控告的被告所作出的,同时附有相关的证据予以证明。据此,应当不予立案或者驳回起诉。

2. 特殊案件适格被告的条件问题

(1)关于经过复议案件的适格被告问题

根据 2017 年《行政诉讼法》第 26 条第 2 款“经复议的案件,复议机关决定维持原行政行为的,作出原行政行为的行政机关和复议机关是共同被告;复议机关改变原行政行为的,复议机关是被告”的规定,复议维持原行政行为案件中,作出原行政行为的行政机关和复议机关是共同被告;复议机关改变原行政行为的,复议机关是被告。复议机关改变原行政行为的,复议机关是被告。

因此,经过复议的案件,确认被告是否适格,首先要确认复议决定是否改变了原行政行为。根据 2018 年《行诉解释》第 22 条[①]和第 133 条[②]的规定,“复议机关改变原行政行为”有以下两种表现形式:一是复议机关改变原行政行为的处理结果,即撤销或者变更原行政行为和确认原行政行为违法;二是复议机关确认原行政行为无效。

但是,以下两种形式应当属于维持原行政行为:一是复议机关改变原行政行为所认定的主要事实和证据、改变原行政行为所适用的规范依据,未改变原行政行为处理结果的,视为复议机关维持原行政行为。二是复议机关以违反法定程序为由,确认原行政行为违法的,亦应视为复议机关维持原行政行为。此外,“复议机关决定维持原行政行为”,包括复议机关驳回复议申请或者复议请求的情形,但以复议申请不符合受理条件为由驳回的除外。

因此,对经复议的案件作出的不予立案或者驳回起诉裁定书中,首先,要确认并叙述清楚复议机关是维持还是改变原行政行为。如果经过复议裁决的,应当根据上述两条的规定确认并叙述清楚复议机关是维持原行政行为,还是改变原行政行为。其次,如果属于复议机关维持原行政行为,应当叙述清楚,被告不是作出原行政行为的机关和复议机关,才能以“被告”不适格,裁定不予立案或者驳回起诉。

这里需注意的是,根据 2018 年《行诉解释》第 134 条第 1 款“复议机关决定维持原行政行为的,作出原行政行为的行政机关和复议机关是共同被

---

① 《行诉解释》第 22 条规定:“行政诉讼法第二十六条第二款规定的‘复议机关改变原行政行为’,是指复议机关改变原行政行为的处理结果。复议机关改变原行政行为所认定的主要事实和证据、改变原行政行为所适用的规范依据,但未改变原行政行为处理结果的,视为复议机关维持原行政行为。复议机关确认原行政行为无效,属于改变原行政行为。复议机关确认原行政行为违法,属于改变原行政行为,但复议机关以违反法定程序为由确认原行政行为违法的除外。”

② 《行诉解释》第 133 条规定:“行政诉讼法第二十六条第二款规定的‘复议机关决定维持原行政行为’,包括复议机关驳回复议申请或者复议请求的情形,但以复议申请不符合受理条件为由驳回的除外。”

告。原告只起诉作出原行政行为的行政机关或者复议机关的,人民法院应当告知原告追加被告。原告不同意追加的,人民法院应当将另一机关列为共同被告"的规定,如果起诉人或者原告只起诉其中一个机关,不起诉另一机关,符合其他起诉条件的,法院应当受理该案,将未起诉的另一机关追加为被告。最后,属于复议机关改变原行政行为的,应叙述清楚起诉的被告不是复议机关,起诉人或者原告因被告不适格,应不予立案或者驳回起诉。

(2)经批准行政行为案件的适格被告问题

2018年《行诉解释》第19条规定:"当事人不服经上级行政机关批准的行政行为,向人民法院提起诉讼的,以在对外发生法律效力的文书上署名的机关为被告。"该规定涉及以下三种情形:一是被诉行政行为经上级行政机关批准,但上级行政机关未在发生法律效力的法律文书署名,署名的是下级行政机关。因下级行政机关申报上级行政机关批准,两者之间的关系属于内部行政关系,作出对外发生法律效力的法律文书最终是由下级行政机关决定的。根据该规定,应当以下级行政机关为被告。二是被诉行政行为经上级行政机关批准,在对外发生法律效力文书上署名的是上级行政机关,因下级行政机关只是承办了具体事务,没有在发生法律效力的法律文书上署名,最终决定不是下级行政机关,而是上级行政机关,根据该规定,应当以上级行政机关为被告。三是就被诉行政行为经上级行政机关批准,上级行政机关和下级行政机关共同在发生法律效力的法律上署名,则应当以上下级行政机关为共同被告。

对于此类行政案件,在以"被告不适格"为由,作出不予立案或者驳回起诉裁定的,一定要查清是哪一级行政机关在发生法律效力的法律文书上署名,署名的文件中,一定要写清楚被告行政行为经哪一级的行政机关批准,发生法律效力的法律文书上是署名的是哪一级行政机关,起诉人或者原告控告的行政机关,不是在发生法律效力的法律文书署名的行政机关,经法院释明后，仍不变更被告，故应不予立案或者驳回起诉。

这里需要注意的是，经批准的被诉行政行为，下级行政机关在法律文书上署名的，当事人申请行政复议时，虽接受申请的行政机关是在法律文书署名的行政机关的上级行政机关，但根据行政法中"自己不能成为自己的法官"的原则，批准的行政机关不得成为受理行政复议的机关，而应由批准行政机关的上一级行政机关为受理行政复议的机关，故批准行政机关不能作为该类行政诉讼案件的被告。

(3)关于行政机构能否成为行政诉讼案件的被告问题

在我国行政法上，行政机构是行政机关的内部机构或者派出机构，不具有单独承担法律责任的能力，在法律、法规或者规章没有特别授权的情况下，不得以自己的名义作出行政行为，即不得作为行政诉讼案件的被告。我们不能从名称上判断某个单位是行政机关，还是行政机构。行政机关与行政机构有三点不同：一是行政机关具有独立的公务员编制，行政机构没有独立的公务员编制，其编制是由行政机关设定；二是行政机关有独立的财政拨款，行政机构没有独立的财政拨款；三是法律、法规或者规章没有授予其以自己名义行使行政管理职权。特殊需要的，法律、法规或者规章才会授予其较小的行政管理职权。法律、法规或者规章明确授予的行政机构行使行政管理职权的，该行政机构作出的行政行为，当事人不服就可以依法将其作为被告提起行政诉讼。

据此，根据2018年《行诉解释》第20条[①]的规定，当事人不服行政机关

---

① 《行诉解释》第20条规定："行政机关组建并赋予行政管理职能但不具有独立承担法律责任能力的机构，以自己的名义作出行政行为，当事人不服提起诉讼的，应当以组建该机构的行政机关为被告。法律、法规或者规章授权行使行政职权的行政机关内设机构、派出机构或者其他组织，超出法定授权范围实施行政行为，当事人不服提起诉讼的，应当以实施该行为的机构或者组织为被告。没有法律、法规或者规章规定，行政机关授权其内设机构、派出机构或者其他组织行使行政职权的，属于行政诉讼法第二十六条规定的委托。当事人不服提起诉讼的，应当以该行政机关为被告。"

组建并赋予行政管理职能但不具有独立承担法律责任能力的机构(其性质属于行政机关的内部机构),以自己的名义作出行政行为而提起诉讼的,应当以组建该机构的行政机关为被告。没有法律、法规或者规章规定,行政机关授权其内设机构、派出机构或者其他组织行使行政职权的,属于行政委托。当事人不服提起诉讼的,应当以该行政机关为被告。法律、法规或者规章授权行使行政职权的行政机关内设机构、派出机构或者其他组织,超出或者未超出法定授权范围实施行政行为,当事人不服提起诉讼的,均应当以实施该行为的机构或者组织为被告。

在撰写以“行政机构不是适格被告”为由,不予立案或者驳回起诉裁定正文时,首先要写明作出被诉行政行为的主体的名称;接着分析作出被诉行政行为主体属于行政机关的内部机构或者派出机关;之后写明没有法律、法规或者规章的特别授权。最后写明根据《行诉解释》第 20 条和第 69 条的规定,已向起诉人或者原告释明应当将被告变更设立或者组建该机构的行政机关为被告,其拒绝变更,依法裁定不予立案或者驳回起诉。

(4)关于开发区管委会能否成为被告的问题

根据国务院办公厅《关于清理整顿各类开发区加强建设用地管理的通知》第 3 条[①]中的规定,国务院批准的开发区或省级人民政府批准成立并报

---

① 国务院办公厅 2003 年 7 月 30 日发布了《关于清理整顿各类开发区加强建设用地管理的通知》(国办发〔2003〕70 号),该通知第 3 条中明确指出:“……对未经国务院和省级人民政府批准擅自设立的各类开发区,以及虽经省级人民政府批准,但未按规定报国务院备案的各类开发区,先整改,对缺乏建设条件,项目、资金不落实的,要坚决停办,所占用的土地要依法坚决收回,能够恢复耕种的,要由当地人民政府组织复垦后还耕于农,严禁弃耕撂荒;对整改后确需保留的,由省级人民政府严格审核后,按有关规定报国务院审批。对经国务院批准或省级人民政府批准并已报国务院备案的开发区,要按照土地利用总体规划和城市总体规划对照检查,对超过规划建设用地规模和范围的开发土地,要依法处理;对确需扩建的,要严格核定规划面积,按法定程序办理审批手续。”

国务院备案的开发区管委会应属于直辖市、省级、副省级或者地级人民政府的准派出机关,可以行使法律、法规明确授予他们各自的行政管理职权。省级以下人民政府批准的开发区因缺少法律、法规的授权,是不具有合法性的行政机关,他们所作出的行为,只能视为设立它们的人民政府委托其行使的行政行为。据此,2018 年《行诉解释》第 21 条明确规定,当事人对由国务院、省级人民政府批准设立的开发区管理机构作出的行政行为不服提起诉讼的,以该开发区管理机构为被告;对由国务院、省级人民政府批准设立的开发区管理机构所属职能部门作出的行政行为不服提起诉讼的,以其职能部门为被告;对其他开发区管理机构所属职能部门作出的行政行为不服提起诉讼的,以开发区管理机构为被告;开发区管理机构没有行政主体资格的,以设立该机构的地方人民政府为被告。

在以"管委会不是适格被告"为由,作出的不予立案或者驳回起诉裁定正文中,应当写清楚以下五点内容:一是作出被诉行政行为管委会的名称;二是起诉人或者原告诉状中所列的被告为管委会;三是该管委会未经国务院和省级人民政府批准;四是该案应列设立管委会的行政机关为被告;五是经法院释明后,起诉人或者原告拒绝变更被告。据此,依据《行诉解释》第 21 条和第 69 条的规定,裁定不予立案或者驳回起诉。

(5)关于事实行政行为的被告确认问题

起诉人在起诉无书面决定的事实行政行为时,只要能够提供初步证据证明事实行为存在且极有可能是起诉状所列被告实施的,即应视为已经初步履行了证明被告适格的举证责任。如行政机关发布了征收决定后,被列为拆迁房屋被强制拆迁;或者不明人员将房屋强制拆除,拆除后行政机关取得土地的使用权或取得拆迁的利益,即可推定该行政机关为适格被告。

(6)关于法律、法规、规章授权组织的适格被告问题

2017 年《行政诉讼法》第 2 条①规定,除行政机关以外,法律、法规、规章授权的组织亦可以作出行政行为。也就是说,当事人对法律、法规、规章授权的组织作出的行政行为不服提起诉讼的,该组织为适格的被告。

法律、法规、规章授权的组织主要有以下两种类型:

第一种类型,村委会、居委会的资格问题。

根据《村民委员会组织法》第 2 条②和《城市居民委员会组织法》第 2 条、第 3 条③的规定,村民委员会和居民委员会分别是村民或者居民自我管理、自我教育、自我服务的基层群众性自治组织。除自治组织内部的自治实务外,处理带有一定行政管理性质的公共事务亦是这两个组织任务之一。村委会或居委会处理公共事务主要有两种形式:一是法律、法规、规章规定,他们受行政机关委托办理公共事务管理行为。例如,《城市居民最低生活保障条例》第 4 条第 3 款规定:“居民委员会根据管理审批机关的委托,可以承担城市居民最低生活保障的日常管理、服务工作。”二是法律、法规、规章

① 《行政诉讼法》第 2 条规定:“公民、法人或者其他组织认为行政机关和行政机关工作人员的行政行为侵犯其合法权益,有权依照本法向人民法院提起诉讼。前款所称行政行为,包括法律、法规、规章授权的组织作出的行政行为。”

② 《村民委员会组织法》第 2 条规定:“村民委员会是村民自我管理、自我教育、自我服务的基层群众性自治组织,实行民主选举、民主决策、民主管理、民主监督。村民委员会办理本村的公共事务和公益事业,调解民间纠纷,协助维护社会治安,向人民政府反映村民的意见、要求和提出建议。村民委员会向村民会议、村民代表会议负责并报告工作。”

③ 《城市居民委员会组织法》第 2 条规定:“居民委员会是居民自我管理、自我教育、自我服务的基层群众性自治组织。不设区的市、市辖区的人民政府或者它的派出机关对居民委员会的工作给予指导、支持和帮助。居民委员会协助不设区的市、市辖区的人民政府或者它的派出机关开展工作。”第 3 条规定:“居民委员会的任务:(一)宣传宪法、法律、法规和国家的政策,维护居民的合法权益,教育居民履行依法应尽的义务,爱护公共财产,开展多种形式的社会主义精神文明建设活动;(二)办理本居住地区居民的公共事务和公益事业;(三)调解民间纠纷;(四)协助维护社会治安;(五)协助人民政府或者它的派出机关做好与居民利益有关的公共卫生、计划生育、优抚救济、青少年教育等项工作;(六)向人民政府或者它的派出机关反映居民的意见、要求和提出建议。”

授权村委会或者居委会行使公共事务管理行为。例如,《土地管理法》第10条规定:“国有土地和农民集体所有的土地,可以依法确定给单位或者个人使用。使用土地的单位和个人,有保护、管理和合理利用土地的义务。”《村民委员会组织法》第24条①中规定,宅基地的使用方案、征地补偿费的使用分配方案,经村民会议讨论决定方可办理。上述这些职权均属于行政管理职权的范畴,也就是说,村民委员会行使这些职权,属于法律授予其行使的行政管理职权。村委会行使此类职权作出的决定,可以村委会为被告提起行政诉讼。据此,2018年《行诉解释》第24条第1款、第2款明确规定:“当事人对村民委员会或者居民委员会依据法律、法规、规章的授权履行行政管理职责的行为不服提起诉讼的,以村民委员会或者居民委员会为被告。当事人对村民委员会、居民委员会受行政机关委托作出的行为不服提起诉讼的,以委托的行政机关为被告。”

第二种类型,是事业单位及行业协会的适格被告问题。

法律、法规、规章授予事业单位行使行政职权较多的单位是高等学校。例如,《高等教育法》第42条②规定了高等学校设立学术委员会调查、处理学术纠纷,调查、认定学术不端行为。此规定就属于法律授权高等学校行使

---

① 《村民委员会组织法》第24条规定:“涉及村民利益的下列事项,经村民会议讨论决定方可办理:(一)本村享受误工补贴的人员及补贴标准;(二)从村集体经济所得收益的使用;(三)本村公益事业的兴办和筹资筹劳方案及建设承包方案;(四)土地承包经营方案;(五)村集体经济项目的立项、承包方案;(六)宅基地的使用方案;(七)征地补偿费的使用、分配方案;(八)以借贷、租赁或者其他方式处分村集体财产;(九)村民会议认为应当由村民会议讨论决定的涉及村民利益的其他事项。村民会议可以授权村民代表会议讨论决定前款规定的事项。法律对讨论决定村集体经济组织财产和成员权益的事项另有规定的,依照其规定。”

② 《高等教育法》第42条规定:“高等学校设立学术委员会,履行下列职责:(一)审议学科建设、专业设置,教学、科学研究计划方案;(二)评定教学、科学研究成果;(三)调查、处理学术纠纷;(四)调查、认定学术不端行为;(五)按照章程审议、决定有关学术发展、学术评价、学术规范的其他事项。”

行政管理职权的法律依据。又如,《学位法》第 5 条规定:“经审批取得相应学科、专业学位授予资格的高等学校、科学研究机构为学位授予单位,其授予学位的学科、专业为学位授予点。学位授予单位可以依照本法规定授予相应学位。”也就是说,经审批取得相应学科、专业学位授予资格的高等学校、科学研究机构作出的有关学位的授予行为,就属于法律授权的组织行使行政管理职权的行为。

我国有关行业协会的法律、法规中除了规定协会的行业自治管理权外,同时也规定了协会部分行政职权。例如,《律师法》第 46 条第 1 款第 5 项规定,律师协会应当履行组织管理申请律师执业人员的实习活动,对实习人员进行考核的职责。又如,《注册会计师法》第 13 条①第 1 款规定,对于由准予注册的注册会计师协会撤销注册人员,完全丧失民事行为能力,受刑事处罚,因在财务、会计、审计、企业管理或者其他经济管理工作中犯有严重错误受行政处罚、撤职以上处分,自行停止执行注册会计师业务满 1 年的,由准予注册的注册会计师协会撤销注册,收回注册会计师证书。上述两条的规定,分别授予了律师协会、注册会计师协会部分行政管理职权,他们以此作出的行政行为,当事人不服的,提起诉讼的,可以作为行政诉讼的适格被告。

此外,法律、法规、规章还授予其他组织行使行政管理职权,当事人不服授权的组织行使行政管理职权作出的行为提起诉讼的,均应当以授权的组

① 《注册会计师法》第 13 条规定:“已取得注册会计师证书的人员,除本法第十一条第一款规定的情形外,注册后有下列情形之一的,由准予注册的注册会计师协会撤销注册,收回注册会计师证书:(一)完全丧失民事行为能力的;(二)受刑事处罚的;(三)因在财务、会计、审计、企业管理或者其他经济管理工作中犯有严重错误受行政处罚、撤职以上处分的;(四)自行停止执行注册会计师业务满一年的。被撤销注册的当事人有异议的,可以自接到撤销注册、收回注册会计师证书的通知之日起十五日内向国务院财政部门或者省、自治区、直辖市人民政府财政部门申请复议。依照第一款规定被撤销注册的人员可以重新申请注册,但必须符合本法第九条、第十条的规定。”

织为被告。

这里需要注意两个问题:其一,论述法律、法规、规章是否属于适格被告的问题时,首先应当清楚该组织作出的被诉行为,是属于自治行为或者自主行为,还是行使行政管理职权的行为。属于自治行为或者自主行为的,应以被诉行为不属于行政诉讼的受案范围,裁定不予立案或者驳回起诉;属于行使行政管理职权行为的,再论述其作出的行政行为是属于受委托作出的,还是法律、法规、规章授权作出的。属于受委托作出的,法院应向原告释明,须变更委托的行政机关为被告。拒绝变更的,才能以"被告不适格"为由,裁定不予立案或者驳回起诉。属于授权的,不能以"被告不适格"为由,裁定不予立案或者驳回起诉。其二,在司法实践中,特别是征收拆迁领域,村委会或者居委会实施了强拆、签订征收补偿协议等行为,但不出具县、市政府或其部门的委托书及可以证明委托的证据材料,起诉人或者原告亦拿不出相关证据材料。对于此种情况,应当注意作出征收房屋决定或者征收土地公告的发布是县、市级政府,或征收的土地、房屋亦由县、市政府使用或者发包的,应当推定为是县、市政府的委托,适格被告应当是县、市政府。

(六)必须在起诉期限内提起诉讼

1. 有关起诉期限的规定

根据 2017 年《行政诉讼法》第 45 条至第 46 条[①]的规定,相对人或者利

① 《行政诉讼法》第 45 条规定:"公民、法人或者其他组织不服复议决定的,可以在收到复议决定书之日起十五日内向人民法院提起诉讼。复议机关逾期不作决定的,申请人可以在复议期满之日起十五日内向人民法院提起诉讼。法律另有规定的除外。"第 46 条规定:"公民、法人或者其他组织直接向人民法院提起诉讼的,应当自知道或者应当知道作出行政行为之日起六个月内提出。法律另有规定的除外。因不动产提起诉讼的案件自行政行为作出之日起超过二十年,其他案件自行政行为作出之日起超过五年提起诉讼的,人民法院不予受理。"

害关系人必须在法定起诉期限内起诉,无正当理由,超过起诉期限提起诉讼的,法院不得受理。上述法条根据不同情况,分别规定了三种不同的起诉期限:一是经过复议的案件,起诉期限为 15 日;二是直接起诉的,起诉期限为 6 个月;三是最长起诉期限,不动产的行政案件最长期限为 20 年,其他行政案件为 5 年。2018 年《行诉解释》第 65 条①规定,最长起诉期限仅适用公民、法人或者其他组织不知道行政机关作出的行政行为内容这一种情形。为了充分保障相对人和利害关系人的诉讼权利,2018 年《行诉解释》第 64 条②规定,行政机关作出行政行为时,未告知公民、法人或者其他组织起诉期限的,最长起诉期限不得超过 1 年。复议决定未告知公民、法人或者其他组织起诉期限的,最长起诉期限亦不得超过 1 年。

以“超过起诉期限”为由,作出不予立案或者驳回起诉裁定的文书中,首先,应当写清楚起诉人或者原告是直接对被诉行政行为提起诉讼,还是经过复议后提起诉讼,以便确定起诉期限的期间。其次,因被诉行政行为告知与未告知相对人和利害关系人起诉期限,直接关系到起诉期限的长短,故应写明被诉行政行为中是否告知了相对人或者利害关系人起诉期限。再次,起诉期限是从相对人或利害关系人知道或者应当知道该行政行为内容之日起计算。一般行政行为的法律文书送达或者告知相对人就已产生公定力,也就是说,送达或者告知之日为“作出之日”,起诉期限从作出的次日开始计算。强拆、伤害公民人身权或毁损财产权等行政事实行为,因没有制作法

---

① 《行诉解释》第 65 条规定:“公民、法人或者其他组织不知道行政机关作出的行政行为内容的,其起诉期限从知道或者应当知道该行政行为内容之日起计算,但最长不得超过行政诉讼法第四十六条第二款规定的起诉期限。”

② 《行诉解释》第 64 条规定:“行政机关作出行政行为时,未告知公民、法人或者其他组织起诉期限的,起诉期限从公民、法人或者其他组织知道或者应当知道起诉期限之日起计算,但从知道或者应当知道行政行为内容之日起最长不得超过一年。复议决定未告知公民、法人或者其他组织起诉期限的,适用前款规定。”

律文书，当该类行为实施完毕后，相对人或者利害关系人在场的，可以推定为其知道了该行为的内容，起诉期限应当从知道之日的次日开始计算，即此时为“作出之日”。因此，此类裁定书中，应当写明作出被诉行政行为的日期。此外，根据相关的法律规定，行政机关作出行政行为时，告知相对人和利害关系人起诉期限是该机关的法定义务。最后，行政行为的法律文书应送达或者告知相对人或者利害关系，但在现实中，一些行政行为的法律文书只要求送达相对人，未要求送达其他利害关系人，同时存在作出的行政机关并不完全清楚哪些人属于该行为所涉及的利害关系人，无法将法律文书送达给所有的利害关系人，客观上就会出现利害关系是在被诉行政行为作出之后很长一段时间才知道其内容。因此，在裁定书中，应当写明起诉人或者原告何日知道或者应当知道被诉行政行为内容和起诉期限、提起诉讼的具体日期、被诉行政行为是否属于不动产的行政行为，从而确定应当适用何种起诉期限，如何计算出提起诉讼时，是否超过了起诉期限。

2. 计算起诉期限时需要注意的问题

在计算起诉期限时需要注意以下两个问题：

(1)不履行法定职责案件的起诉期限的计算问题。行政法定职责从主动性上来划分，可分为依申请的法定职责和依职权的法定职责两大类。

一类是依申请的法定职责，是指行政机关必须有相对人的申请，才可以实施行政行为。在这类行政行为中，相对人的申请是行政机关行政行为的开始，没有行政相对人的申请，行政机关不得主动作出。行政机关履行这类职责需要花费一定的时间，故 2017 年《行政诉讼法》第 47 条第 1 款规定：“公民、法人或者其他组织申请行政机关履行保护其人身权、财产权等合法权益的法定职责，行政机关在接到申请之日起两个月内不履行的，公民、法人或者其他组织可以向人民法院提起诉讼。法律、法规对行政机关履行职责的期限另有规定的，从其规定。”该款只规定了，依申请行为在 2 个月内或者法律、法规另有规定的期限内不作为的，可以提起行政诉讼，未明确规定起诉期限，亦未明确规定起诉期限和起诉期限开始计算的时间。结合2017年《行政诉讼法》第45条和第46条及2018年《行诉解释》第65条的规定，为明确上述两个问题，2018年《行诉解释》第66条对此类案件的起诉期限及起诉期限开始计算的时间作出了明确规定，即对行政机关不履行法定职责提起诉讼的，应当在行政机关履行法定职责期限届满之日起6个月内提出。也就是说，诉不履行法定职责案件的起诉期限为6个月，起诉期限从行政机关履行法定职责期限届满之日起开始计算。

撰写诉不履行法定职责案件，以"超过起诉期限"为由，作出不予立案或者驳回起诉的裁定正文中一定要写明以下三点：一是写明相对人申请的具体日期；二是写明法律、法规的具体条文及规定处理的期限；三是写明提起行政诉讼的具体日期。根据上述三点认定提起诉讼时是否超过起诉期限。需提醒的是，被告行政机关在接到相对人申请，在法定期限内作出拒绝履行类决定的，相对人或者利害关系应当在知道或者应当知道该决定之日起开始计算起诉期限。因此，该类不予立案或者驳回起诉的裁定书主文中，应当写明行政机关作出决定的具体日期，利害关系人知道或者应当知道的具体日期。

另一类是依职权的法定职责，即行政机关依据法律、法规规定的职权不需要相对人申请即可作出行政行为。在这类行政行为中，法律、法规规定行政机关具有管理某一方面事务的行政管理职权，只要这方面的管辖事实发生，无论有无申请，行政机关均有责任实施一定的行政行为。若行政机关不实施一定的行政行为，即构成不履行法定职责。此类法定职责行为，一般情况下，当事件发生后，行政机关已主动采取了措施。若没有主动采取措施，绝大多数对公民、法人或者其他组织的人身权、财产权的侵害行为已经结束，此时行政机关已无处理的必要，因此，诉这类不履行法定职责的行为，应当从相对人或者利害关系人知道事情处理结束时开始计算起诉期限。因此,在以“超过起诉期限”为由,作出此类案件不予立案或者驳回起诉的裁定书正文中,一般应当写明事件发生的具体日期、行政相对人或者利害关系人知道或者应当知道的具体日期和提起诉讼的具体日期。事件持续进行,行政机关正在处理的,事件发生之日至 2 个月内仍未最终处理完毕的,起诉期限从 2 个月届满之日起开始计算。

(2)注意起诉期限的扣除和延长的问题。2017 年《行政诉讼法》第 48 条①第 1 款规定,有两种原因应当将发生这两种原因的时间从起诉期限内中扣除:一是因不可抗力被耽误的时间可以从起诉期限中扣除。所谓不可抗力,是指人们无法预见、避免的客观情况,如自然灾害、战争等自然现象和社会现象。二是其他不属于其自身原因耽误的时间,可以从起诉期限中扣除。所谓其他不属于其自身的原因,是指当事人主观原因之外的,除不可抗力原因之外的其他原因。例如,当事人人身自由受到限制,使其在法定期限内难以提起诉讼;或基于对行政机关的信任,听取了其许诺,等到许诺期满仍不兑现;或者突发疾病住进医院,无法提起诉讼等。由于各种各样的客观原因造成超过起诉期限的,法院应当直接扣除耽误的期间。当事人起诉中提出存在上述原因的,法院经审查,或者不存在这两种原因,或者虽存在但扣除耽误的期间仍超过起诉期限的,才能作出不予立案或者驳回起诉的裁定。在此类裁定书主文中,应当先写明这两种原因是否存在,若不存在,就不存在扣除期间的问题,可以直接以“超过法定起诉期限”作出不予立案或者驳回起诉的裁定。存在这种原因的,一是要写清楚具体的原因;二是写清

① 《行政诉讼法》第 48 条规定:“公民、法人或者其他组织因不可抗力或者其他不属于其自身的原因耽误起诉期限的,被耽误的时间不计算在起诉期限内。公民、法人或者其他组织因前款规定以外的其他特殊情况耽误起诉期限的,在障碍消除后十日内,可以申请延长期限,是否准许由人民法院决定。”

楚发生原因的具体日期、原因消除的具体日期,以便计算扣除期间,从而判断起诉时是否超过起诉期限。

2017 年《行政诉讼法》第 48 条第 2 款规定,非客观原因,在特殊情况,当事人如果有正当事由导致耽误起诉期限的,可以申请法院延长起诉期限。例如,未成年人的法定代理人未能确定的,或者具有起诉权的当事人突然死亡,其近亲属忙于处理后事等。如果起诉人或者原告在起诉时以此类原因申请延长起诉期限,法院应当审查此类原因是否存在,若不存在,裁定中应当写明不存在延长起诉期限的原因,不予立案或者驳回起诉。如果此类原因存在,应当写明消除的时间,从而判断是否在障碍消除后 10 日内申请延长期限。确认超过障碍消除后 10 日申请延长期限的,裁定不予立案或者驳回起诉。

(七)特殊案件的起诉条件

1. 复议案件的特殊受理条件

根据 2017 年《行政诉讼法》第 44 条①的规定,当事人对法律、法规未规定行政复议为提起行政诉讼必经程序的,由当事人选择,既可以提起行政诉讼,又可以申请行政复议。法律、法规规定行政复议为提起行政诉讼必经程序的,应当先向行政机关申请复议,对复议决定不服才可以向人民法院提起诉讼。

复议属选择案件的,如果因当事人或者其他人就同一行政行为已申请复议,起诉时正在复议之中,当事人就该行政行为提起行政诉讼的,根据上

---

① 《行政诉讼法》第 44 条规定:“对属于人民法院受案范围的行政案件,公民、法人或者其他组织可以先向行政机关申请复议,对复议决定不服的,再向人民法院提起诉讼;也可以直接向人民法院提起诉讼。法律、法规规定应当先向行政机关申请复议,对复议决定不服再向人民法院提起诉讼的,依照法律、法规的规定。”

述规定,法院应当不予立案或者驳回起诉。为了判断起诉人或者原告提起行政诉讼时起诉条件还不成熟,此类裁定书中,有关事实方面应当写明以下内容,一是复议机关受理该行政行为的具体日期;二是法律、法规规定的复议期限;三是起诉人或者原告提起行政诉讼的具体日期;四是根据第二点、第三点,按照《行诉解释》第 66 条的规定,计算出复议期限届满时间点;五是起诉时复议机关尚未作出行政复议决定。由此,可以根据《行政诉讼法》第 44 条第 1 款的规定,认定起诉人或者原告提起诉讼时起诉条件尚未成熟,故法院不应当受理。

这里需要注意以下两个问题:

(1)2018 年《行诉解释》第 58 条①规定,复议为选择程序的,起诉人或者原告向复议机关申请行政复议后,又经复议机关同意撤回复议申请,在法定起诉期限内对原行政行为提起诉讼的,人民法院应当依法立案。

(2)2018 年《行诉解释》第 57 条②规定,复议为选择程序的,起诉人或者原告既提起诉讼又申请行政复议的,由先立案的机关管辖;同时立案的,由起诉人或者原告选择。已经申请行政复议,在法定复议期间内又向人民法院提起诉讼的,人民法院裁定不予立案。属于复议为必经程序,因未经复议直接起诉,裁定不予立案或者驳回起诉的,重点在于写明相关法律、法规有关复议为必经程序的具体条款,起诉人或者原告未向法庭提供已经复议的相关证据,或者被告提供了合法有效的证据否定原告提供经过复议的证

① 《行诉解释》第 58 条规定:“法律、法规未规定行政复议为提起行政诉讼必经程序,公民、法人或者其他组织向复议机关申请行政复议后,又经复议机关同意撤回复议申请,在法定起诉期限内对原行政行为提起诉讼的,人民法院应当依法立案。”

② 《行诉解释》第 57 条规定:“法律、法规未规定行政复议为提起行政诉讼必经程序,公民、法人或者其他组织既提起诉讼又申请行政复议的,由先立案的机关管辖;同时立案的,由公民、法人或者其他组织选择。公民、法人或者其他组织已经申请行政复议,在法定复议期间内又向人民法院提起诉讼的,人民法院裁定不予立案。”

据材料。这里需要注意,已经复议的证据一般情况下起诉人或者原告应当提交复议决定和送达的日期的相关证据材料。起诉人或者原告提出复议机关在法定复议期限届满后未作出复议决定的,要写明申请复议的具体日期,法律、法规规定的复议期限,提起行政诉讼的具体日期。复议期限尚未届满的,可以根据2017年《行政诉讼法》第44条第2款的规定,认定尚未经过复议,起诉不能受理。

2. 有关重复起诉的问题

当事人就已提起诉讼的行政行为在诉讼过程中或者裁判生效后再次提起诉讼的,称为"重复起诉"。判断是否属于重复起诉,关键是看后诉与前诉的两个案件是否具有同一性。2018年《行诉解释》第106条①规定,当事人就已经提起诉讼的事项在诉讼过程中或者裁判生效后再次起诉,同时具有下列情形的,构成重复起诉。

(1)后诉与前诉的当事人相同

这里所说的后诉与前诉的当事人相同,一般情况下应当是前后诉被告与原告均相同。但有两种情况例外:一是因行政诉讼审查的对象是被诉行政行为,在一般情况被诉行政行为相同,前后诉的被告亦应当相同。但如果前诉作出的被诉行政行为是两个或者两个以上的行政主体,前诉原告只起诉其中一个行政主体,对其他行政主体未起诉,法院将其他行政主体作为第三人通知作为第三人参加诉讼的,如果后诉原告,起诉前诉法院追加为第三人的行政主体,因后诉与前诉案件审查的对象相一致,故具有统一性,此种情况亦属于重复起诉。二是后诉的原告是前诉的第三人,

---

① 《行诉解释》第106条规定:"当事人就已经提起诉讼的事项在诉讼过程中或者裁判生效后再次起诉,同时具有下列情形的,构成重复起诉:(一)后诉与前诉的当事人相同;(二)后诉与前诉的诉讼标的相同;(三)后诉与前诉的诉讼请求相同,或者后诉的诉讼请求被前诉裁判所包含。"

因后诉原告已参加了前诉的诉讼活动,并受前诉裁判的拘束,意味着后诉与前诉的两个案件具有统一性,故后诉原告提起的诉讼属于重复起诉的性质。

(2)后诉与前诉的诉讼标的相同

行政诉讼审查的对象是被诉行政行为的合法性,也就是说,被诉行政行为是行政诉讼标的。法院对同一行政行为的合法性,只需作出一次裁判,就可以解决行政争议。后诉原告起诉的被诉行政行为与前诉相一致,换言之,两者具有统一性,故属于重复起诉的性质。

(3)后诉与前诉的诉讼请求相同,或者后诉的诉讼请求被前诉裁判所包含

前面已论述过诉讼请求由所明确诉的某一行政行为和诉请所要达到的目的两部分组成。因行政诉讼是对被诉行政行为的合法性进行全面审查,因此,这里所讲的"前诉与后诉的诉讼请求相同,或者后诉的诉讼请求被前诉裁判所包含",是指前诉与后诉明确诉的行政行为完全一致,或者前诉所作出的裁判的被诉行政行为与后诉所明确所诉行政行为完全一致。

这里需要注意两个问题:一是所诉请目的不一致,并不影响法院裁判的结果。因此,前诉与后诉当事人、所诉的行政行为相同,不能以诉请目的不同,作为两个案件立案受理。二是后诉与前诉明确被诉行政行为相同,后诉同时对前诉诉请明确行政行为和之有关联的行政行为同时起诉的,在立案时应当释明对前诉诉请明确行政行为不能再诉,关联行政行为可诉,如果起诉人坚持一并起诉,应当裁定诉前诉诉请明确的行政行为不予立案,关联行政行为可以立案。

基于上述三点,在写以"重复起诉"为由,不予立案或驳回起诉裁定时,应当写明以下三点内容:一是写明作出前诉与后诉案件作出被诉行政行为

的行政机关的名称;二是写明前诉与后诉案件的被诉行政行为的具体名称;三是写明前诉与后诉案件原告的名称。如果前诉案件的第三人为后诉案件的原告,应当写明前诉第三人的名称。论述上述三点完全相同的,确认后诉为重复起诉,根据“一事不再理”的原则,作出不予立案或者驳回起诉的裁定。

3. 关于撤诉后再次起诉的问题

人民法院受理案件后,在宣告判决或者裁定前,原告主动要撤回起诉或依法推定原告撤回起诉,人民法院经审查裁定准予撤销起诉的,称为“撤诉”。人民法院裁定准许原告撤诉,原告再行起诉的,按照原告的主观意志,撤诉可以分为主动撤诉和按照撤诉处理两大类。

(1)原告主动要求撤诉

2017 年《行政诉讼法》第 62 条①规定,原告主动撤诉有两种情况;一是被诉行政行为没有任何变化,原告主动向法院申请撤回起诉;二是因被告改变被诉行政行为,原告同意后,申请撤回起诉。2018 年《行诉解释》第 60 条②第 1 款规定,若与撤诉被诉行政行为相同,其理由相同的,其性质属于重复起诉,法院不予立案。因此,在撰写此类裁定正文中,要写明:原告以被告×××作出的××行政行为违法为由,向本院提起诉讼,本院受理后,原告申请撤诉,或者被告改变被诉行政行为,经原告同意并申请撤诉,本院经审查裁定准予撤诉。之后原告就原行政行为以基本相同的理由再次起诉的,属于重复起诉性质,故不应予以立案。

---

① 《行政诉讼法》第 62 条规定:“人民法院对行政案件宣告判决或者裁定前,原告申请撤诉的,或者被告改变其所作的行政行为,原告同意并申请撤诉的,是否准许,由人民法院裁定。”

② 《行诉解释》第 60 条规定:“人民法院裁定准许原告撤诉后,原告以同一事实和理由重新起诉的,人民法院不予立案。准予撤诉的裁定确有错误,原告申请再审的,人民法院应当通过审判监督程序撤销原准予撤诉的裁定,重新对案件进行审理。”

(2)按照撤诉处理

依据2017年《行政诉讼法》第58条①和2018年《行诉解释》第61条②的规定,具有以下三种情形之一的,法院可以依据上述规定作出按照撤诉处理的裁定:一是经人民法院传票传唤,原告无正当理由拒不到庭的;二是未经法庭许可中途退庭的;三是原告未按规定的期限预交案件受理费,又不提出缓交、减交、免交申请,或者提出申请未获批准的。凡出现这三种情形之一的,可以按照撤诉处理。作出裁定准予原告或者经法院依法传唤原告无正当理由拒不到庭的,或者未经法庭许可中途退庭的,本院作出裁定准予撤诉或按照撤诉裁定。依据有关规定,按自动撤诉处理。

上述三种情形,法院已作出按照撤诉处理裁定,原告再次起诉的,不予立案裁定的正文部分应当重点写明三点:一是写明按照撤诉处理裁定的认定的事实和理由及作出的时间;二是再次起诉的被诉行政行为与按照撤诉处理裁定的被诉行政行为相同;三是原告所提出的理由不能成立。

(3)需要注意的问题

处理撤诉后再次起诉的,需要注意两个问题:一是原告撤诉后就同一行政行为再次起诉,经审查原告提出的理由正确,证明准许撤诉或者按照撤诉处理的裁定确有错误的,应当根据2018年《行诉解释》第60条第2款的规定,法院应当通过审判监督程序撤销原准予撤诉的裁定,重新对案件进行审理,不宜直接裁定不予立案。二是根据2018年《行诉解释》第61条的规定,

① 《行政诉讼法》第58条规定:"经人民法院传票传唤,原告无正当理由拒不到庭,或者未经法庭许可中途退庭的,可以按照撤诉处理;被告无正当理由拒不到庭,或者未经法庭许可中途退庭的,可以缺席判决。"

② 《行诉解释》第61条规定:"原告或者上诉人未按规定的期限预交案件受理费,又不提出缓交、减交、免交申请,或者提出申请未获批准的,按自动撤诉处理。在按撤诉处理后,原告或者上诉人在法定期限内再次起诉或者上诉,并依法解决诉讼费预交问题的,人民法院应予立案。"

原告在法定期限内再次起诉,并依法解决诉讼费预交问题的,人民法院应予立案,不应作出不予立案的裁定。

4. 关于诉讼标的已为生效裁判或者调解协议所羁束的受理问题

人民法院作出的裁判和法院主持下当事人达成的调解协议生效后均具有既判力。所谓既判力,是指已发生法律效力的判决、裁定对后诉的羁束力。也就是说,在人民法院作出生效判决、裁定后,不准对同一事件再次提起诉讼。根据这一理论,2018 年《行诉解释》第 69 条第 1 款第 9 项规定,“诉讼标的已为生效裁判或者调解书所羁束的”,人民法院已经立案的,应当依法裁定驳回起诉。“诉讼标的已为生效裁判所羁束的”,不仅是指受本院作出的生效裁判所羁束,而且也受其他法院作出的生效裁判所羁束。据此,需要弄明白受生效裁判所羁束的具体内容,才能论述清楚哪些情况下属于受生效裁判所羁束:

(1)关于受生效行政判决所羁束的问题

人民法院作出行政判决后,即对被诉行政行为的合法性作出评判,当该判决生效后,因法院已对该行政行为的合法性已作出判决,对未提起行政诉讼的其他利害关系都具有既判力,根据“一事不再理”的原则,法院不应受理此类案件。在写此类不予立案或者驳回起诉的裁定的主文部分时,应当写明:

本院或者其他法院于××××年××月××日就×××(起诉人或者原告的姓名)或××××(组织的名称)不服××行政机关作出的××行政行为提起行政诉讼,本院或者其他法院于××××年××月××日对该案作出生效行政判决。起诉人或者原告于××××年××月××日就该案被诉行政行为向本院提起诉讼。

因被诉行政行为受本院或者其他法院作出的生效行政判决所羁束,根据 2018 年《行诉解释》第 69 条第 1 款第 9 项规定,裁定不予立案或者驳回起诉。

这里需要注意三点:一是需要清楚重复起诉与受生效行政判决所羁束的区别。重复起诉,是指同一原告,对法院就某一行政行为作出生效判决后,该原告对该判决中的被诉行政行为再次起诉;受生效行政判决羁束,是指未提起诉讼的其他利害关系人,对法院就某行政行为作出生效判决后,对该行政行为所提起的诉讼。二是法院在审理中发现受生效行政判决所羁束的行政行为确有错误的,不应裁定不予受理或驳回起诉,如果是本院作出生效判决的,应当通过审判监督程序启动再审程序进行审理;其他法院作出生效判决的,应当将有关材料移送受诉法院,建议通过审判监督程序予以纠正。三是法院正在审理的行政案件,其他利害关系就该案的被诉行政行为提起行政诉讼的,如果是本院审理的案件,可以将起诉人追加为原告,起诉人不同意追加,坚持另立案件的,虽该案未作出判决,但因法院审查的对象是同一行政行为,只能对一个行政行为的合法性作出一次判决,不能反复作出判决,故因视为“重复起诉”,以此理由裁定不予立案或者驳回起诉。如果是其他法院正在审理,应告知可以要求其他法院追加其为原告,或者申请作为第三人参加该案的诉讼活动。该案已作出生效判决的,应当以“受生效行政判决所羁束”为由,不予立案或者驳回起诉。

(2)关于受生效行政裁定所羁束的问题

人民法院作出生效的行政裁定,对当事人羁束的,一般是裁定的具体事项,与裁定的具体事项无关的问题,对当事人不具有羁束力。例如,法院作出证据保全等裁定,仅对证据保全事项具有羁束力,对其他事项不具有羁束力。又如,一审法院作出的不准许撤诉或者准许撤诉的裁定,只对是否准许撤诉的事项具有羁束力,对其他事项不具有羁束力。也就意味着,未提起申请的当事人,在行政裁决生效后,不得对行政裁定的事项,申请法院再次裁定,法院不予受理。此类行政裁定的主文须写明,一审法院于××××年××月××日已就×××诉讼当事人提出的××事项作出裁定,该裁定已生效,未对该事项提出申请×××(诉讼当事人)再次就此事项提出申请的,根据“一事不再理”的原则,法院不予受理。

这里需要注意的是,法院作出不予立案或者驳回起诉的裁定事由,对未起诉的其他人同样适用的,如法院以被诉行政行为不属于行政诉讼的受案范围、被告不适格、受诉法院不具有管辖权、未经复议必经程序等理由,裁定不予立案或者驳回起诉。当该裁定生效后,其他人对该裁定的事项提起诉讼的,法院应以“受生效行政裁定所羁束”为由,不予立案或者不予受理。因裁定的事项只对特定人适用,不对其他人适用的,如行政裁定以起诉人或者原告不适格、超过起诉期限等为由,作出不予立案或者驳回起诉的裁定。因此类裁定只适用特定人提起的诉讼,并不一定适用所有人,故此时应当依据行政诉讼法的规定,审查起诉人是否符合起诉受理条件,而后才能作出立案或不立案的决定。

(3)关于受生效刑事判决所羁束的问题

在审判实践中,常常会遇到行政机关作出行政处罚决定后,法院根据公诉机关就行政处罚认定的事实提起的刑事诉讼,作出了刑事判决,追究了行政被处罚人的刑事责任。当刑事判决生效后,被行政处罚人之前提起的行政诉讼是否应当继续审理?之后提起行政诉讼的,法院还应当受理吗?也就是说,刑事判决对行政案件是否具有羁束力的问题。刑事诉讼的证明标准为排除合理怀疑,虽然行政诉讼的证明标准为优势、明显优势、排除合理怀疑多种标准,但行政诉讼案件的证明标准一般都低于刑事诉讼的证明标准,因此,刑事判决认定的事实,行政判决不得否定,即对行政案件具有羁束力。刑事处罚的种类为死刑、徒刑、拘役和罚金四种。此外,刑事措施中有没收违法所得。行政处罚有警告、通报批评,罚款、没收违法所得、没收非法财物,暂扣许可证件、降低资质等级、吊销许可证件,限制开展生产经营活动、责令停产停业、责令关闭、限制从业,行政拘留,法律、行政法规规定的其他行政处罚等六大种类。因行政处罚与刑事处罚在性质上具有相同性的只有行政拘留和罚款两种,2021 年《行政处罚法》第 35 条规定:“违法行为构成犯罪,人民法院判处拘役或者有期徒刑时,行政机关已经给予当事人行政拘留的,应当依法折抵相应刑期。违法行为构成犯罪,人民法院判处罚金时,行政机关已经给予当事人罚款的,应当折抵相应罚金;行政机关尚未给予当事人罚款的,不再给予罚款。”正因行政拘留和罚款可以折抵刑期和罚金。判处死刑的,因生命权被剥夺,行政拘役也就没有必要,故刑事判决作出刑事惩罚的,对行政案件具有羁束力。刑事判决中作出的有关没收违法所得、非法财物措施与行政处罚中没收违法所得、非法财物的处罚性质相同,故对行政案件亦有羁束力。换言之,刑事判决作出刑事惩罚和没收违法所得、非法财物措施的,法院受理的行政拘留、行政罚款、没收违法所得、非法财物的案件,不再继续审理,应按照终结诉讼处理。在刑事判决生效后,对当事人就行政拘留、行政罚款、没收违法所得、非法财物作出的决定提起的行政诉讼案件,法院不应受理,应当作出不予立案或者驳回起诉的裁定。被诉行政行为与刑事惩罚性质不同的行政处罚或非行政处罚的行政案件,不受刑事判决所羁束。

据此,以“受生效刑事判决所羁束”为由作出不予立案或者驳回起诉行政裁定的主文部分,应当写明下列内容:一是作出生效刑事判决的时间;二是简述生效刑事判决认定的犯罪事实和给予的刑事惩罚的种类(若同时作出没收违法所得或没收非法财物的,亦应叙述清楚没收违法所得的数额、没收非法财物的名称);三是作出被诉行政处罚决定的时间;四是简要叙述被诉行政处罚决定认定和给予行政处罚的种类;五是简要论述刑事判决认定的犯罪事实与行政处罚决定认定的事实基本相同,刑事惩罚种类的性质与行政处罚种类性质相同。基于上述内容认定为,行政案件受生效刑事判决所羁束,应不予立案或者驳回起诉。

需注意的是,因刑事判决的证明标准一般高于行政判决的证明标准,因此生效刑事判决作出无罪判决的,除行政拘留外,不受生效刑事判决所羁束,相对人或者利害关系就行政处罚决定依法提起行政诉讼的,不能以"受生效刑事判决所羁束"为由,不予立案或者驳回起诉。

(4)关于受生效民事判决所羁束的问题

《专利法》第65条①和《商标法》第60条②规定,因侵犯专利权或者注册商标专用权行为引起的纠纷,均可以向人民法院提起民事诉讼,也可以请求管理专利工作的部门或者工商行政管理部门作出处理。如果发生专利侵权、商标纠纷,当事人提起民事诉讼,法院对此纠纷作出生效判决。根据法院生效判决为最终裁决的原则,该生效判决对行政机关和法院均具有羁束力。也就是说,法院就侵犯专利权或者注册商标专用权行为引起的纠纷作

① 《专利法》第65条规定:"未经专利权人许可,实施其专利,即侵犯其专利权,引起纠纷的,由当事人协商解决;不愿协商或者协商不成的,专利权人或者利害关系人可以向人民法院起诉,也可以请求管理专利工作的部门处理。管理专利工作的部门处理时,认定侵权行为成立的,可以责令侵权人立即停止侵权行为,当事人不服的,可以自收到处理通知之日起十五日内依照《中华人民共和国行政诉讼法》向人民法院起诉;侵权人期满不起诉又不停止侵权行为的,管理专利工作的部门可以申请人民法院强制执行。进行处理的管理专利工作的部门应当事人的请求,可以就侵犯专利权的赔偿数额进行调解;调解不成的,当事人可以依照《中华人民共和国民事诉讼法》向人民法院起诉。"

② 《商标法》第60条规定:"有本法第五十七条所列侵犯注册商标专用权行为之一,引起纠纷的,由当事人协商解决;不愿协商或者协商不成的,商标注册人或者利害关系人可以向人民法院起诉,也可以请求工商行政管理部门处理。工商行政管理部门处理时,认定侵权行为成立的,责令立即停止侵权行为,没收、销毁侵权商品和主要用于制造侵权商品、伪造注册商标标识的工具,违法经营额五万元以上的,可以处违法经营额五倍以下的罚款,没有违法经营额或者违法经营额不足五万元的,可以处二十五万元以下的罚款。对五年内实施两次以上商标侵权行为或者有其他严重情节的,应当从重处罚。销售不知道是侵犯注册商标专用权的商品,能证明该商品是自己合法取得并说明提供者的,由工商行政管理部门责令停止销售。对侵犯商标专用权的赔偿数额的争议,当事人可以请求进行处理的工商行政管理部门调解,也可以依照《中华人民共和国民事诉讼法》向人民法院起诉。经工商行政管理部门调解,当事人未达成协议或者调解书生效后不履行的,当事人可以依照《中华人民共和国民事诉讼法》向人民法院起诉。"

出生效的民事判决后，当事人再申请行政机关作出行政处理或者提起行政诉讼的，均应当以“受生效民事判决所羁束”为由，不予立案或者驳回起诉。在撰写此种情况的不予立案或者驳回起诉裁定的主文部分要写明以下四点：一是法院作出生效民事判决的时间；二是简要概括生效判决认定的事实和判决结果；三是提起行政诉讼的时间和起诉的事项；四是确认生效判决的判项与起诉事项一致。据此，认定提起行政诉讼受生效民事判决所羁束，应当不予立案或者驳回起诉。

《民法典》第 220 条①规定，权利人、利害关系人认为登记簿登记错误，权利人同意更正的，登记机构拒绝更正的，拒绝更正行为属于行政行为，依据《行政诉讼法》的规定，可以提起行政诉讼。但权利人不同意更正的，利害关系人，可以申请异议登记，在规定期限内提起民事诉讼。也就意味着，房屋权属争议问题以生效的民事判决为准，即登记机关和权利人、利害关系人均受生效民事判决所羁束。民事判决所确认的权属关系与登记簿上的登记相一致的，权利人、利害关系人向法院就登记行为提起行政诉讼的，法院不应当立案受理；不一致的，权利人、利害关系人可以要求登记机关依据法院生效的民事判决予以纠正。登记机关拒绝变更或者不予答复的，可以就拒绝纠正登记错误或者不履行法定职责为由，提起行政诉讼。但不经申请变更，直接提起行政诉讼的，法院不应立案受理。因此，这类案件以“受生效民事判决所羁束”为由，不予立案或者驳回起诉裁定的主文部分，应当写明以下三项内容：一是生效民事判决作出的时间和确认房屋权属的具体事项；二

① 《民法典》第 220 条规定：“权利人、利害关系人认为不动产登记簿记载的事项错误的，可以申请更正登记。不动产登记簿记载的权利人书面同意更正或者有证据证明登记确有错误的，登记机构应当予以更正。不动产登记簿记载的权利人不同意更正的，利害关系人可以申请异议登记。登记机构予以异议登记，申请人自异议登记之日起十五日内不提起诉讼的，异议登记失效。异议登记不当，造成权利人损害的，权利人可以向申请人请求损害赔偿。”

是当事人对原登记行为提起诉讼的时间；三是生效的民事判决所确认的房屋权属与登记簿登记相一致，或与登记不一致的，未向登记机关申请变更直接起诉的，告知起诉人向登记机关申请变更登记，起诉人仍坚持起诉。

根据《公司法》第 86 条第 1 款①的规定，股权纠纷性质与房屋纠纷类似，处理方式亦相同，以“受生效民事判决所羁束”为由，作出的不予立案或者驳回起诉裁定的主文部分，写作方式与房屋纠纷案件相同，故不再赘述。

5. 关于其他特殊不予受理的条件

除前面已叙述过的有关起诉条件之外，其他特殊不予受理的条件常见的有以下两种情形。

（1）起诉人或者原告错列被告且拒绝变更的

2018 年《行诉解释》第 26 条②第 1 款和第 69 条③第 1 款第 3 项规定，错列被告且拒绝变更的，应当裁定不予立案或者驳回起诉。因此，不予立案或者驳回起诉裁定的主文，应当写明被诉行政行为的名称，依法应当确定的适格被告的名称，起诉人或者原告所列被告的名称，法官释明情况，被告拒绝

---

① 《公司法》第 86 条第 1 款规定：“股东转让股权的，应当书面通知公司，请求变更股东名册；需要办理变更登记的，并请求公司向公司登记机关办理变更登记。公司拒绝或者在合理期限内不予答复的，转让人、受让人可以依法向人民法院提起诉讼。”

② 《行诉解释》第 26 条规定：“原告所起诉的被告不适格，人民法院应当告知原告变更被告；原告不同意变更的，裁定驳回起诉。应当追加被告而原告不同意追加的，人民法院应当通知其以第三人的身份参加诉讼，但行政复议机关作共同被告的除外。”

③ 《行诉解释》第 69 条规定：“有下列情形之一，已经立案的，应当裁定驳回起诉：（一）不符合行政诉讼法第四十九条规定的；（二）超过法定起诉期限且无行政诉讼法第四十八条规定情形的；（三）错列被告且拒绝变更的；（四）未按照法律规定由法定代理人、指定代理人、代表人为诉讼行为的；（五）未按照法律、法规规定先向行政机关申请复议的；（六）重复起诉的；（七）撤回起诉后无正当理由再行起诉的；（八）行政行为对其合法权益明显不产生实际影响的；（九）诉讼标的已为生效裁判或者调解书所羁束的；（十）其他不符合法定起诉条件的情形。前款所列情形可以补正或者更正的，人民法院应当指定期间责令补正或者更正；在指定期间已经补正或者更正的，应当依法审理。人民法院经过阅卷、调查或者询问当事人，认为不需要开庭审理的，可以迳行裁定驳回起诉。”

变更及理由。

这里需要注意以下两个问题：其一，《行诉解释》第 26 条第 2 款规定，原告遗漏被告，经法院释明，原告不同意追加的，法院应将遗漏的被告追加为第三人，而不能以此驳回原告的起诉。其二，《行诉解释》第 134 条规定，经过复议维持的案件，原告只起诉原行政机关或者复议机关，经法院释明后，原告仍不同意追加未起诉的机关为被告的，应追加未被起诉的原行政机关或者复议机关为共同被告，而不能以此驳回原告的起诉。

（2）未按照法律规定由法定代理人、指定代理人、代表人为诉讼行为

原告未按照 2017 年《行政诉讼法》第 28 条、第 30 条、第 31 条①和 2018 年《行诉解释》第 29 条、第 32 条、第 33 条②规定的法定代理人、指定代理

① 《行政诉讼法》第 28 条规定："当事人一方人数众多的共同诉讼，可以由当事人推选代表人进行诉讼。代表人的诉讼行为对其所代表的当事人发生效力，但代表人变更、放弃诉讼请求或者承认对方当事人的诉讼请求，应当经被代表的当事人同意。"第 30 条规定："没有诉讼行为能力的公民，由其法定代理人代为诉讼。法定代理人互相推诿代理责任的，由人民法院指定其中一人代为诉讼。"第 31 条规定："当事人、法定代理人，可以委托一至二人作为诉讼代理人。下列人员可以被委托为诉讼代理人：（一）律师、基层法律服务工作者；（二）当事人的近亲属或者工作人员；（三）当事人所在社区、单位以及有关社会团体推荐的公民。"

② 《行诉解释》第 29 条规定："行政诉讼法第二十八条规定的'人数众多'，一般指十人以上。根据行政诉讼法第二十八条的规定，当事人一方人数众多的，由当事人推选代表人。当事人推选不出的，可以由人民法院在起诉的当事人中指定代表人。行政诉讼法第二十八条规定的代表人为二至五人。代表人可以委托一至二人作为诉讼代理人。"第 32 条规定："依照行政诉讼法第三十一条第二款第二项规定，与当事人有合法劳动人事关系的职工，可以当事人工作人员的名义作为诉讼代理人。以当事人的工作人员身份参加诉讼活动，应当提交以下证据之一加以证明：（一）缴纳社会保险记录凭证；（二）领取工资凭证；（三）其他能够证明其为当事人工作人员身份的证据。"第 33 条规定："根据行政诉讼法第三十一条第二款第三项规定，有关社会团体推荐公民担任诉讼代理人的，应当符合下列条件：（一）社会团体属于依法登记设立或者依法免予登记设立的非营利性法人组织；（二）被代理人属于该社会团体的成员，或者当事人一方住所地位于该社会团体的活动地域；（三）代理事务属于该社会团体章程载明的业务范围；（四）被推荐的公民是该社会团体的负责人或者与该社会团体有合法劳动人事关系的工作人员。专利代理人经中华全国专利代理人协会推荐，可以在专利行政案件中担任诉讼代理人。"

人、诉讼代表为诉讼行为的,应当驳回原告的起诉。因该理由作出驳回起诉裁定的主文,应当写明法律规定的正确法定代理人、指定代理人、诉讼代表人。原告的法定代理人、指定代理人、诉讼代表不符合法律规定的条件,经法院释明后,原告仍不予纠正的相关情况,应当驳回原告的起诉。

(八)小结

综上所述,凡是不符合上述七大类起诉条件中一项的,在立案审查阶段发现的,应当裁定不予立案;在案件审理阶段发现的,应当裁定驳回起诉。

但是需要注意以下两个问题:

第一,虽有上述情形,可以补正或者更正的,人民法院应当在指定期间责令补正或者更正;在指定期间已经补正或者更正的,应当依法审理。人民法院经过阅卷、调查或者询问当事人,认为不需要开庭审理的,可以径行裁定驳回起诉。因此,在行政裁定书的正文中,应当结合案件的具体情况写明开庭或者未开庭审理和驳回起诉的理由。

第二,法院审查发现起诉人的起诉不符合起诉条件中规定的几个条件,但有的拿得准,有的拿不准。因不符合起诉条件中的任何一个条件的,法院就可以不予立案或者驳回起诉。为了稳妥起见,不给二审带来麻烦,可以在行政裁定书的正文中只写拿得准的,不写拿不准的。

三、正文和尾部的格式

(一)不予立案裁定书的正文书写格式

人民法院接到起诉状后,经审查,认为起诉人的起诉不符合法定起诉条件,作出不予立案行政裁定的正文可表述为:

经审查,本院认为:……(写明不予受理的理由)。依照……(写明裁定

依据的《行政诉讼法》以及相关的司法解释的条、款、项)的规定,裁定如下:

对×××的起诉,本院不予立案。

需说明的是,根据2017年《行政诉讼法》第51条①的规定,人民法院在接到起诉状时对符合本法规定的起诉条件的,应当登记立案。对当场不能判定是否符合本法规定的起诉条件的,应当接收起诉状,出具注明收到日期的书面凭证,并在7日内决定是否立案。不符合起诉条件的,作出不予立案的裁定。裁定书应当载明不予立案的理由。起诉人对不予立案裁定不服的,可以提起上诉。起诉状内容欠缺或者有其他错误的,应当给予指导和释明,并一次性告知当事人需要补正的内容。不得未经指导和释明即以起诉不符合条件为由不接收起诉状。

(二)驳回起诉行政裁定书的正文格式

人民法院立案受理后,在审理过程中,发现原告的起诉不符合法定起诉条件,作出驳回起诉行政裁定的正文可表述为:

……(简述写明原告起诉的事由)。

……(各方当事人对案件是否符合起诉条件有争议的,围绕争议的内容分别概括写明原告、被告、第三人的意见及所依据的事实和理由;如果没有,不写此项)。

经审理查明……(各方当事人对案件是否符合起诉条件的相关事实有

① 《行政诉讼法》第51条第1款至第3款规定:"人民法院在接到起诉状时对符合本法规定的起诉条件的,应当登记立案。对当场不能判定是否符合本法规定的起诉条件的,应当接收起诉状,出具注明收到日期的书面凭证,并在七日内决定是否立案。不符合起诉条件的,作出不予立案的裁定。裁定书应当载明不予立案的理由。原告对裁定不服的,可以提起上诉。起诉状内容欠缺或者有其他错误的,应当给予指导和释明,并一次性告知当事人需要补正的内容。不得未经指导和释明即以起诉不符合条件为由不接收起诉状。"

争议的,写明法院对该事实认定情况;如果没有,此项不写)。

本院认为……(写明驳回起诉的理由)。依照……(写明引用法律的条款项)的规定,裁定如下:

驳回原告×××的起诉。

(三)尾部的格式

根据2017年《行政诉讼法》第51条第2款的规定,原告对不予立案行政裁定不服的,可以提起上诉。因此,不予立案、驳回起诉的行政裁定尾部还应当写明告知当事人的上诉权利及上诉期限、合议庭组成人员及作出裁定的时间。

具体表述为:

如不服本裁定,可在裁定书送达之日起10日内,向本院递交上诉状,并按对方当事人的人数提出副本,上诉于××××人民法院。

审判长:×××

审判员:×××

审判员:×××

××××年××月××日

书记员:×××

第二节　一审其他行政裁定书

一审其他行政裁定包括:管辖异议、移送或者指定管辖、中止或终结诉讼、诉讼期间停止或不停止行政行为执行、证据保全、财产保全、先予执行、准许或者不准许撤诉、简易程序转为普通程序、补正笔误及其他需要裁定的事项等共十三种类型的行政裁定。因其他需要裁定的事项(如解除财产保全等),分别写进其相关的裁定书中,不单独论述。

一审其他行政裁决书亦是由首部、正文和尾部组成。首部有文书名称、当事人称谓和案件由来三项内容。一审其他行政裁定的文书名称与驳回起诉行政裁定书相同,称之为“行政裁定书”;因诉讼当事人申请处理事项不同,诉讼当事人的称谓和案件由来、正文有所区别,尾部与驳回起诉行政裁定相同。据此,在后面部分对首部中的文书名称和尾部不再赘述。对诉讼当事人的谓称和案件由来、正文根据不同类型的裁定书进行论述。

一、管辖异议裁定书

管辖异议裁定书,是指人民法院对被告提出的管辖权异议,经审查后,依法作出的驳回管辖权异议或者确认异议成立或者指定××人民法院(下级法院)管辖的书面司法文书。

根据2017年《行政诉讼法》第22条和2018年《行诉解释》第10条[①]的规定,有关当事人的称谓、案件由来和正文的书写格式如下。

(一)当事人称谓

作出管辖异议裁定时,此案已经进入了审理程序,故当事人称谓应当按照驳回起诉行政裁定书写明当事人的称谓,即原告、被告及他们各自的基本

---

① 《行诉解释》第10条规定:“人民法院受理案件后,被告提出管辖异议的,应当在收到起诉状副本之日起十五日内提出。对当事人提出的管辖异议,人民法院应当进行审查。异议成立的,裁定将案件移送有管辖权的人民法院;异议不成立的,裁定驳回。人民法院对管辖异议审查后确定有管辖权的,不因当事人增加或者变更诉讼请求等改变管辖,但违反级别管辖、专属管辖规定的除外。”

情况,有第三人参加诉讼的应列出第三人。

(二)案件由来

根据2017年《行政诉讼法》第22条和2018年《行诉解释》第10条第1款的规定,人民法院受理案件后,被告提出管辖权异议的,应当在收到起诉状副本之日起15日内提出。故案件由来部分应写明四点:一是写明案由;二是原告提起诉讼的时间,本院受理的时间;三是被告收到起诉状副本和提起管辖权异议的时间;四是写明提出管辖权异议的内容及理由。写明上述四点,以便判断被告是否在法定期限内提出管辖权异议。

案件由来文书格式应书表述为:

原告×××不服被告作出的××行政行为,于××××年××月××日向本院提起诉讼,本院于××××年××月××日立案受理,被告×××于××××年××月××日收到起诉状副本。××××年××月××日在其提交的答辩状中,对管辖权提出异议.认为……(写明异议的内容及理由)。

(三)正文和尾部

正文部分应当写明以下三点:一是法院对异议的审查意见;二是裁定所依据的法律条文;三是对异议裁定的结果。

正文的格式应书表述为:

经审查,本院认为,……(写明异议成立或异议不成立的根据和理由)。依照《中华人民共和国行政诉讼法》第××条及《最高人民法院关于适用〈中华人民共和国行政诉讼法〉的解释》第××条的规定,裁定如下:

……

写明裁定结果。分两种情况:

第一,异议成立的,表述为:

被告×××对管辖权提出的异议成立,本院移送××××人民法院处理。

第二,异议不成立的,表述为:

驳回被告×××对本案管辖权提出的异议。

这里需注意的是,人民法院对管辖异议审查确定有管辖权的,不因当事人增加或者变更诉讼请求等改变管辖,但违反级别管辖、专属管辖规定的除外。

尾部与驳回起诉行政裁定书相同。

二、移送或指定管辖行政裁定书

(一)移送管辖行政裁定书

移送管辖行政裁定书,是指人民法院立案受理案件后,经审查,本案不属于本院管辖,符合其他法定起诉条件,依法将本案移送有管辖权的人民法院所作的书面司法文书。

1. 案件由来和正文的书写

移送管辖是由受诉人民法院提出,没有提出移送管辖的申请人,故无须在本裁定书中列出当事人及基本情况。又因有关移送问题尚未出现争议,可将案件由来和正文合并在一起。但需要写明如下问题:一是案件名称,因发现需要移送管辖的时间节点不同,在立案受理前发现的,当事人分别称谓为起诉人、行政主体;在立案受理后发现的,当事人分别称谓为原告、被告。二是不属于本院管辖的理由及法律依据。三是应移送的人民法院名称。具体行文可表述为:

×××(起诉人或者原告)诉×××(行政主体或者被告)……(写明案

由)一案,经审查本院认为……(简要说明不属于本院管辖,应属于×××
×人民法院管辖的理由)。依照……裁定(依据的行政诉讼法以及相关司法解释的条、款、项、目)的规定裁定如下:

本案移送××××人民法院(另一下级人民法院)管辖。

2. 尾部

因移送管辖裁定不存在上诉问题,也就没有交代上诉问题的必要。本裁定书的尾部须写明合议庭组成人员的姓名、作出裁定的日期、书记员姓名等事项。具体写法与驳回起诉行政裁定写法相同。

(二)指定管辖行政裁定书

指定管辖行政裁定书,是指上级人民法院接到下级人民法院有关管辖问题的报请,作出指定××××人民法院管辖的裁定书。

1. 适用指定管辖的情况

根据2017年《行政诉讼法》及2018年《行诉解释》的规定,指定管辖适用于以下四种情况:

一是人民法院接到起诉人的起诉状后,对由何级、何地人民法院管辖难以确认,报请上级人民法院决定;

二是受移送的人民法院认为受移送的案件按照规定不属于本院,报请上级人民法院决定;

三是有管辖权的人民法院因存在不宜管辖的情形,报请上级法院指定管辖;

四是上级人民法院对下级人民法院既不立案,又不作出不予立案裁定,当事人向其提起诉讼,经审查认为符合起诉条件,作出指定下级人民法院立案的裁定。这里的指定立案,在性质上与指定管辖基本相同,故归入指定管辖行政裁定书之列。

因指定管辖的案件都不是当事人提出的,而是下级人民法院报请的,故在本裁定书中,只需写明案件由来,无须单独列出当事人及其基本情况。

2. 案件由来部分的书写

因引起指定管辖的情况不同,此类裁定书在案件由来的书写上亦有一些差别。

(1)因管辖难以确认报请决定的案件,有的在未立案受理前,对管辖问题有分歧意见,报请上级法院决定;有的在立案受理后,对管辖问题有异议,报请上级法院决定。在案件名称中当事人的称谓,因根据立案受理或未立案受理的案情况而定。案件由来部分应表述为:

×××(起诉人或者原告)诉×××(行政主体或者被告)……(写明案由)一案,××××人民法院(报请人民法院)以此案需要指定管辖报请本院指定管辖。

(2)因法院之间管辖争议报请决定的案件,亦存在是否立案受理的问题,在当事人的称谓上与因管辖难以确认报请决定的案件相同。案件由来部分应表述为:

×××(起诉人或者原告)诉×××(行政主体或者被告)……(写明案由)一案,××××人民法院与××××人民法院因管辖权发生争议,双方协商不成,报请本院指定管辖。

(3)有管辖权法院不宜管辖报请决定的案件,因此类案件已立案受理后,发现存在不宜管辖的情形,故案件由来应表述为:

原告×××诉被告×××……(写明案由)一案,××××人民法院(受诉人民法院)已立案。

(4)因指定立案的案件,上级人民法院需要审查下级人民法院既不立案,又不作出不予立案裁定的,当事人的起诉是否符合起诉条件,故应交代清楚起诉人向原审法院提起诉讼的时间等问题,故案件由来应表述为:

×××(起诉人)诉×××(行政主体)××××(写明案由)一案,×××(起诉人)于××××年××月××日向××××人民法院(写明有管辖权的人民法院)起诉。该院收到起诉状后,在法定期限内容不立案又不作出不予立案裁定,起诉人×××向本院提起诉讼。

3. 正文

四种情况的指定管辖裁定书中的正文基本相同,主要由三部分组成:一是简要说明应当指定管辖的理由。二是写明裁定所依据的《行政诉讼法》及司法解释的条、款、项、目的规定。这里需要注意的是,因管辖难以确认报请决定的案件,必须写明适用 2017 年《行政诉讼法》第 24 条①第 2 款的规定;因法院之间管辖争议报请决定的案件,必须写明引用 2017 年《行政诉讼法》第 23 条②的规定;有管辖权法院不宜管辖报请决定的案件,必须写明适用 2017 年《行政诉讼法》第 23 条第 1 款的规定;指定立案的案件,必须适用 2017 年《行政诉讼法》第 52 条③的规定。此外,这四种情况的案件还须在裁定书中引用本案对确定管辖权有关的 2017 年《行政诉讼法》中的其他条款及司法解释的相关条款。三是写明指定管辖的人民法院。

正文行文时,具体可表述为:

本院认为……(简要说明应当指定管辖的理由)。依照……(裁定依据的行政诉讼法以及相关司法解释的条、款、项、目)的规定,裁定如下:

---

① 《行政诉讼法》第 24 条规定:"上级人民法院有权审理下级人民法院管辖的第一审行政案件。下级人民法院对其管辖的第一审行政案件,认为需要由上级人民法院审理或者指定管辖的,可以报请上级人民法院决定。"

② 《行政诉讼法》第 23 条规定:"有管辖权的人民法院由于特殊原因不能行使管辖权的,由上级人民法院指定管辖。人民法院对管辖权发生争议,由争议双方协商解决。协商不成的,报它们的共同上级人民法院指定管辖。"

③ 《行政诉讼法》第 52 条规定:"人民法院既不立案,又不作出不予立案裁定的,当事人可以向上一级人民法院起诉。上一级人民法院认为符合起诉条件的,应当立案、审理,也可以指定其他下级人民法院立案、审理。"

本案由××××人民法院(另一下级人民法院)管辖。

指定立案的,应表述为:

本案由××××人民法院(其他下级人民法院)立案。

4. 尾部

因指定管辖裁定不存在上诉问题,无须交代上诉权。尾部其他事项的具体写法与移送管辖裁定相同。

三、中止或终结诉讼行政裁定书

中止或终结诉讼行政裁定书,是指人民法院在审理行政案件过程中,因发生某种无法克服或难以避免的特殊情况,需要暂停或者结束诉讼时,依法作出的暂时停止诉讼或者结束诉讼的书面司法决定。

(一)中止或终结诉讼的条件

最高人民法院参照《民事诉讼法》,结合行政诉讼的特殊情况,在《行诉解释》中分别对中止诉讼和终结诉讼的条件作出明确的规定。

1. 中止诉讼的条件

2018 年《行诉解释》第 87 条第 1 款规定:“在诉讼过程中,有下列情形之一的,中止诉讼:(一)原告死亡,须等待其近亲属表明是否参加诉讼的;(二)原告丧失诉讼行为能力,尚未确定法定代理人的;(三)作为一方当事人的行政机关、法人或者其他组织终止,尚未确定权利义务承受人的;(四)一方当事人因不可抗力的事由不能参加诉讼的;(五)案件涉及法律适用问题,需要送请有权机关作出解释或者确认的;(六)案件的审判须以相关民事、刑事或者其他行政案件的审理结果为依据,而相关案件尚未审结的;(七)其他应当中止诉讼的情形。”该款规定是作出中止诉讼的法律依据。也就是说,符合上述七项中任何一项的,法院均可以作出中止诉讼行政裁定。

2. 终结诉讼的条件

2018 年《行诉解释》第 88 条规定:“在诉讼过程中,有下列情形之一的,终结诉讼:(一)原告死亡,没有近亲属或者近亲属放弃诉讼权利的;(二)作为原告的法人或者其他组织终止后,其权利义务的承受人放弃诉讼权利的。因本解释第八十七条第一款第一、二、三项原因中止诉讼满九十日仍无人继续诉讼的,裁定终结诉讼,但有特殊情况的除外。”该条第 1 款规定的两种情况中的一种,一旦发生不附带其他条件,法院即可作出终结诉讼裁定。但第 2 款的规定终结诉讼是附有条件的,即中止诉讼满 90 日,仍无人继续诉讼的,才可作出终结诉讼裁定。

(二)中止或终结诉讼行政裁定书的写法

中止或终结诉讼行政裁定书亦分为首部、正文和尾部三部分。

1. 首部

这两种裁定书的首部写法,与驳回起诉行政裁定基本相同。但原告死亡的,因原告死亡是客观事实,裁定书中不能回避,故在原告诸事项中,还应写明死亡人的姓名、性别和死亡时间。

2. 正文

这两种裁定书的正文,主要应当写明以下三点:一是写清楚案件的名称。二是简要写明中止或者终结诉讼的事实根据。所谓事实根据,是指客观存在的或者已经发生的某种无法克服或难以避免的特殊情况,需要暂停或者结束诉讼的事实。三是法律依据和结果。

这两种裁定书正文具体可表述为:

本案在审理原告×××诉被告×××……(案由)一案中,……(写明中止或者终结诉讼的事实根据)。依据《最高人民法院关于适用〈中华人民共和国行政诉讼法〉的解释》第××条第×款第×项的规定,裁定如下:

本案中止诉讼(或本案终结诉讼)。

3. 尾部

这两种裁定均无上诉问题,故不存在交代上诉权的问题。终结诉讼的,裁定书尾部应写明诉讼费用的负担。除这两点外,这两种裁定尾部的写法,与驳回起诉行政裁定书相同。

需提醒的是,二审或者再审中出现中止或终结诉讼的情形,在作出中止或终结裁定时,当事人的称谓及基本情况与二审行政判决的写法相同。其他内容可以参照这两种一审裁定书书写。

四、诉讼期间停止或不停止行政行为执行的行政裁定书

诉讼期间是否停止行政行为执行的行政裁定书,是指人民法院在收到原告要求停止执行某一行政行为的申请后,或人民法院在审理中发现被诉行政行为的执行会造成难以弥补的损失,经审查,裁定停止执行被诉行政行为或者驳回停止执行的申请的司法文书。

根据启动原因划分,诉讼期间停止行政行为的执行可分为依申请和依职权在诉讼期间启动停止行政行为的执行两种形式;根据裁定结果划分,又可分为停止执行行政行为裁定和驳回停止执行裁定。

诉讼期间是否停止行政行为执行的行政裁定书,亦由首部、正文和尾部组成。因作出此类行政裁决时,该案件已进入审理程序,裁定的内容应告知当事人,故应列出参加诉讼当事人,即原告、被告、第三人。当事人的基本情况和首部其他部分的写法与驳回起诉行政裁定书相同。

依申请与依职权停止行政行为执行的裁定,因启动该项审查原因不同,案件由来和正文的写法有较大的不同。

(一)依申请停止行政行为裁定书案件由来的写法

依申请停止行政行为执行的,因是由当事人申请引起的审查并作出裁定的,故应在案件由来部分交代清楚案件的名称、是谁申请的、申请的理由和停止执行行政行为的名称。

具体表述为:

本院在审理原告×××诉被告××××(行政机关名称)……(写明案由)一案中,原告(或者第三人)×××认为……(写明停止执行行政行为的理由),向本院申请停止执行……(写明申请停止执行的行政行为名称)。

(二)依申请停止行政行为裁定书正文的写法

依申请停止行政行为裁定的正文应写明是否停止被诉行政行为执行的理由、所依据的法律条文和裁定结果。这里所说的"理由"和法律条文依据,是指申请停止执行的行政行为,是否符合停止执行的条件。

1. 停止行政行为执行的条件

在行政诉讼期间,当事人争议的行政行为不因原告提起诉讼而停止执行,这是行政诉讼特有的一项原则,是由国家行政管理的特殊性决定的。这一原则也有例外的情况。

依照2017年《行政诉讼法》第56条第1款的规定,诉讼期间,不停止行政行为的执行。但有下列情形之一的,裁定停止执行:(1)被告认为需要停止执行的;(2)原告或者利害关系人申请停止执行,人民法院认为该行政行为的执行会造成难以弥补的损失,并且停止执行不损害国家利益、社会公共利益的;(3)人民法院认为该行政行为的执行会给国家利益、社会公共利益造成重大损害的;(4)法律、法规规定停止执行的。也就是说,凡是被诉行政行为具有上述条件中的任何一条的,就应当裁定停止执行。

因此,在理由部分,应当围绕该条所规定的四个条件结合申请人所提出的理由,对相关事实和具有停止或不停止行政行为执行的问题展开论述。作出停止被诉行政行为执行裁定的,重点论述符合停止执行的四个条件中的哪一条,其他条件无须论述。作出驳回停止被诉行政行为执行裁定的,应当用排除的方法论述被诉行政行为不具有停止执行的所有条件。原告或第三人申请的理由应当作为重点论述的内容。

2. 依申请停止行政行为裁定书的法律依据和裁定结果

裁定停止执行的,应当适用2017年《行政诉讼法》第56条第2款第×项的规定,裁定结果为,停止被诉行政行为的执行;裁定驳回停止执行申请的,应当适用2017年《行政诉讼法》第56条第1款的规定,裁定结果为驳回原告或第三人的申请。

3. 依申请裁定书正文的表述

依申请停止行政行为执行裁定书,具体表述为:

本院在审理原告×××诉被告××××(行政机关名称)……(写明案由)一案中,原告(或者利害关系人)×××认为……(写明停止执行行政行为的理由),向本院申请停止执行……(写明申请停止执行行政行为的名称)。

经审查,本院认为:……(写明应当停止行政行为的执行或者驳回停止执行申请的理由)。依照《中华人民共和国行政诉讼法》第56条第1款第(×)项的规定,裁定如下:

……(写明裁定结果)。

分两种情况:

第一,停止执行的,表述为:

在本案诉讼期间,停止……的执行(写明停止执行的行政行为名称)。

第二,驳回申请的,表述为:

驳回原告×××的申请。

(三)依职权停止行政行为裁定书正文的写法

依职权裁定因没有当事人提出申请,也就没有当事人申请的理由,因此,案件由来和正文可以合并在一起写。此部分应写明以下三点:一是案件的名称;二是写明本院认为停止被诉行政行为执行的理由和法律依据,此部分可参照依申请裁定的理由和适用法律写;三是裁定结果为停止执行被诉行政行为。

具体可表述为:

本院在审理原告×××诉被告××……(写明案由)一案中,发现……(写明停止执行行政行为的理由),认为应停止执行……(写明停止执行的行政行为名称)。依照《中华人民共和国行政诉讼法》第56条第1款第(×)项的规定,裁定如下:

在本案诉讼期间,停止执行……(写明停止执行的行政行为名称)。

(四)停止或不停止行政行为执行裁定书尾部的写法

根据2017年《行政诉讼法》第56条第2款"当事人对停止执行或者不停止执行的裁定不服的,可以申请复议一次"的规定,在该类裁定书的尾部,应当告知当事人申请复议的权利。

可具体表述为:

如不服本裁定,可以向本院申请复议一次,复议期间不停止裁定的执行。

尾部的其他部分与指定管辖裁定书的写法相同。

五、证据保全行政裁定书

证据保全行政裁定书,是指人民法院在受理行政案件后,根据当事人的申请或者法院依职权，就有可能灭失或者以后难以取得，并对案件事实有证明意义的证据，作出对该证据采取措施进行固定和保护的司法文书。

本类裁定书亦是由首部、正文和尾部组成。

（一）首部

根据启动原因，证据保全行政裁定书，可分为依申请或依职权两种类型。

1. 依申请证据保全行政裁定书的首部书写方式

依申请启动证据保全的，就需要确定申请人是谁，证据保全的对象是被申请人所掌握的证据，故应列出申请人和被申请人。因申请人可以是原告、被告、第三人，同时还可以是经他们授权的诉讼代理人。为明确申请人，故应在裁定书首部写明，申请人的姓名或者名称和被申请人的姓名或者名称及他们各自的基本情况。

具体可以表述为：

申请人×××，……（写明姓名或者名称等基本情况）。

被申请人×××，……（写明姓名或者名称等基本情况）。

根据《行政证据规定》第 27 条①第 1 款的规定，案件由来部分应当写明以下几点：一是案件的名称；二是申请人姓名或者名称和提出证据保全申请的时间，以便确认申请人是否在法定的举证期限内提出申请；三是当事人申请保全证据的，应当详细列出保全证据名称、所在地点、保全的内容和范围；

① 《行政证据规定》第 27 条规定："当事人根据行政诉讼法第三十六条的规定向人民法院申请保全证据的，应当在举证期限届满前以书面形式提出，并说明证据的名称和地点、保全的内容和范围、申请保全的理由等事项。当事人申请保全证据的，人民法院可以要求其提供相应的担保。法律、司法解释规定诉前保全证据的，依照其规定办理。"因该司法解释是在《行政诉讼法》修改前作出的，修改后的《行政诉讼法》将原来的第 36 条作为第 42 条，特此说明。

四是申请保全的证据与案件事实之间的关系,以及申请保全证据的理由;五是根据《证据规定》第27条第2款的规定,人民法院要求申请人提供担保的,当事人在申请书中应当写清楚提供担保的情况。

具体可表述为:

本院在审理×××诉×××(写明当事人姓名或者名称及案由)一案中,×××(写明申请人姓名或者名称)于××××年××月××日向本院提出证据保全申请,请求……(写明当事人申请对何证据采取何种保全方法,当事人提供担保的情况)。

本裁定书首部的其他事项,与驳回起诉裁定书写法相同。

2. 依职权证据保全裁定书首部书写方式

依职权启动证据保全措施的,因没有申请人和被申请人,故不须写申请人和被申请人。案件由来只需写明案件的名称。为让裁定精练,可将案件名称与正文一并叙述。

(二)正文

前面已谈到依职权停止行政行为裁定书可将案件名称与正文一并叙述。除此之外,正文的内容基本相同。正文中应当写明以下内容:

1. 采取证据保全措施的理由

根据2017年《行政诉讼法》第42条①的规定,在证据可能灭失或者以后难以取得的情况下,人民法院可以采取保全措施。因此,在正文中论述对需要采取保全措施证据的理由时,通常应当写明以下两点:一是对每一个需要采取保全措施的证据,写明该证据存在可能灭失或者以后难以取得的情况;二是对每一个需要采取保全措施的证据,写明应当采取的保全证据的方

---

① 《行政诉讼法》第42条规定:"在证据可能灭失或者以后难以取得的情况下,诉讼参加人可以向人民法院申请保全证据,人民法院也可以主动采取保全措施。"

法。根据《行政证据规定》第 28 条第 1 款[①]的规定,可以采取查封、扣押、拍照、录音、录像、复制、鉴定、勘验、制作询问笔录等保全措施保全证据。要求申请人提供担保的,还应写明要求提供担保的理由。

2. 法律依据和裁定结果

裁定证据保全的,应当在裁定书中写明适用《行政诉讼法》第 42 条和《行政证据规定》第 28 条的规定。要求申请人提供担保的,还应写明适用《行政证据规定》第 27 条第 2 款的规定。

裁定结果应写明保全的证据名称、数量等情况及保全方法。

3. 正文的表述

依申请的,正文在具体行文时可表述为:

本院经审查认为,……(人民法院作出证据保全裁定的理由),依照《中华人民共和国行政诉讼法》第 42 条、《最高人民法院关于行政诉讼证据若干问题的规定》第 28 条(要求申请人提供担保的,还应当引用该规定第 27 条第 2 款的规定),裁定如下:……(保全的证据名称、数量等情况及保全方法)。

依职权的,正文在具体行文时,可表述为:

本院在审理×××诉×××(写明当事人姓名或者名称及案由)一案中,经审查认为……(此部分的内容与依申请裁定书的正文相同)。

(三)尾部

因本裁定申请人没有上诉权和申请复议权,故在本裁定中无须写这两项内容,其他事项与驳回起诉行政裁定相同。

---

① 《行政证据规定》第 28 条第 1 款规定:"人民法院依照行政诉讼法第三十六条规定保全证据的,可以根据具体情况,采取查封、扣押、拍照、录音、录像、复制、鉴定、勘验、制作询问笔录等保全措施。"

六、财产保全行政裁定书

财产保全行政裁定书,是指人民法院在审理行政案件中,根据一方当事人财产保全申请,或者依职权作出的财产保全措施的书面司法文书。因情况紧急的,利害关系人可以在诉讼前申请财产保全,法院经审查后,认为必要的,可以作出财产保全行政裁定书。

按照启动财产保全程序划分,可分为依申请财产保全和依职权财产保全两种。按照诉前和诉后划分,又可分为诉后财产保全和诉前财产保全两种。因启动程序不同,诉讼前后不同,在裁定书的制作上亦有不少差异。

(一)首部

1. 诉后财产保全裁定书首部的写法

依申请诉后财产保全,有明确的申请人和被申请人,保全的财产与申请人和被申请人均有直接的关系,故应当在首部中写明申请人和被申请人及他们各自的基本情况。具体写法与依申请证据保全裁定书的申请人和被申请人的写法基本相同,故不再赘述。

案件由来部分应当写明以下四点:一是案件的名称;二是申请采取财产保全的不动产、物品、存款、有价证券等;三是需要采取的种类、范围和措施;四是需要采取财产保全的理由。

依申请财产保全行政裁定书的案件由来,行文中可表述为:

本院在审理×××诉×××(写明当事人姓名或者名称及案由)一案中,×××(写明申请人姓名或者名称)于××××年××月××日向本院提出财产保全申请,要求……(概括写明申请人的具体要求的内容),并已提供担保(未提供担保的不写此句话)。写明当事人申请对何证据采取何种保全方法,当事人提供担保的情况。

依职权财产保全的,因为没有申请人,也就谈不上被申请人,亦不存在申请财产保全的要求及理由等问题。此类裁定书首部无须写申请人、被申请人及申请财产保全的要求等问题。案件由来即案件名称，可在正文中一并叙述。

2. 诉前财产保全行政裁定书首部的写法

诉前财产保全行政裁定书与诉后财产保全行政裁定书首部的写法有两点不同：一是案号不同，因作出裁定时，尚未提起诉讼，处在诉前阶段，法院没有将其立为行政案件，因此需要单独编号，用“行保”字代表裁定的特殊性。案号可表述为“（××××）×行保字第××号”。二是案件名称中的当事人称谓不同，因作出此裁定时，尚未提起诉讼，故不能称之为原告、被告，提出财产保全的利害关系人，应称之为申请人与被申请人。首部其他问题的表述，与依申请诉后财产保全裁定基本相同。

案件由来，行文可表述为：

申请人×××因……（写明申请诉前财产保全的原因），于××××年××月××日向本院提出申请，要求对被申请人……（写明担保的财产种类名称、数量等）担保。

（二）诉后财产保全行政裁定书正文的写法

前面已谈到依职权的财产保全裁定书可将案件名称与正文一并叙述。除此之外，正文的内容基本相同。正文中应当写明以下内容：

1. 采取财产保全措施的理由

根据2018年《行诉解释》第76条①第1款的规定，在正文中论述需要

---

① 《行诉解释》第76条规定：“人民法院对于因一方当事人的行为或者其他原因，可能使行政行为或者人民法院生效裁判不能或者难以执行的案件，根据对方当事人的申请，可以裁定对其财产进行保全、责令其作出一定行为或者禁止其作出一定行为；当事人没有提出申请的，人民法院在必要时也可以裁定采取上述保全措施。人民法院采取保全措施，可以责令申请人提供担保；申请人不提供担保的，裁定驳回申请。人民法院接受申请后，对情况紧急的，必须在四十八小时内作出裁定；裁定采取保全措施的，应当立即开始执行。当事人对保全的裁定不服的，可以申请复议；复议期间不停止裁定的执行。”

采取财产保全措施的理由时,通常应当写明以下四点:一是一方当事人的哪些行为或者某种具体原因,可能使行政行为或者人民法院生效裁判不能或者难以执行;二是需要采取财产保全的种类和范围;三是保全的财产与行政行为或者法院判决执行的关系;四是需要采取的具体保全措施。

2. 法律依据和裁定结果

诉后财产保全裁定书中应当适用2018年《行诉解释》第76条第1款和第78条第1款、第2款(因法院责令申请人提供担保申请人不提供担保的,裁定驳回申请的,不须适用第78条第1款、第2款的规定,但须适用第76条第2款的规定)。

裁定结果中,应写明采取财产保全的具体内容,如查封或者冻结某处的不动产(写明不动产的产权证明等相关信息),冻结银行存款(写明开户银行、账号、冻结存款的数额等信息),扣押物品(写明扣押物品的名称、型号、数量等相关信息)等。裁定驳回财产保全的申请(不存在保全问题,故不须写采取财产保全的具体内容)。

3. 正文的行文表述

依申请的,可表述为:

本院经审查认为,……(人民法院作出财产保全裁定的理由),依照《最高人民法院关于适用〈中华人民共和国行政诉讼法〉的解释》第76条第1款,第78条第1款、第2款(因法院责令申请人提供担保申请人不提供担保的,裁定驳回申请的,不写第78条第1款、第2款,应写上第76条第2款)的规定,裁定如下:

……(写明采取财产保全的具体内容或者驳回申请人×××的财产保全的申请)。

依职权的,可表述为:

本院在审理×××诉×××(写明当事人姓名或者名称及案由)一案

中认为……(后面的论述、法律依据、裁定结果与依申请财产保全行政裁定书正文中的这些内容相同)。

(三)诉前财产保全行政裁定书主文的写法

根据2018年《行诉解释》第77条①第1款、第3款和第78条②第1款、第2款的规定,在正文中阐述需要采取保全措施的理由中,应当写明以下四点内容:一是利害关系人因情况紧急,须立即对其申请保全的财产进行保全,否则将会使其合法权益受到难以弥补的损害的;二是受诉法院是提起诉讼前向被保全财产所在地、被申请人住所地或者对案件有管辖权的法院;三是申请人已提供了担保。需注意的是,申请人不提供担保的,裁定驳回申请。四是裁定结果有采取财产保全措施或驳回申请两种。

需注意三个问题:一是根据2018年《行诉解释》第77条第3款的规定,申请人在人民法院采取保全措施后30日内不依法提起诉讼的,人民法院应当解除保全。二是根据2018年《行诉解释》第77条第2款规定裁定采取保全措施的,应当立即开始执行。因此,裁定采取财产保全措施的,应写明本裁定立即执行。三是裁定驳回申请的,只需写明申请人不属于紧急情况或

---

① 《行诉解释》第77条规定:"利害关系人因情况紧急,不立即申请保全将会使其合法权益受到难以弥补的损害的,可以在提起诉讼前向被保全财产所在地、被申请人住所地或者对案件有管辖权的人民法院申请采取保全措施。申请人应当提供担保,不提供担保的,裁定驳回申请。人民法院接受申请后,必须在四十八小时内作出裁定;裁定采取保全措施的,应当立即开始执行。申请人在人民法院采取保全措施后三十日内不依法提起诉讼的,人民法院应当解除保全。当事人对保全的裁定不服的,可以申请复议;复议期间不停止裁定的执行。"

② 《行诉解释》第78条规定:"保全限于请求的范围,或者与本案有关的财物。财产保全采取查封、扣押、冻结或者法律规定的其他方法。人民法院保全财产后,应当立即通知被保全人。财产已被查封、冻结的,不得重复查封、冻结。涉及财产的案件,被申请人提供担保的,人民法院应当裁定解除保全。申请有错误的,申请人应当赔偿被申请人因保全所遭受的损失。"

者申请保全的财产不会使其合法权益受到难以弥补的损害或者不提供担保等事实,在适用2018年《行诉解释》中,不须写第77条第3款的规定。

正文的理由部分,行为可表述为:

申请人已向本院提供经审查,本院认为……(写明采取财产保全的理由)。依照《最高人民法院关于适用〈中华人民共和国行政诉讼法〉的解释》第77条第1款、第2款、第3款和第78条第1款、第2款的规定,裁定如下:……

采取财产保全措施的,表述为:

……(写明对被申请人的财产采取查封、扣押、冻结或者法律规定的其他保全措施的内容)。

申请人在人民法院采取保全措施后30日内不依法提起诉讼的,人民法院将解除保全。

本裁定立即执行。

驳回申请的,表述为:

驳回申请人×××的财产保全申请。

(四)尾部

根据2018年《行诉解释》第77条的规定,当事人具有申请复议的权利,但申请复议,不停止裁定的执行。故在尾部应当对此问题交代清楚,即写明:

如不服本裁定,可以在接到本裁定后10日内向本院申请复议一次;复议期间不停止裁定的执行。

之后,依次写明合议庭成员名字、作出的年月日、书记员名字。

(五)解除财产保全行政裁定书

根据2018年《行诉解释》第77条第3款和第78条第3款的规定,申请人在人民法院采取保全措施后30日内不依法提起诉讼或者涉及财产的案件,被申请人提供担保的,人民法院应当作出解除保全行政裁定。

解除财产保全行政裁定书的首部与原财产保全裁定书的首部相同。

正文可表述为:

本院于××××年××月××日作出(××××)×行×字第××号财产保全行政裁定,现因……(写明解除财产保全的理由)。依照《最高人民法院关于适用〈中华人民共和国行政诉讼法〉的解释》第77条第3款或第78条第3款的规定,裁定如下:

解除对×××的……(写明财产的名称、种类、数量)的查封(扣押、冻结等)。

尾部除不写"如不服本裁定,可以在接到本裁定后10日内向本院申请复议一次;复议期间不停止裁定的执行。"这句话外,其他事项的写法与财产保全行政裁定书相同。

七、先予执行行政裁定书

先予执行行政裁定书,是指人民法院根据原告的申请,在判决前依法作出的责令被告履行一定义务的司法文书。

本裁定书亦是由首部、正文、尾部组成。

(一)首部

依次写明法院和文书名称及案号、当事人情况、案件由来。

当事人的称谓为原告、被告,其基本情况与写法与驳回起诉裁定书的写法相同。

本裁定书是由原告申请启动先予执行的审查并作出裁定。因此,在案件由来中,应当写明案件的名称、提出先予执行申请的时间和要求等事项。

在具体行文时,可表述为:

本院在审理×××诉×××(写明当事人姓名或者名称及案由)一案中,原告×××于××××年××月××日向本院提出先予执行本院在审理×××诉×××(写明当事人姓名或者名称及案由)一案中的申请,要求……(概括写明请求的具体内容)。

首部的其他事项与驳回起诉裁定书写法相同。

(二)正文

根据2017年《行政诉讼法》第57条①第1款的规定,先予执行必须同时符合以下三个条件:一是适用于被告行政机关没有依法支付抚恤金、最低生活保障金和工伤、医疗社会保险金的案件,其他行政案件不能先予执行;二是权利义务关系明确,即法律明确规定被告有支付原告的责任;三是不先予执行将严重影响原告生活。因此,在正文中,应当将是否符合上述三个条件写清楚,同时还应写明依据2017年《行政诉讼法》第57条第1款的规定。裁定结果是决定先予执行或者驳回先予执行的申请。

具体行文,可表述为:

本院认为,……(写明是否先予执行的理由)。依照《中华人民共和国行政诉讼法》第57条第1款的规定,裁定如下:……

决定先予执行的,表述为:

……(写明先予执行的内容及其时间和方式)。

本裁定书送达后立即执行。

① 《行政诉讼法》第57条规定:"人民法院对起诉行政机关没有依法支付抚恤金、最低生活保障金和工伤、医疗社会保险金的案件,权利义务关系明确、不先予执行将严重影响原告生活的,可以根据原告的申请,裁定先予执行。当事人对先予执行裁定不服的,可以申请复议一次。复议期间不停止裁定的执行。"

驳回申请的，表述为：

驳回原告×××先予执行的申请。

（三）尾部

根据2017年《行政诉讼法》第57条的规定，当事人具有申请复议的权利，复议期间不停止裁定的执行。尾部应当写明："如不服本裁定，可以在接到本裁定后10日内向本院申请复议一次；复议期间不停止裁定的执行。"其他事项与财产保全行政裁定书相同。

八、撤诉行政裁定书

撤诉行政裁定书，是指人民法院在收到原告要求撤回起诉的申请后，经审查，裁定准许或者不准许撤回诉讼的司法文书。

以原告申请撤诉划分，撤诉行政裁定可分为依申请撤诉和按撤诉处理两种；以裁定结果划分，又可分为裁定准许撤诉和不准许撤诉两种。在依申请撤诉中，还可分为原告主动申请撤诉和被动申请撤诉。所谓被动申请撤诉，是指因被告改变被诉行政行为，经原告同意后，原告申请撤诉。因撤诉种类不同，裁定书的书写亦有一定的差异。

（一）首部

因作出撤诉行政裁定书时，已进入审理程序，裁定的结果对各方当事人均有关系，故在当事人部分应列出原告、被告、第三人并写明其基本情况。

依申请撤诉的，案件由来中，一是应写明案件的名称。二是根据《行政诉讼法》第62条的规定，原告应当在人民法院对行政案件宣告判决或者裁定前提出撤诉申请。也就意味着，法院宣告判决或者裁定后，不接受原告的撤诉申请。为了说明法院作出本裁定的程序合法性，故应写明原告申请撤诉的时间。三是原告提出撤诉的请求和理由。需要注意的是,被动撤诉,原告因被告改变被诉行政行为后申请撤诉的,此问题关系到审查内容不同,故需要写明这一点。

案件由来,在行文中可表述为:

本院在审理原告×××诉被告××××……(写明案由)一案中,原告×××……(主动撤诉的,简要写明原告提出的撤诉请求和理由;被动撤诉的,写明被告于××××年××月××日作出改变××行政行为的决定,原告于××××年××月××日申请撤诉,简要写明原告提出的撤诉请求和理由)。

按撤诉处理的,因当事人没有提出申请,也就不存在申请人提出的请求和理由的问题,因此只需写明案件的名称。可以将案件由来和正文一并书写。

首部的其他事项与驳回起诉行政裁定的写法相同。

(二)正文

1.原告主动申请撤诉的,法院应审查的问题

根据2017年《行政诉讼法》第62条①的规定,原告申请撤诉,是否准许由人民法院裁定。也就意味着,法院对原告申请撤诉需要审查,符合撤诉条件的才能准许撤诉,不符合的不准许撤诉。因此,撤诉行政裁定书正文中,应将原告申请撤诉是否符合法定条件的问题叙述清楚。具体来讲,准许撤诉必须同时符合以下四个条件:第一,申请撤诉必须是原告的真实意思。该条是准许撤诉的首要条件。原告在被告或者其他人胁迫、欺骗等有悖于原告真实意思申请的撤诉,法院不应准许撤诉。第二,被诉行政行为合法,或有轻微违法但未造成原告的合法权益较大损害的,为及时化解行政纠纷,达到定分止

---

① 《行政诉讼法》第62条规定:"人民法院对行政案件宣告判决或者裁定前,原告申请撤诉的,或者被告改变其所作的行政行为,原告同意并申请撤诉的,是否准许,由人民法院裁定。"

争的效果,可以裁定准许撤诉。第三,撤诉不损害国家利益、公共利益或他人的合法权益。第四,因撤诉会涉及第三人的合法权益,故有第三人的,还须第三人同意。

2. 被告改变被诉行政行为,原告申请撤诉的,法院应审查的问题

因被告改变被诉行政行为,原告申请撤诉的,此时涉及两个行政行为的关系问题。根据行政法原理,被告作出行政行为后,只有在该行为存在违法的情况下,才能作出改变决定。改变决定一旦生效,将会取代原行政行为。也就意味着,原行政行为不具有法律效力。因此,法院在审查因改变被诉行政行为,原告申请撤诉的,应当先审查被诉行政行为的合法性问题,如果被诉行政行为合法,改变决定必然违法,故不应准许原告撤诉;如果被诉行政行为违法,应再审查改变决定的合法性,若改变决定纠正了被诉行政行为中所有违法问题,或未纠正个别轻微违法且对原告的合法权损害较小的,可以考虑准许撤诉。此外,申请撤诉是原告真实意思表示,不损害国家利益、公共利益和他人的合法权益,有第三人的,需第三人同意,亦是对此类申请准许撤诉的条件。

3. 按撤诉处理

根据《行政诉讼法》第 58 条及《行诉解释》第 61 条的规定,具有下列三种情形之一的,可以按撤诉处理:一是经人民法院传票传唤,原告无正当理由拒不到庭的;二是原告未经法庭许可中途退庭的;三是原告或者上诉人未按规定的期限预交案件受理费,又不提出缓交、减交、免交申请,或提出申请未获批准的。但需要注意的是,根据《诉讼费用交纳办法》第 22 条第 4 款,[①]参照最高人民法院《关于适用〈中华人民共和国民事诉讼法〉的解释》

---

① 《诉讼费用交纳办法》第 22 条第 4 款规定:"当事人逾期不交纳诉讼费用又未提出司法救助申请,或者申请司法救助未获批准,在人民法院指定期限内仍未交纳诉讼费用的,由人民法院依照有关规定处理。"

第 213 条的规定,①当事人逾期未交纳诉讼费的,人民法院应当通知其预交,通知后在指定期间仍未预交且不符合减、缓、免标准的,才按自动撤诉处理。故在正文部分应当写明:法院通知当事人指定预交诉讼费的时间。

4. 适用法律依据和裁定结果

申请撤诉的行政裁定书中,应当引用 2017 年《行政诉讼法》第 62 条;因拒不到庭或者中途退庭按撤诉处理的行政裁定书中,应当引用 2017 年《行政诉讼法》第 58 条;因未预交案件受理费的行政裁定书中,应当引用 2018 年《行诉解释》第 61 条。

裁定结果为,裁定准许撤诉或者不准许撤诉。

5. 正文的写法

一般撤诉行政裁定的正文,具体可表述为:

本院认为:……(写明准许撤诉或者不准许撤诉的理由)。依照《中华人民共和国行政诉讼法》第××条或者《最高人民法院关于适用〈中华人民共和国行政诉讼法〉的解释》第 61 条的规定,裁定如下:

……(写明裁定结果)。

分两种情况:

第一,准许撤诉的,表述为:

准许原告×××撤回起诉。

第二,不准许撤诉的,表述为:

不准许原告×××撤诉,本案继续审理。

按撤诉处理的,行政裁定书的正文,具体表述为:

原告×××不服被告××行政机关××××年××月××日作出的××

① 最高人民法院《关于适用〈中华人民共和国民事诉讼法〉的解释》第 213 条规定:“原告应当预交而未预交案件受理费,人民法院应当通知其预交,通知后仍不预交或者申请减、缓、免未获批准而仍不预交的,裁定按撤诉处理。”

行政行为，于××××年××月××日向本院提起诉讼。本院通知其于××××年××月××日预交诉讼费，原告在通知预交诉讼费的期限内，无正当理由，未预交诉讼费。根据《行政诉讼法》第 58 条、《最高人民法院关于适用〈中华人民共和国行政诉讼法〉的解释》第 61 条及《诉讼费用交纳办法》第 22 条第 4 款，参照《最高人民法院关于适用〈中华人民共和国民事诉讼法〉的解释》第 213 条的规定，裁定如下：

按照撤诉处理。

（三）尾部

对于不准许撤回起诉的案件，一般都采用口头裁定的形式，但必要时也可以书面裁定。

准许撤诉的，写明诉讼费用的负担；不准许撤诉的，此项不写。

因撤诉行政裁定不能上诉和申请复议，故不写上诉权或者申请复议权。其他事项与驳回起诉行政裁定书的写法相同。

九、简易程序转为普通程序行政裁定书

简易程序转为普通程序行政裁定书，是指人民法院在审理过程中，发现案件不宜适用简易程序的，决定转为普通程序的书面司法文书。

（一）首部

以启动简易程序转为普通程序划分，可分为两种：一种是当事人启动转换程序，即当事人提出应将简易程序转为普通程序，法院经审查后决定转为普通程序。另一种是依职权转换程序，即法院在审理过程中，发现案件不宜适用简易程序，依职权决定转为普通程序。

虽然依职权转换程序的，没有当事人提出，但转换程序涉及原告、被告

的诉讼权利。也就是说,无论是当事人启动,还是依职权启动,都应在首部中列出原告、被告,写明其基本情况。写法与驳回起诉行政裁定相同。

依当事人启动转换程序的,在案件由来中应写明以下四点:一是案件的名称;二是按照简易程序立案的时间;三是提出转换程序的当事人和提出的时间;四是应转换为普通程序的理由。

在案件由来行文中,可表述为:

原告×××诉被告×××……(写明案由)一案,本院于××××年××月××日立案后,依法适用简易程序。××××年××月××日,×××(原告或者被告)提出异议认为……(概述不宜适用简易程序的事实和理由),本案不宜适用简易程序,应转换为普通程序。

依职权启动的,只需写明案件名称,可将案件名称与正文一并书写。

首部的其他事项与驳回起诉行政裁定书写法相同。

(二)正文

1. 适用简易程序的条件

根据2017年《行政诉讼法》第82条①的规定,人民法院审理第一审行政案件,适用简易程序一般需要符合以下四个条件:

(1)事实清楚。事实清楚是适用简易程序的前提条件之一。所谓“事实清楚”,是指被诉行政行为认定的基础性事实清晰、完整,法官不需要调查取证,根据被告举出的证据,即可以确认案件的基本事实。

(2)权利义务关系明确。权利义务关系明确是适用简易程序不可或缺

① 《行政诉讼法》第82条规定:“人民法院审理下列第一审行政案件,认为事实清楚、权利义务关系明确、争议不大的,可以适用简易程序:(一)被诉行政行为是依法当场作出的;(二)案件涉及款额二千元以下的;(三)属于政府信息公开案件的。除前款规定以外的第一审行政案件,当事人各方同意适用简易程序的,可以适用简易程序。发回重审、按照审判监督程序再审的案件不适用简易程序。”

的条件。所谓“权利义务关系明确”，是指被诉行政行为涉及的权利义务关系简单、明晰、准确。

(3)争议不大。争议不大亦是可以适用简易程序的必要条件之一。所谓“争议不大”，是指当事人之间对他们之间法律关系的产生、变更或者灭失的法律事实，以及纠纷产生的原因，权利义务的归属等不存在较大的争议。

(4)属于简易程序适用范围内的案件。可以适用简易程序的案件，必须是第一审行政案件，一般只适用于以下三种案件：一是被诉行政行为是依法当场作出的；二是案件涉及款额2000元以下的；三是属于政府信息公开案件的。除此之外，当事人各方同意适用简易程序的，可以适用简易程序。

根据2017年《行政诉讼法》第82条和第84条①的规定，人民法院在按照简易程序审理案件过程中，发现上述条件发生变化的，就属于“不宜适用简易程序，应转为普通程序”的理由。换言之，正文中的理由，也就是阐明“不宜适用简易程序的情形”。

2. 适用法律依据和裁定结果

简易程序转为普通程序行政裁定的依据应当是2017年《行政诉讼法》第82条、第84条；裁定结果是：本案转为普通程序。

3. 正文的表述

此类裁定书在正文行文中，可表述为：

本院经审查认为……(写明不宜适用简易程序的情形)，本案应转为普通程序。依照《中华人民共和国行政诉讼法》第82条、第84条的规定，裁定如下：

本案转为普通程序。

---

① 《行政诉讼法》第84条规定：“人民法院在审理过程中，发现案件不宜适用简易程序的，裁定转为普通程序。”

(三)尾部

当事人对此类裁定不服,不具有上诉权,不存在交代上诉权及上诉期限的问题。根据2017年《行政诉讼法》第83条[①]的规定,适用简易程序审理的行政案件,由审判员一人独任审理。故在此类裁定书尾部仅署审判员的名字。其他事项与驳回起诉行政裁定写法相同。

需注意的是,根据2018年《行诉解释》第105条第1款[②]的规定,应当在裁定书作出时,将合议庭组成人员及相关事项书面通知双方当事人。

十、补正笔误行政裁定书

补正笔误行政裁定书,是指人民法院对行政判决书、行政裁定书及调解书的笔误,依法作出补正的书面司法文书。

2018年《行诉解释》第101条第1款第11项规定,裁定适用于补正行政判决。参照最高人民法院《关于适用〈中华人民共和国民事诉讼法〉的解释》第245条[③]的规定,这里所说的"笔误"是指法律文书误写、误算,诉讼费用漏写、误算和其他笔误。本裁定书改正、补充的内容,仅限于裁判文书中的文字校对等技术上的失误,不涉及对实体(包括金额或者数额)和程序问题的处理。

---

① 《行政诉讼法》第83条规定:"适用简易程序审理的行政案件,由审判员一人独任审理,并应当在立案之日起四十五日内审结。"

② 《行诉解释》第105条第1款规定:"人民法院发现案情复杂,需要转为普通程序审理的,应当在审理期限届满前作出裁定并将合议庭组成人员及相关事项书面通知双方当事人。"

③ 最高人民法院《关于适用〈中华人民共和国民事诉讼法〉的解释》第245条规定:"民事诉讼法第一百五十七条第一款第七项规定的笔误是指法律文书误写、误算,诉讼费用漏写、误算和其他笔误。"

本裁定书的案号应当与被补正的裁判文书相一致。正文部分主要应写明以下三点：一是案由；二是补正裁判文书的名称及案号；三是裁定结果。

正文具体表述为：

本院××××年××月××日对原告×××诉被告×××……（写明案由）一案作出的（××××）×行×字第××号行政判决书（裁定书或调解书）中，文字上存在笔误，应予补正，现裁定如下：

原行政××书……（写明错、漏的字句及其所在页次和行数），现更正为……（写明改正、补充的字句）。

尾部仅署合议庭成员的名字，下面写明作出的年月日，再下面署名书记员名字。

二审、再审及非诉行政裁定书

第一节　二审行政裁定书

二审行政裁定书,是指第二审人民法院依照《行政诉讼法》的规定,在审理上诉案件过程中,为解决程序问题作出的书面司法文书。

二审行政裁定书有两个特点:第一个特点是,不服一审行政裁定并非都能进入二审。根据 2017 年《行政诉讼法》及 2018 年《行诉解释》的规定,有关第一审诉讼程序中出现的十二种情形,应当作出一审行政裁定,但这十二种裁定中当事人不服的,仅有不予立案、驳回起诉和管辖权争议三种裁定可以进入二审程序,从这个角度看,二审行政裁定适用面小于一审行政裁定。

第二个特点是,第二审中出现的有关诉讼程序方面的问题需要作出行政裁定。具体来讲,有三种情形:其一,根据 2018 年《行诉解释》第 79 条的规定，在二审期间，上诉人申请撤回上诉的、上诉人经传票传唤无正当理由拒不到庭或者未经法庭许可中途退庭的，人民法院经审理可以准许或者不准许撤回上诉，或者裁定按照撤回上诉处理。其二，根据《行政诉讼法》第89 条第 1 款第 3 项、第 4 项的规定，对原审判决认定事实不清、证据不足或者由严重违反法定程序的案件，可以裁定发回原审法院重新审理。也就是说，这两种有关第二审中发生的诉讼程序问题，可以作出二审行政裁定。其三，根据 2018 年《行诉解释》第 123 条第 1 项的规定，第一审人民法院作出实体判决后，第二审人民法院认为不应当立案的，在撤销第一审人民法院判决的同时，裁定迳行驳回起诉。

据此，二审行政裁定书可分为以下五种类型：一是二审维持或者撤销一审不予立案裁定书；二是二审维持或者撤销一审不予立案、驳回起诉裁定书；三是二审管辖权异议上诉案件裁定书；四是准许或者不准许撤回上诉裁定书；五是二审撤销一审判决径行驳回起诉裁定书。

一、二审行政裁定书的书写

二审行政裁定书亦是由首部、正文、尾部组成。首部及正文与一审行政裁定书有较大的差异，尾部基本相同。

（一）首部

1. 法院和文书名称及案号

二审行政裁定书首先写明作出行政裁定书的人民法院名称，而后写明文书的名称，文书名称均称为“行政裁定书”。其案号与二审行政判决书相同，均称为“×行终字第××号”。

2. 当事人

二审行政判决书与二审行政裁定书当事人的称谓相同，基本情况写法基本相同,只有一些微小的差异。

3. 案件由来

二审撤销或维持一审行政裁定和撤销一审行政判决的二审行政裁定书的案件由来的写法与二审行政判决书基本相同。但个别因二审程序问题作出的行政裁定,在案件由来的书写部分有较大的差异。

有关当事人、案件由来的具体写法,将在各类二审行政裁定书的制作中再作详细说明。

(二)正文

1. 概括各方当事人的请求及理由

二审撤销或维持一审行政裁定和撤销一审行政判决的二审行政裁定书,在正文中首先要写明上诉人的请求及理由和其他当事人的答辩意见及理由。各方当事人的理由主要是围绕原判决或者原裁定的诉讼程序是否合法,认定的案件事实是否真实,适用法律是否正确,处理结果是否适当等简要阐述。

有关撤回上诉的行政裁定书是对是否符合撤回上诉条件及应否准许或按撤回上诉处理问题进行审查,故应写明上述人申请撤诉的理由。其他当事人不同意的,亦应写明不同意的理由。

2. 简要阐述裁定的理由

二审行政裁定的理由,要围绕一审行政裁定的合法性问题作出简要的阐述。发回重审行政裁定简要阐明一审行政判决认定事实不清或者诉讼程序违法,影响到判决的公正性。因各类的二审行政裁定涉及程序问题不同,须阐述的问题有很大的差异,应根据不同类型的裁定所涉及的问题,对其有关诉讼程序合法性问题进行阐述。

3. 依据的法律规范

行政裁定应依据2017年《行政诉讼法》及司法解释的相关条文。条文中有款的,须引用到款;有项的,须引用到项。因不同类型的行政裁定所涉及的法律规范及条文不同,要根据裁定所涉及的相关法律规范引用应当适用的法律规范的条文。

4. 裁定结果

二审行政裁定结果主要有三种:一是驳回上诉,维持原裁定;二是撤销一审裁定,根据各类行政裁定的特点,采取相应的处理;三是撤销一审行政判决,裁定发回重审。

(三)尾部

尾部与二审行政判决基本相同。

因各类二审行政裁定书的写法存在一定的差异,具体写法将在各类二审行政裁定书的制作中作详细说明。

二、二审维持或者撤销一审不予立案、驳回起诉行政裁定书

二审维持或者撤销一审不予立案、驳回起诉行政裁定书,是第二审人民法院对上诉人不服一审裁定不予立案或者驳回起诉的行政案件,经审理后,依法作出维持或者撤销原裁定的书面决定。

这两类行政裁定书的内容和写法如下:

(一)首部

1. 文书名称和当事人

先依次写明文书标题、案号和诉讼当事人等基本情况。

一审法院作出不予立案行政裁定的案件,因未进入行政诉讼的审理程

序,一审中只有起诉人,不存在原告和被告,二审中也就不存在被上诉人,故在二审维持或者撤销不予立案行政裁定书中,只需写明上诉人并用括号标注“原审起诉人”,不写被上诉人。

具体表述为:

上诉人(写明原审起诉人)×××,……(写明上诉人的基本情况)。

一审法院作出驳回起诉行政裁定的案件,因已进入行政诉讼审理程序,在一审中有原告和被告,个别案件还存在第三人,故有关当事人的写法与二审行政判决书相同。

具体表述为:

上诉人(写明原审原告或者原审第三人)×××,……(写明上诉人的基本情况)。

被上诉人(写明原审被告)×××,……(写明被上诉人的基本情况)。

原审第三人×××,……(写明其基本情况)。

2. 案件由来

维持或者撤销不予立案行政裁定书的案件由来部分应写明案件的名称、不服的行政裁定等内容。

在行文中具体表述为:

上诉人×××就起诉人×××诉被告×××……(写明案由)一案,不服×××人民法院××××年××月××日作出(××××)×行初字第××号行政裁定,于××××年××月××日向本院提起上诉。

维持或者撤销驳回起诉行政案件,因在一审中已进入行政诉讼审理程序,已经组成合议庭,大多数开过庭,故应将这些情况交代清楚。

在行文中具体表述为:

上诉人×××就原告×××诉被告×××……(写明案由)一案,不服×××人民法院××××年××月××日作出(××××)×行初字第×

×号行政裁定，于××××年××月××日向本院提出上诉。本院受理后，依法组成合议庭，公开（不公开）开庭审理了本案（未开庭审理的仅写：本院受理后，依法组成合议庭审理了本案）。

（二）正文

1. 当事人的请求及理由

二审维持或者撤销一审不予立案行政裁定书，因没有被上诉人，故不须叙述被上诉人答辩理由及要求。二审维持或者撤销一审驳回起诉行政裁定书因存在上诉人和被上诉人，故须简要写明上诉人和被上诉人的各自请求及理由。因此，简要概括当事人请求及理由亦应围绕这个问题，凡与此问题无关的，均不应写入。

在行文中具体表述为：

上诉人×××（原审原告）上诉称……（简要写明上诉请求及理由）。

被上诉人×××述称……（简要写明答辩理由及要求）。

原审第三人×××述称……（简要写明答辩理由及要求）。

没有被上诉人或者原审第三人的，不写被上诉或者原审第三人述称。

2. 简要阐述裁定的理由

二审维持或者撤销一审不予立案、驳回起诉行政裁定中争议的核心问题是起诉人或者原告的起诉是否符合起诉条件。上诉人的请求及理由会针对一审裁定不予立案或者驳回起诉的理由提出反对意见。因此，在简要阐述裁定的理由中，应重点对上诉人提出的理由能否成立简要地进行论述，即上诉人的起诉是否符合起诉条件而展开。理由的论述可以参照一审不予立案、驳回起诉行政裁定书中的论述方法。因二审裁定的方式不同，论述的重点和具体方法亦有所不同。

第一，裁定维持一审裁定的，先简要论述上诉人不同意一审裁定所认定的不符合起诉条件的理由不能成立,而后再论述一审裁定的理由成立,由此得出应当驳回上诉,维持原裁定的结论。一审裁定以多个不符合起诉条件的理由裁定不予受理或者驳回起诉的,其中有的正确,有的错误。根据《行政诉讼法》及相关司法解释的规定,只要不符合起诉条件的法定条件中的一个,法院均不能受理此案。在说理中应当指出一审裁定存在的问题,同时指出一审裁定不予立案或者驳回起诉符合法律规定。

第二,一审裁定认定上诉人不符合起诉条件的理由错误,因上诉人的起诉不符合法定起诉条件中的任何一个条件的,法院亦不得受理该起诉。上诉人的起诉只有符合全部法定起诉条件的,法院才可以受理。为了减轻当事人的诉累、节省司法资源,还应对上诉人的起诉是否符合法定起诉条件进行审查,只有确认上诉人的起诉符合全部法定起诉条件的,才能得出应当撤销原裁定结论。法院经审查发现不符合其他法定起诉条件的,应当在说理中指出一审裁定的错误,同时指出起诉人的起诉不符合法定起诉条件的具体问题,得出一审裁定不予立案或者驳回起诉的结论没有错误。

3. 依据的法律规范

这两类裁定书的依据有两类:一类是上诉人的起诉是否符合法定起诉条件的 2017 年《行政诉讼法》及相关司法解释的规定,这类规定均在分析上诉人起诉是否符合法定起诉条件中作了引述和论证。这些规定属于其所依据的法律规范条文。另一类是裁定书中所依据的有关裁定方式的法律依据,因这些法律依据无须论述,故在裁定书中写明具体的法律及相关司法解释的条文。具体引用时,应当结合裁判的方式写明,依据裁定所依据 2017 年《行政诉讼法》第 89 条①及 2018 年《行诉解释》第 109 条②的规定。

4. 裁定结果

根据 2017 年《行政诉讼法》第 89 条和 2018 年《行诉解释》第 109 条的规定，以及法院查清的事实，应当视不同情况作出如下裁定：

第一，一审不予立案、驳回起诉行政裁定认定事实清楚、适用法律规范正确的，应当驳回起诉，维持原裁定的，表述为：

驳回起诉，维持原裁定。

第二，一审不予立案行政裁定认定事实或者适用法律规范错误，上诉人起诉符合起诉条件，应当指令予以立案受理的，表述为：

一、撤销××××人民法院（××××）×行初字第××号行政裁定；

二、本案指令××××人民法院予以立案。

第三，一审驳回起诉行政裁定认定事实或者适用法律规范错误，上诉人起诉符合起诉条件，应当继续审理的，表述为：

一、撤销××××人民法院（××××）×行初字第××号行政裁定；

二、本案指令××××人民法院继续审理。

5. 需要注意的问题

撰写准许或者不准许撤回上诉行政裁定书时，需要注意的是，对于二审

---

① 《行政诉讼法》第 89 条规定："人民法院审理上诉案件，按照下列情形，分别处理：（一）原判决、裁定认定事实清楚，适用法律、法规正确的，判决或者裁定驳回上诉，维持原判决、裁定；（二）原判决、裁定认定事实错误或者适用法律、法规错误的，依法改判、撤销或者变更；（三）原判决认定基本事实不清、证据不足的，发回原审人民法院重审，或者查清事实后改判；（四）原判决遗漏当事人或者违法缺席判决等严重违反法定程序的，裁定撤销原判决，发回原审人民法院重审。原审人民法院对发回重审的案件作出判决后，当事人提起上诉的，第二审人民法院不得再次发回重审。人民法院审理上诉案件，需要改变原审判决的，应当同时对被诉行政行为作出判决。"

② 《行诉解释》第 109 条第 1 款规定："第二审人民法院经审理认为原审人民法院不予立案或者驳回起诉的裁定确有错误且当事人的起诉符合起诉条件的，应当裁定撤销原审人民法院的裁定，指令原审人民法院依法立案或者继续审理。"

审理过程中上诉人申请撤回上诉,与原审原告申请撤回起诉基本相同。为避免当事人诉累,提高审判效率,做到案结事了,可以一并作出准许或者不准许撤回上诉、撤回起诉的裁定。

准许撤回上诉和撤回起诉的,表述为:

一、准许上诉人×××撤回上诉;

二、准许原审原告×××撤回起诉;

三、一审判决(裁定)视为撤销。

(三)尾部

这两类行政裁定与二审行政判决书基本相同。

再审案件审理过程中,当事人申请撤回再审申请的,是否准许裁定书,参照此样式撰写。

值得研究的是,二审行政裁定书尾部的格式中,均没有明确是否要写诉讼费用的负担问题。对不服一审行政裁定的上诉案件,上诉人已经预交了一定的上诉案件受理费。笔者认为,二审裁定驳回上诉,维持原裁定的,上诉案件受理费用由上诉人负担;撤销原裁定,应予立案或者发回重审的,则应免收诉讼费用,已预交的案件受理费可以退还上诉人。

三、二审管辖权异议上诉案件行政裁定书

二审管辖权异议上诉案件的行政裁定书,是第二审人民法院收到不服一审管辖权异议行政裁定提起的行政案件后,经审理作出驳回上诉或者撤销原裁定的书面决定。

本裁定书的首部和尾部与二审维持或者撤销一审驳回起诉行政裁定书相同,故不再赘述。

在正文中,首先写明上诉人、被上诉人及原审第三人的请求及理由。因

争议的问题是受诉法院是否具有管辖权，当事人提出的与受诉法院管辖权有关的请求及理由均应简要写明。须注意的是，对当事人提出的与法院管辖权无关的问题，不应写进当事人的请求及理由中。二审法院亦应围绕受诉法院是否具有管辖权的问题进行论述，故应在说理部分简要写明二审驳回上诉或者撤销的事实和理由及法律依据。裁定结果在行文中具体应当表述为：

上诉人×××诉称：……（简要写明请求撤销原管辖权异议行政裁定的上诉请求及理由）。

被上诉人×××辩称：……（概述被上诉人答辩意见及理由）。

本院经审理认为：……（简要写明二审驳回上诉或者撤销原裁定的事实根据和理由）。依照……（写明所依据的法律条款）的规定，裁定如下：……

第一，驳回起诉的，表述为：

驳回起诉，维持原裁定。

第二，撤销原裁定的，表述为：

一、撤销××××人民法院（××××）×行初字第××号行政裁定；

二、本案由××××人民法院管辖。（在本辖区外的写：本案已送××××人民法院处理。）

本裁定书只送达当事人，对于移送辖区以外法院处理的，还应另行使用移送函。

四、准许或不准许撤回上诉行政裁定书

准许或不准许撤回上诉行政裁定书，是指在第二审审理期间，上诉人申请撤回上诉，人民法院经审查后，作出准许或者不准许撤回上诉行政裁定的司法文书。

本裁定的首部与维持或者撤销一审驳回起诉行政裁定相同,此处不再赘述。

(一)正文

1. 当事人请求及理由

撤回上诉是由上诉人提出的,被上诉人不会提出不同意撤回上诉的意见,故在当事人请求及理由部分,只需写明上诉人申请撤回上诉的理由。

2. 简要阐述裁定的理由

2017 年《行政诉讼法》及相关司法解释中没有具体的有关准许或者不准许撤回上诉的规定,但是,《行政诉讼法》第 101 条规定:"人民法院审理行政案件,关于期间、送达、财产保全、开庭审理、调解、中止诉讼、终结诉讼、简易程序、执行等,以及人民检察院对行政案件受理、审理、裁判、执行的监督,本法没有规定的,适用《中华人民共和国民事诉讼法》的相关规定。"《民事诉讼法》第 180 条规定:"第二审人民法院判决宣告前,上诉人申请撤回上诉的,是否准许,由第二审人民法院裁定。"参照《民事诉讼法》第 180 条的规定,确定了两个原则:其一,在二审宣判前,上诉人申请撤回上诉的,法院应予接受,也就意味着,之后申请的,法院不应接受。其二,是否准许撤回上诉,法院须审查。有关审查的内容没有规定。最高人民法院《关于适用〈中华人民共和国民事诉讼法〉的解释》第 335 条规定:"在第二审程序中,当事人申请撤回上诉,人民法院经审查认为一审判决确有错误,或者当事人之间恶意串通损害国家利益、社会公共利益、他人合法权益的,不应准许。"参照该条规定,准许撤回上诉必须同时符合以下四个条件:第一,申请撤回上诉必须是真实的意思。该条件是准许撤回上诉的首要条件。上诉人在被上诉人或者其他人胁迫、欺骗等有悖于原告真实意思情况下申请的撤诉,法院不应准许撤回上诉。第二,一审判决确有错误的,不准许撤回上诉。一审判决有轻微违法但未造成上诉人的合法权益较大损害的，为及时化解行政纠纷，达到定分止争的效果，可以裁定准许撤诉。第三，撤回上诉不损害国家利益、公共利益或他人的合法权益。第四，因撤回上诉会涉及第三人的合法权益，故有第三人的，还须经第三人同意。因此，符合上述条件的，法院才可作出准许撤回上诉行政裁定。准许撤诉的，因当事人无异议，凡发现不符合上述四个条件中的任何一个条件的，均应当裁定不准许撤回上诉。此类裁定应从这四个方面简要阐述裁定理由。不准许撤回上诉的，简要阐述上诉人不符合其中一个条件即可，无须对上述四个条件一一予以阐明。

3. 所依据的法律规范

在受理和审查的依据上，应当写明依照2017年《行政诉讼法》第101条并参照《民事诉讼法》第180条规定，在裁定结果的依据上，应当写明依据《行政诉讼法》第89条第1款第×项的规定。

4. 裁定结果

裁定结果为："准许或者不准许撤回上诉。"

（二）正文的表述

在行文中，正文具体表述为：

在本院审理过程中，上诉人×××以……（简要写明申请撤回上诉的理由）为由，向本院申请撤回上诉。

本院经审理认为：……（简要写明准许或者不准许撤回上诉的理由）。依照……（写明所依据的法律条款）的规定，裁定如下：……

裁定结果的表述，可分两种情况：

第一，准许撤回上诉的，表述为：

准许上诉人×××撤回上诉，双方当事人按照原判决执行。

第二,不准许撤诉的,表述为:

不准许×××撤回上诉,本案继续审理。

(三)尾部

有关诉讼费用的问题,准许撤销上诉的,写明诉讼费用由谁承担;不准许撤回上诉的,此项不必写;次写裁定效力,准许撤回上诉的,写“本裁定为终审裁定”,不准许撤回上诉的,不必写。尾部其他事项与二审行政判决相同。

五、二审撤销一审判决迳行驳回起诉行政裁定书

二审撤销一审判决迳行驳回起诉行政裁定书,是指第二审人民法院在收到当事人不服一审行政判决提起上诉的行政案件,按照第二审程序审理后,认为不应当立案受理,决定撤销原实体判决,迳行驳回起诉的书面决定。

本裁定的首部和尾部与二审维持或者撤销一审驳回起诉的行政裁定相同,故不再赘述。正文部分与其他行政裁定有较大的差异,故对此部分作重点论述。

(一)当事人的请求及理由

在这类行政裁定中,原审被告对一审行政判决不服,提出的上诉中,会对原法院受理本案提出异议,被上诉人(原审原告)会对该意见提出反驳。因原审法院受理该案是否正确,是本案的争议焦点,故应突出上诉人与被上诉有关法院应否受理本案的请求及理由,上诉人与被上诉人提出的其他请求及理由应当放在次之,简单阐述或者一笔带过。

如果各方诉讼当事人在上诉状中或者答辩中,对原审法院受理问题均未提出异议,法院在审理过程中,发现原审法院受理本案存在问题的,应当

在庭审或者询问中，就此问题询问各方诉讼当事人，他们各自在庭审或者询问中对此问题的意见及理由可以写入他们各自的请求及理由中。

（二）简要阐述裁定理由

正因本裁定的争议焦点问题是原审原告起诉是否符合法定的起诉条件。因此，法院阐述裁定的理由，应当是简要阐述原审原告的起诉不符合法定起诉条件，对于诉讼当事人提出的其他请求及理由，可以采取与本裁定的内容无关一笔带过。《行政诉讼法》规定了起诉条件，但只要不符合其中一个法定条件的，即可裁定驳回起诉。因此，在说理部分，只简要论述原审原告的起诉不符合法定起诉条件的问题，即将不符合法定起诉条件的事实和理由简要阐述，如果当事人提出原审原告起诉有多个不符合法定起诉条件的问题，对拿得准的，简要论述；对拿不准的，不要论述。

（三）依据的法律规范

裁定原审原告的起诉不符合法定条件的，应当在论证中适用《行政诉讼法》及司法解释的相关条文。例如，被上诉人（原审原告）不服某单位开除其公职的行为向法院提起行政诉讼。原审法院作出判决后，上诉人（原审被告）提出上诉。二审法院经审理，发现被上诉人所在单位属于事业单位，其属于按照公务员管理人员。2017 年《行政诉讼法》第 13 条第 3 项规定，公民、法人或者其他组织对“行政机关对行政机关工作人员的奖惩、任免等决定”提起诉讼的，人民法院不得受理。2018 年《行诉解释》第 2 条第 3 款规定：“行政诉讼法第十三条第三项规定‘对行政机关工作人员的奖惩、任免等决定’，是指行政机关作出的涉及行政机关工作人员公务员权利义务的决定。”据此，裁定中认定上诉人的起诉不符合法定起诉条件的，应当引用《行政诉讼法》第 13 条第 3 项及 2018 年《行诉解释》第 2 条第 3 款。

2018 年《行诉解释》第 123 条第 1 项规定:“第一审人民法院作出实体判决后,第二审人民法院认为不应当立案的,在撤销第一审人民法院判决的同时,可以迳行驳回起诉。”裁定依据应当引用《行诉解释》第 123 条第 1 项。

(四)裁定结果

二审裁定的结果为:“撤销一审判决迳行驳回起诉。”

(五)正文的表述

在行文中,正文的具体表述为:

上诉人×××诉称:……(简要写明上诉请求及理由)。

被上诉人×××辩称:……(概述被上诉人答辩意见及理由)。

本院经审理认为:……(简要写明原审原告的起诉不符合法定起诉条件的事实根据和理由)。依照……(写明所依据的法律条款)的规定,裁定如下:

一、撤销×××人民法院(××××)×行初字第×号行政裁定;

二、驳回×××的起诉。

六、发回重审行政裁定书

发回重审行政裁定书,是指第二审人民法院在收到当事人不服一审行政判决提起上诉的行政案件,按照第二审程序审理后,认为原判决认定基本事实不清、证据不足,严重违反法定程序,决定撤销原判决,发回原审人民法院重新审理的书面决定。

本裁定书的首部和尾部与二审维持或者撤销一审驳回起诉行政裁定相同,故不再赘述。正文部分与其他行政裁定有较大的差异,故对此部分作重点论述。

正文由当事人请求及理由、简要阐述裁定理由、所依据的法律规范条文和裁定结果所构成。

(一)当事人请求及理由

本类案件上诉人的上诉理由中一般都会提到原审行政判决认定事实不清的问题,同时还会提到一些其他问题。因裁定是以原审判决认定事实不清、原审判遗漏第三人、严重违反法定程序发回重审的。故重点应当放在有关这三个问题上,其他问题可提到,但不必花费过多笔墨。

其他当事人的辩称及理由,亦应重点放在原审判决认定事实不清、原审判遗漏第三人、严重违反法定程序等三个问题上,其他问题可以简要谈谈或者一带而过。

(二)简要阐述裁定理由

根据2017年《行政诉讼法》第89条第1款第3项、第4项的规定,原审判决存在以下两种情况,应当裁定撤销原判决,发回原审人民法院重审:

1. 认定基本事实不清、证据不足的

因行政审判是审查被诉行政行为的合法性及行政赔偿问题。也就是说,裁定以原判决认定基本事实不清、证据不足为由,撤销原审判决,发回重审的,简述裁定的理由,应就原审判决对被诉行政行为作出行政行为的行政主体资格、行政程序、认定的事实、适用法律是否正确、是否有滥用职权或者明显不当、未履行法定职责或者义务等六个方面中的一个方面或者几个方面的问题,存在认定事实不清、证据不足的问题简要阐述;有关行政赔偿的,应当围绕原判决认定被诉行政行为与损害结果之间的因果关系、原告的实际损害程度及损害价值认定事实不清、证据不足的问题,作出简要的阐述。

2. 严重违反法定程序的

严重违反法定程序主要有以下四种情形:

(1)原判决遗漏当事人。行政诉讼当事人是由原告、被告和第三人构成。原告是提起诉讼的一方当事人,被告是原告控告的一方当事人,基于正当程序原则,遗漏原告、被告中任何一方的当事人,诉讼当难以作出公平公正的裁判。换言之,原告、被告均属于必须参加诉讼的当事人。第三人与被诉行政行为或者判决结果之间具有利害关系。法院裁判对第三人权益直接产生不利影响的,这些人若未被通知参加诉讼,会对其合法权益造成损害,因此,这类第三人属于必须参加诉讼的第三人。遗漏必要参加诉讼的第三人,亦属于严重违反法定程序的性质。倘若原审判决的处理结果与第三人权益没有必然直接利害关系的,则不属于必要参加诉讼第三人,原审未通知其参加诉讼,对判决的公平性不产生影响,则不构成严重违反法定程序。2017 年《行政诉讼法》第 29 条第 2 款规定:“人民法院判决第三人承担义务或者减损第三人权益的,第三人有权依法提起上诉。”根据该规定,法院判决未要求第三人承担义务或者减损第三人权益的,不具有上诉权。也就意味着,此类第三人不属于必须参加诉讼的第三人。据此,2018 年《行诉解释》第 109 条第 3 款对《行政诉讼法》第 29 条和第 89 条第 1 款第 4 项进一步明确规定,原审判决遗漏了必须参加诉讼的当事人,第二审人民法院应当裁定撤销原审判决,发回重审。因此,在本裁定说理部分,应当简要阐述清楚原判决遗漏当事人的事实及理由。

(2)原判决遗漏诉讼请求的。诉讼请求是原告起诉所要达到的具体目的。根据 2018 年《行诉解释》第 68 条第 1 款的规定,具体的诉讼请求有:请求判决撤销或者变更行政行为、行政机关履行特定法定职责或者给付义务、确认行政行为违法、确认行政行为无效、行政机关予以赔偿或者补偿、解决行政协议争议、一并审查规章以下规范性文件、请求一并解决相关民事争议和其他诉讼请求等九项。这九项诉讼请求中有关赔偿、一并解决相关民事争议之诉实际上是两个案件的合并审理之诉。原告在提起行政诉讼中,可以提出多项诉讼请求。法院审理行政案件,是对被诉行政行为合法性的全面审查,不受原告诉讼请求的限制。原告提出多项请求,除合并审理之诉外,如果只对被诉行政行为合法性进行了全面审查,并依审查结果作出判决的,均不会遗漏原告的诉讼请求。但仅审查原告的诉讼请求,未对合法性进行全面审查,才有可能出现遗漏诉讼请求的问题,有可能导致对被诉行政行为合法性的判断错误,属于严重违反法定程序的性质,故应判决撤销原判决,发回重审。以遗漏诉讼请求为由,裁定撤销原判决,发回重审的,应当对遗漏当事人的事实及理由,作出简要阐述。

但需注意以下两个问题:

其一,原告诉讼请求中一并提出行政赔偿,两个案件合并审理,对赔偿请求未进行审理的,如果原审判决驳回原告诉讼请求,意味着被诉行政行为合法,不存在行政赔偿问题,不宜认定遗漏诉讼请求。如果判决撤销、变更被诉行政行为,或者确认被诉行政行为违法,未对行政赔偿问题作出判决,属于遗漏诉讼请求。因被诉行政行为已作出判决,故只需就行政赔偿部分发回重审。

其二,原告诉讼请求中一并提出解决相关民事争议的,如果遗漏民事争议的诉讼请求,应区分民事争议是否属于行政争议的基础事实,如果民事争议属于行政争议的基础事实,遗漏民事争议的请求,也就意味着,被诉行政行为的合法性问题没有查清,故应当撤销原判决,发回重审。如果行政争议是民事争议的基础事实,原审未审民事争议,不影响被诉行政行为的合法性审查,故只需将民事争议部分发回重审。

(3)原判决违法缺席判决。在原审诉讼程序中,因原审法院违反行政诉讼法的规定,致使应当出庭参加诉讼的当事人缺席判决,是剥夺其陈述和辩论的权利,从而会导致判决认定案件事实和适用法律错误,有悖程序正当性原则,属于严重违反法定程序,为保障审判的公正性,应当判决撤销原判决,发回重审。以原判决违法缺席判决为由,裁定发回重审的,应简要阐述违法缺席判决的事实及理由。

(4)其他严重违反法定程序的。其他严重违反法定程序,是指除上述三种情形之外,严重违反法定程序的行为。具体表现有以下三种:一是审理本案中,应当回避的审判人员、书记员没有回避;二是依法应当开庭或者公开审理的,而没有开庭审理或者公开审理即作出判决;三是对与本案有关联的诉讼请求未予裁判等。作出有关其他严重违反法定程序,发回重审的裁定,该裁定应当围绕严重违反法定程序的行为简要论述其违法性质及理由。

(三)所依据的法律规范

以“原审认定基本事实不清、证据不足”为由,裁定发回重审的,应当引用《行政诉讼法》第 89 条第 1 款第 4 项的规定;以“严重违反法定程序”为由,裁定发回重审的,应当引用《行政诉讼法》第 89 条第 1 款第 4 项的规定。其中以“遗漏必要诉讼参加人”或者“遗漏诉讼请求”为由的,还须引用《行诉解释》第 109 条第 3 款的规定。以就“行政赔偿部分”发回重审的,还须引用《行诉解释》第 109 条第 4 款的规定。

(四)正文的表述

发回重审的,正文表述为:

上诉人×××诉称:……(简要写明上诉请求及理由)。

被上诉人×××辩称:……(概述被上诉人答辩意见及理由)。

本院认为:……(写明发回重审的理由)。依照《中华人民共和国行政诉讼法》第八十九条第一款第(三)项或者第(四)项(以遗漏当事人或者诉讼请求为由的,还需写明《最高人民法院关于适用〈中华人民共和国行政诉讼法〉的解释》第一百零九条第三款;发回行政赔偿部分重新审理的,应写

明《最高人民法院关于适用〈中华人民共和国行政诉讼法〉的解释》第一百零九条第四款)的规定,裁定如下:

一、撤销×××人民法院(××××)×行初字第×号行政判决;

二、发回×××人民法院重审。

第二节　再审行政裁定书

再审行政裁定书,是人民法院作出的行政判决、行政裁定或者调解书发生法律效力后,因当事人不服申请再审或者上级人民检察院抗诉或者上级人民法院、本院,依据法定程序作出再审或者驳回当事人申请的书面决定。

根据2017年《行政诉讼法》第91条、第92条、第93条第1款①的规定,当事人的申请或者本院、上级人民法院、最高人民检察院或者上级检察院发现,有下列情形之一的,人民法院应当启动再审:(1)不予立案或者驳回起诉确有错误的;(2)有新的证据,足以推翻原判决、裁定的;(3)原判决、裁定

---

① 《行政诉讼法》第91条规定:"当事人的申请符合下列情形之一的,人民法院应当再审:(一)不予立案或者驳回起诉确有错误的;(二)有新的证据,足以推翻原判决、裁定的;(三)原判决、裁定认定事实的主要证据不足、未经质证或者系伪造的;(四)原判决、裁定适用法律、法规确有错误的;(五)违反法律规定的诉讼程序,可能影响公正审判的;(六)原判决、裁定遗漏诉讼请求的;(七)据以作出原判决、裁定的法律文书被撤销或者变更的;(八)审判人员在审理该案件时有贪污受贿、徇私舞弊、枉法裁判行为的。"第92条规定:"各级人民法院院长对本院已经发生法律效力的判决、裁定,发现有本法第九十一条规定情形之一,或者发现调解违反自愿原则或者调解书内容违法,认为需要再审的,应当提交审判委员会讨论决定。最高人民法院对地方各级人民法院已经发生法律效力的判决、裁定,上级人民法院对下级人民法院已经发生法律效力的判决、裁定,发现有本法第九十一条规定情形之一,或者发现调解违反自愿原则或者调解书内容违法的,有权提审或者指令下级人民法院再审。"第93条第1款规定:"最高人民检察院对各级人民法院已经发生法律效力的判决、裁定,上级人民检察院对下级人民法院已经发生法律效力的判决、裁定,发现有本法第九十一条规定情形之一,或者发现调解书损害国家利益、社会公共利益的,应当提出抗诉。"

认定事实的主要证据不足、未经质证或者系伪造的;(4)原判决、裁定适用法律、法规确有错误的;(5)违反法律规定的诉讼程序,可能影响公正审判的;(6)原判决、裁定遗漏诉讼请求的;(7)据以作出原判决、裁定的法律文书被撤销或者变更的;(8)审判人员在审理该案件时有贪污受贿、徇私舞弊、枉法裁判行为的。此外,调解违反自愿原则或者调解书内容违法的,亦可以启动再审程序。

再审行政裁定书的种类有:依申请再审、依职权再审和依抗诉再审等三类再审行政裁定书。

再审行政裁定书分为首部、正文和尾部。再审行政裁定书称谓为行政裁定书。各类再审行政裁定涉及的内容有较大差异,故制作的内容与写法亦有不同。

一、依申请再审行政裁定书

依申请再审行政裁定书,是指当事人不服人民法院作出的行政判决、行政裁定发生法律效力,向上级人民法院申请再审或者提出抗诉,上级人民法院经审查,决定驳回再审申请或者决定提审作出的书面决定。

本行政裁定书由首部、正文和尾部组成。

(一)首部

1. 文书名称和当事人

先依次写明文书标题、案号和诉讼当事人等基本情况。

本行政裁定书的案号均为:"(××××)×行申字第××号。"

因由当事人不服已发生法律效力行政判决、行政裁定而申请再审的,故当事人的称谓亦发生变化。申请再审者称谓为"再审申请人",与其诉讼相对立者称谓为"被申请人"。再审申请人和被申请人均须用括号标注原审诉讼地位。对原审裁判未申请再审的第三人，称为“原审第三人”。当事人的基本情况的写法与再审行政判决书的写法相同。

具体表述为：

再审申请人（写明原审的诉讼地位）×××，……（写明上诉人的基本情况）。

被申请人（写明原审被告）×××，……（写明上诉人的基本情况）。

原审第三人×××，……（写明其基本情况）。

2. 案件由来

本行政裁定书的案件由来部分应写明案件的名称、不服的行政裁判等内容。

在行文中，具体表述为：

再审申请人×××因×××诉×××……（写明案由）一案，不服×××人民法院××××年××月××日作出（××××）×行终字第××号行政判决（裁定或者调解书），于××××年××月××日向本院申请再审。本院依法组成合议庭对本案进行了审查，现已审查终结。

（二）正文

正文由再审请求及理由和辩称的理由、简要阐述裁定理由、所依据的法律规范条文和裁定结果所构成。

1. 再审请求及理由和辩称理由

本行政裁定案件中，再审申请人在再审申请中，均会请求撤销或者变更原裁判。再审申请人会以原审行政判决或者行政裁定认定事实不清、适用法律错误或者严重违反法定程序等作为理由提出。被申请人一般会认为原判决或裁定正确，维持原裁判。理由会针对再审申请人提出的问题进行反驳、否认。可能也会以再审申请人提出再审申请时超过法定申请期限，请求驳回再审申请人的申请。在撰写当事人申请再审的理由时,应当将当事人所提出的再审申请的理由,对照2017年《行政诉讼法》第91条规定,当事人的申请理由中,符合该条规定应当再审的八种情形之一的事实,简要写入再审申请人的理由中。不符合再审条件的理由可以略过。撰写被申请人辩称理由,应针对再审申诉人提出符合再审的具体条件的问题,所作出的反驳或者否认简要论述。提出超过再审申请期限的,亦应写入被申请人的理由中。原审第三人有意见的,就简要概括其意见及理由,无意见的,可以不写。

2. 简要阐述裁定理由

裁定理由部分应对两个方面进行论述,一是当事人是否在法定期限内提出再审申请。最高人民法院参照《民事诉讼法》第211条和第216条①的规定,在2018年《行诉解释》第110条②中对申请再审期限问题作出明确的规定。根据该条规定,申请再审期限为6个月,申请再审期限从判决、裁定或者调解书发生法律效力之日开始计算。当事人有新的证据,足以

① 《民事诉讼法》第211条规定:"当事人的申请符合下列情形之一的,人民法院应当再审:(一)有新的证据,足以推翻原判决、裁定的;(二)原判决、裁定认定的基本事实缺乏证据证明的;(三)原判决、裁定认定事实的主要证据是伪造的;(四)原判决、裁定认定事实的主要证据未经质证的;(五)对审理案件需要的主要证据,当事人因客观原因不能自行收集,书面申请人民法院调查收集,人民法院未调查收集的;(六)原判决、裁定适用法律确有错误的;(七)审判组织的组成不合法或者依法应当回避的审判人员没有回避的;(八)无诉讼行为能力人未经法定代理人代为诉讼或者应当参加诉讼的当事人,因不能归责于本人或者其诉讼代理人的事由,未参加诉讼的;(九)违反法律规定,剥夺当事人辩论权利的;(十)未经传票传唤,缺席判决的;(十一)原判决、裁定遗漏或者超出诉讼请求的;(十二)据以作出原判决、裁定的法律文书被撤销或者变更的;(十三)审判人员审理该案件时有贪污受贿,徇私舞弊,枉法裁判行为的。"第216条规定:"当事人申请再审,应当在判决、裁定发生法律效力后六个月内提出;有本法第二百一十一条第一项、第三项、第十二项、第十三项规定情形的,自知道或者应当知道之日起六个月内提出。"

② 《行诉解释》第110条规定:"当事人向上一级人民法院申请再审,应当在判决、裁定或者调解书发生法律效力后六个月内提出。有下列情形之一的,自知道或者应当知道之日起六个月内提出:(一)有新的证据,足以推翻原判决、裁定的;(二)原判决、裁定认定事实的主要证据是伪造的;(三)据以作出原判决、裁定的法律文书被撤销或者变更的;(四)审判人员审理该案件时有贪污受贿、徇私舞弊、枉法裁判行为的。"

推翻原判决、裁定的；原判决、裁定认定事实的主要证据是伪造的；据以作出原判决、裁定的法律文书被撤销或者变更的；审判人员审理该案件时有贪污受贿、徇私舞弊、枉法裁判行为等四种情形之一的，申请再审期限自知道或者应当知道之日起开始计算。在本行政裁定中，需写明申请人是否在申请再审期限内，向法院申请再审。二是写明审查再审申诉人提出符合再审申请条件的理由是否成立，即是否符合《行政诉讼法》第 91 条规定的应当再审的八种情形之一的，并简要地进行论证。再审申请理由成立并符合再审的八种情形之一的，应当决定再审，根据《行政诉讼法》第 92 条第 1 款的规定，调解违反自愿原则或者调解书内容违法，亦应裁定再审。不符合应当再审条件的，应裁定驳回再审申请。与应当再审的八种情形无关的问题，一笔带过。

需要注意，当事人双方申请再审一方主张的再审事由成立，另一方主张的再审事由不成立的，本裁定书仅写明一方的再审申请符合法律规定的情形，对于另一方再审申请是否成立不必表态。

3. 所依据的法律规范条文和裁定结果

再审申请人超过申请再审期限提出再审申请的，应当依据 2018 年《行诉解释》第 110 条和第 116 条①第 2 款的规定，裁定驳回再审申请。

法院受理再审申请后，经审查认定，超出法定再审事由范围等不符合行政诉讼法和本解释规定的申请再审条件的，应当依据 2017 年《行政诉讼法》第 91 条及 2018 年《行诉解释》第 116 条第 2 款的规定，裁定驳回再审申请。

法院受理再审申请后，经审查认定，认定符合行政诉讼法和本解释规定

---

① 《行诉解释》第 116 条规定："当事人主张的再审事由成立，且符合行政诉讼法和本解释规定的申请再审条件的，人民法院应当裁定再审。当事人主张的再审事由不成立，或者当事人申请再审超过法定申请再审期限、超出法定再审事由范围等不符合行政诉讼法和本解释规定的申请再审条件的，人民法院应当裁定驳回再审申请。"

的申请再审条件的,应当依据 2017 年《行政诉讼法》第 91 条及 2018 年《行诉解释》第 116 条第 1 款的规定,裁定再审。

在再审中,出现涉及终结再审程序的,须依据 2018 年《行诉解释》第 121 条中的相关规定,作出相关决定。

(三)正文的表述

裁定驳回再审申请的,正文可表述为:

×××(再审申请人)申请再审称,……(概括申请再审的事实与理由)。

×××(被申请人)提交意见称,……(被申请人未提交书面或口头意见的,不写)。

超过再审期限的,表述为:

本院经审查查明,……(原行政判决或者裁定或者调解书于××××年××月××日发生法律效力,再审申请人×××于××××年××月××日向本院提出再审申请),再审申请人超过法定期限提出申请,依据《中华人民共和国行政诉讼法》第一百零一条和《中华人民共和国民事诉讼法》第二百一十六条及《最高人民法院关于适用〈中华人民共和国行政诉讼法〉的解释》第一百一十六条第二款的规定,裁定如下:

驳回×××的再审申请。

需注意,有特殊计算申请再审期限的,应当写明特殊事由及计算申请再审期限的方式。

不符合再审法定条件的,表述为:

本院认为,……(写明法院驳回的理由)。

综上,×××的再审申请不符合《中华人民共和国行政诉讼法》第九十一条规定提起再审的情形。依照《最高人民法院关于适用〈中华人民共和国行政诉讼法〉的解释》第一百一十六条第二款的规定,裁定如下:驳回×

××的再审申请。

符合再审法定条件的，表述为：

本院认为，……（写明提起再审的理由）。符合《中华人民共和国行政诉讼法》第九十一条第（×）项规定再审的情形。依照《最高人民法院关于适用〈中华人民共和国行政诉讼法〉的解释》第一百一十六条第一款的规定，裁定如下：

……（写明裁定的结果）。

"裁定结果"部分分为三种情况：

第一，一般情形，写：

一、本案由本院提审；

二、再审期间，中止原判决（裁定或调解书）的执行。

第二，该案为支付抚恤金、最低生活保障待遇或者社会保险待遇案件，人民法院经审查认为可以不中止执行的，提审裁定主文第二项写：

二、再审期间，不中止原判决（裁定或调解书）的执行。

第三，原生效裁判没有实际执行内容的，如"驳回起诉""驳回诉讼请求"等，只写"本案由本院提审"，主文第二项不予表述。指令再审裁定和本院再审裁定亦同。

（四）裁定按撤回再审申请处理的说理和裁定结果的写法问题

根据 2018 年《行诉解释》第 121 条第 1 款第 1 项和第 2 款的规定[①]，再

---

① 《行诉解释》第 121 条第 1 款、第 2 款规定："再审审理期间，有下列情形之一的，裁定终结再审程序：（一）再审申请人在再审期间撤回再审请求，人民法院准许的；（二）再审申请人经传票传唤，无正当理由拒不到庭的，或者未经法庭许可中途退庭，按撤回再审请求处理的；（三）人民检察院撤回抗诉的；（四）其他应当终结再审程序的情形。""因人民检察院提出抗诉裁定再审的案件，申请抗诉的当事人有前款规定的情形，且不损害国家利益、社会公共利益或者他人合法权益的，人民法院裁定终结再审程序。"

审审理期间,再审申请人在再审期间撤回再审请求,人民法院经审查,申请撤回再审请求是再审申请人的真实意思表示,且不损害国家利益、社会公共利益或者他人合法权益的,人民法院裁定终结再审程序。不符合的,不准许撤回再审请求。凡有再审申请人撤回再审请求的,无论准许,还是不准许,均须简要阐述准许或者不准许的理由。根据 2018 年《行诉解释》第 121 条第 1 款第 2 项的规定,再审申请人经传票传唤,无正当理由拒不到庭的,或者未经法庭许可中途退庭,按撤回再审请求处理的。因此种情况作出终结诉讼的,说明应写明上述情况,依据该条的规定终结诉讼。根据 2018 年《行诉解释》第 121 条第 1 款第 4 项规定,其他应当终结程序主要有两种情形:一种是在再审程序中,再审申请人死亡没有近亲属或者放弃诉讼权利的。另一种是在再审审理中,当事人达成和解协议且已履行完毕的。这两种情形终结再审程序的,在正文说理中,说明这一情况,依据该项的规定终结再审程序。

1. 因申请撤回再审请求终结再审程序的写法

因再审申请人申请撤回再审请求终结再审的,具体表述为:

在再审程序中,再审申请人申请撤回再审请求,本院经审查认为,其申请撤回再审请求是其真实意思表示,符合法律规定且不损害国家利益、社会公共利益或者他人合法权益,依据《最高人民法院关于适用〈中华人民共和国行政诉讼法〉的解释》第一百二十一条第一款第(一)项的规定,裁定如下:

准许再审申请人×××撤回再审请求,终结本案再审程序。

2. 因法定原因按照撤回再审处理终结再审程序的写法

因再审申请人经传票传唤,无正当理由拒不到庭的,或者未经法庭许可中途退庭,或者当事人在再审程序中达成调解协议且执行完毕的,按撤回再审请求处理的,表述为:

本院在审理期间,……(写明,再审申请人经传票传唤,无正当理由拒不到庭的，或者未经法庭许可中途退庭，或者在再审审理中，当事人达成和解协议且已履行完毕），依据《最高人民法院关于适用〈中华人民共和国行政诉讼法〉的解释》第一百二十一条第一款第（二）项的规定，裁定本案终结再审程序。

（五）尾部

本行政裁定书的尾部只写审判长、合议庭其他组成人员的姓名、作出的年、月、日（院印及书记员姓名）。具体写法与一审不予立案行政裁定书写法相同。

二、依职权再审行政裁定书

依职权再审行政裁定书，是指上级人民法院或者本院或者上级人民检察院，发现下级人民法院（或本院）作出的已发生法律效力的行政判决、裁定或调解书，可能存在依法应当再审的情形决定再审的书面司法文书。

本行政裁定书与依申请再审行政裁定书在首部与正文部分有很多的不同点，尾部完全相同。

（一）首部

本行政裁定是人民法院根据 2017 年《行政诉讼法》第 92 条的规定，通过审判监督程序启动再审程序，因此，这部分与依申请再审行政裁定书有两点不同：一是案号不同。依申请再审行政裁定书的案号是“（××××）×行申字第××号”；本行政裁定书的案号是“（××××）×行监字第××号”。二是因再审程序是人民法院启动的，没有当事人申请再审的情况，无须写当事人及其基本情况，无须写案件的由来。

(二)正文

人民法院因为发现下级人民法院或者本院已发生法律效力的行政判决、裁定或者调解书,可能存在2017年《行政诉讼法》第91条规定的应当再审的八种情形之一或者调解违反自愿原则或者调解书内容违法,而决定启动再审程序。因此,在简要阐述裁定理由前,要先写明案件名称,而后简要写明原判决、裁定或者调解书可能存在应当再审的条件决定再审的理由。

依职权启动再审有本院启动、上级人民法院或者上级人民检察院启动两种形式,因启动的机关不同,所适用的法律条文、程序有所不同。

本院启动的再审程序,依据2017年《行政诉讼法》第91条和第92条第1款的规定,启动再审须由本院院长提出,审判委员会讨论通过。上级人民法院启动再审程序的,依据2017年《行政诉讼法》第91条和第92条第2款的规定,上级人民法院启动再审程序的,可以不由本院院长提出,不经审判委员讨论通过。正因启动依据和程序不同,所以写法上有所区别,但裁定结果与依申请再审行政裁定相同。

(三)正文的写法

1. 本院启动再审程序的写法

本院启动再审程序的,正文具体表述为:

原告×××诉被告×××……(写明案由),本院已于××××年××月××日作出(××××)×行×字××号行政判决(裁定或调解书),该判决(裁定或调解书)已发生法律效力。在(简要写明发现途径)中,本院发现……(简要写明发现的原生效裁判存在的可能违法情形)。本案经本院院长提交审判委员会讨论认为,……(简要写明本案应当提起再审的理由)。依照《中华人民共和国行政诉讼法》第九十二条第一款的规定,裁定如下:

……（写明裁定结果）。

决定由本院再审的，表述为“本案由本院另行组成合议庭进行再审”，其他裁定结果事项与依申请再审行政裁定书的裁定结果写法相同。

2. 上级人民法院的写法

上级人民法院启动再审程序的，正文具体表述为：

原告×××诉被告×××……（写明案由）一案，××××人民法院已于××××年××月××日作出（××××）×行×字××号行政判决（裁定或调解书），该判决（裁定或调解书）已发生法律效力。在……（简要写明发现途径）中，本院（或上级人民检察院）发现……（简要写明发现的问题）。本院依法组成合议庭对本案进行审查，现已审查终结。

本院认为……（简要写明提起再审的事实、法律、程序等理由）。经本院审判委员会讨论（未经审判委员会讨论的不写此项），依照《中华人民共和国行政诉讼法》第九十二条第二款的规定，裁定如下：

……（写明裁定的结果）。

因裁定结果及尾部与依申请再审行政裁定书相同，故不再赘述。

三、依抗诉再审行政裁定书

依抗诉再审行政裁定书，是指最高人民检察院发现各级人民法院或者上级人民检察院发现下级人民法院作出的已发生法律效力的行政判决、裁定或调解书，可能存在依法应当再审的情形，向同级人民法院提出抗诉，受诉人民法院决定再审的书面司法文书。

本行政裁定是人民检察院依据2017年《行政诉讼法》第93条第1款的规定，发现提出抗诉人民法院作出的已发生法律效力的行政判决、裁定或调解书，可能存在依法应当再审的情形，向同级人民法院提出抗诉而启动再审程序，与依职权再审行政裁定书的名称、案号相同，本裁定书名称为行政裁

定书,案号为(××××)行监字第××号。在制作内容和写法上相对略有不同,尾部相同。正文在行文中,具体表述如下:

原告×××诉被告×××(写明案由)一案,本院于××××年××月××日作出(××××)×行×字第××号行政判决(或裁定或调解书),已经发生法律效力。××××年××月××日××××人民检察院向本院提出抗诉,本院决定对本案进行再审。依照……(写明裁定所依据的法律条款项)的规定,裁定如下:……

裁定结果与依职权再审行政裁定书裁定结果写法相同。

第三节 非诉行政裁定书

非诉行政裁定书,是指行政主体作出行政行为后,行政相对人未履行行政行为所确定的义务,行政主体或者利害关系人申请人民法院强制执行,人民法院经审查决定不受理非诉执行、准许或不准许强制执行和上级法院复议非诉执行裁定作出的书面司法文书。

非诉行政裁定书与其他行政裁定书最大的不同点是,对行政主体作出的行政行为未提起诉讼,行政主体申请人民法院强制执行法律行政行为,属于非诉性质,故在受理、审查等程序问题上,与其他行政裁定有很大的差异,制作内容和写法上有许多不同点,故须专门论述。

非诉行政裁定书分为不予受理非诉执行申请、准许或者不准许强制执行和非诉复议等三种类型的行政裁定书。

一、不予受理非诉执行申请行政裁定书

不予受理非诉执行行政裁定书,是指行政主体向人民法院申请执行其

作出的行政行为，人民法院经审查，认为不符合法定申请强制执行条件，决定不予受理该申请的书面司法文书。

本裁定书亦是由首部、正文和尾部组成。

（一）首部

首部仍由文书名称和案号、当事人、案件由来组成。

1. 文书名称和案号

不予受理非诉执行行政裁定书的名称仍为“行政裁定书”；因裁定是有关非诉执行方面的事项，故案号为“（××××）×行非执字第××号”。

2. 当事人

因本裁定是对行政主体申请执行其作出的行政行为，法院经审查认为，申请执行不符合法定条件，决定不予受理，没有进入执行程序，故只有申请执行人，没有被申请执行人。当事人的表述如下：

申请执行人×××，……（写明行政主体名称和所在地址）。

法定代表人×××，……（写明姓名、职务）。

委托代理人×××，……（写明姓名等基本情况）。

3. 案件由来

案件由来部分应写明，本院何时接到行政主体的强制执行申请书和申请强制的事由。具体表述如下：

××××年××月××日，本院收到×××的强制执行申请书……（写明申请强制执行的事由）。

（二）正文

1. 不予受理非诉执行申请的条件

最高人民法院依据 2017 年《行政诉讼法》《行政强制法》的规定，在

2018 年《行诉解释》第 155 条[①]第 1 款中规定,行政主体申请强制执行其作出的行政行为,必须同时符合下列七个条件的,人民法院才应受理,不符合其中任何一个条件的,均应当裁定不予受理。

(1)行政行为依法可以由人民法院执行

根据 2017 年《行政诉讼法》第 97 条[②]的规定,行政主体作出的行政行为,可以申请人民法院强制执行,也可以由行政机关执行。根据我国现行法律的规定,行政行为的执行模式有三种:一是行政主体作出的行政行为由其自己执行;二是行政主体作出的行政行为,可以自己强制执行,也可以申请法院强制执行;三是行政主体作出的行政行为,自己没有强制执行权,只能申请人民法院强制执行。第一种模式的,依法不属于人民法院负责执行,故不能申请人民法院强制执行;后两种模式的,依法可以由人民法院执行,可以申请人民法院强制执行。

(2)行政行为已经生效并具有可执行内容

根据 2017 年《行政诉讼法》第 97 条和《行政强制法》第 53 条[③]的规定,

---

① 《行诉解释》第 155 条规定:"行政机关根据行政诉讼法第九十七条的规定申请执行其行政行为,应当具备以下条件:(一)行政行为依法可以由人民法院执行;(二)行政行为已经生效并具有可执行内容;(三)申请人是作出该行政行为的行政机关或者法律、法规、规章授权的组织;(四)被申请人是该行政行为所确定的义务人;(五)被申请人在行政行为确定的期限内或者行政机关催告期限内未履行义务;(六)申请人在法定期限内提出申请;(七)被申请执行的行政案件属于受理执行申请的人民法院管辖。行政机关申请人民法院执行,应当提交行政强制法第五十五条规定的相关材料。人民法院对符合条件的申请,应当在五日内立案受理,并通知申请人;对不符合条件的申请,应当裁定不予受理。行政机关对不予受理裁定有异议,在十五日内向上一级人民法院申请复议的,上一级人民法院应当在收到复议申请之日起十五日内作出裁定。"

② 《行政诉讼法》第 97 条规定:"公民、法人或者其他组织对行政行为在法定期限内不提起诉讼又不履行的,行政机关可以申请人民法院强制执行,或者依法强制执行。"

③ 《行政强制法》第 53 条规定:"当事人在法定期限内不申请行政复议或者提起行政诉讼,又不履行行政决定的,没有行政强制执行权的行政机关可以自期限届满之日起三个月内,依照本章规定申请人民法院强制执行。"

相对人对行政行为在法定期限内不申请复议或者提起行政诉讼，又不履行政决定的，可以申请人民法院强制执行。也就是说，这里所说的“行政行为已经生效”是指行政行为相对人失去行政救济和司法救济后，行政行为才生效。行政行为未生效前，行政主体申请法院强制执行其作出的行政行为，法院不予受理。生效的行政行为都具有可执行的内容，但不一定具有强制执行的内容。具体执行的内容是指行政行为确定了行政相对人履行一定行为义务或者给付金钱、财物义务。具体执行的内容，可能是财产，包括金钱或者实物，也可能是行为。没有确定行政相对人履行一定行为义务或者给付金钱、财物的行政行为，即不具有可执行内容，申请人民法院强制执行的，人民法院不予受理。

(3)申请执行人符合法律规定

根据2018年《行诉解释》第155条第1款第3项的规定，在一般情况下，申请执行人是申请执行行政行为作出的行政机关，或者法律、法规、规章授权的组织。根据2018年《行诉解释》第158条①的规定，在特殊情况下，生效行政裁决确定的权利人或者其继承人、权利承受人可以申请强制执行，但须同时具备以下三个条件：一是申请执行的行政行为，必须是行政机关根据法律的授权对平等主体之间民事争议作出的裁决；二是当事人在法定期限内不起诉又不履行行政裁决；三是申请生效行政裁决强制执行人必须是该裁决确定的权利人或者其继承人、权利承受人。

(4)被申请人是该行政行为所确定的义务人

申请行政强制执行的对象，必须是行政主体申请其作出的行政行为所

① 《行诉解释》第158条第1款规定：“行政机关根据法律的授权对平等主体之间民事争议作出裁决后，当事人在法定期限内不起诉又不履行，作出裁决的行政机关在申请执行的期限内未申请人民法院强制执行的，生效行政裁决确定的权利人或者其继承人、权利承受人在六个月内可以申请人民法院强制执行。”

确定的义务人,与行政行为没有确定义务,但与行政行为有利害关系的人,不能成为被执行人。

(5)被申请人在行政行为确定的执行期限内或者行政机关催告期限内未履行义务。行政行为确定相对人的义务时,会在该行为中作出执行义务的期限或者催告限期履行义务。被申请执行在行政行为确定的执行期限内或者催告期限内未履行义务;因执行期限或者催告期限未届满,并不能排除相对人履行义务,此时申请强制执行条件不成熟,故人民法院不予受理。

(6)申请人在法定期限内提出

根据《行政强制法》第 53 条①的规定,行政主体申请强制执行的期限为 3 个月。申请执行期限从行政起诉期限届满之日开始计算。根据 2018 年《行诉解释》第 158 条的规定,生效行政裁决确定的权利人或者其继承人、权利承受人申请强制执行的期限为 6 个月内。申请强制执行期限,从作出裁决的行政机关申请强制执行期限届满之日起开始计算。

(7)被申请执行的行政案件属于受理执行申请的人民法院管辖

根据 2018 年《行诉解释》第 157 条的规定,行政机关申请人民法院强制执行其行政行为的,由申请人所在地的基层人民法院受理;执行对象为不动产的,由不动产所在地的基层人民法院受理。

2. 简述理由、法律依据及裁定结果

《行政强制法》第 55 条规定:"行政机关向人民法院申请强制执行,应当提供下列材料:(一)强制执行申请书;(二)行政决定书及作出决定的事实、理由和依据;(三)当事人的意见及行政机关催告情况;(四)申请强制执行标的情况;(五)法律、行政法规规定的其他材料。强制执行申请书应当

---

① 《行政强制法》第 53 条规定:"当事人在法定期限内不申请行政复议或者提起行政诉讼,又不履行行政决定的,没有行政强制执行权的行政机关可以自期限届满之日起三个月内,依照本章规定申请人民法院强制执行。"

由行政机关负责人签名，加盖行政机关的印章，并注明日期。”根据该规定，人民法院在接到行政主体申请强制执行其作出的行政行为申请时，应当按照该规定审查申请执行人提供的材料是否齐全，是否符合该条规定的要求，对缺少上述材料的，应当释明其补充相关材料，令申请执行人补充相关材料；不符合要求的，让其按照规定的要求重新制作。逾期不补充相关材料或者未按照规定的要求重新制作的，视为申请执行人撤回申请。经审查，申请执行人申请材料齐全并符合要求的，开始审查，申请执行人的申请是否符合2018年《行诉解释》第155条①第1款规定的申请强制执行的七个条件。凡是不符合其中任何一个条件的，裁定不予受理。据此，在正文部分，因根据审查中发现申请强制条件中不符合条件的问题，简要写明相关的事实，结合申请强制执行不符合法定条件所涉及2017年《行政诉讼法》、《行政强制法》及2018年《行诉解释》第155条第1款中所涉及的具体项的规定作简要论述。发现不符合多个条件的，应一一予以论述，拿得准的，一定要写清楚，拿不准的，不写。写明依据2018年《行诉解释》第155条第3款的规定，裁定不予受理。

（三）正文的写法

本裁定正文的具体表述为：

---

① 《行诉解释》第155条规定：“行政机关根据行政诉讼法第九十七条的规定申请执行其行政行为，应当具备以下条件：（一）行政行为依法可以由人民法院执行；（二）行政行为已经生效并具有可执行内容；（三）申请人是作出该行政行为的行政机关或者法律、法规、规章授权的组织；（四）被申请人是该行政行为所确定的义务人；（五）被申请人在行政行为确定的期限内或者行政机关催告期限内未履行义务；（六）申请人在法定期限内提出申请；（七）被申请执行的行政案件属于受理执行申请的人民法院管辖。行政机关申请人民法院执行，应当提交行政强制法第五十五条规定的相关材料。人民法院对符合条件的申请，应当在五日内立案受理，并通知申请人；对不符合条件的申请，应当裁定不予受理。行政机关对不予受理裁定有异议，在十五日内向上一级人民法院申请复议的，上一级人民法院应当在收到复议申请之日起十五日内作出裁定。”

本院认为,……(写明不符合申请条件而不予受理的理由)。依照《中华人民共和国行政诉讼法》第九十七条、《中华人民共和国行政强制法》第五十六条第二款和《最高人民法院关于适用〈中华人民共和国行政诉讼法〉的解释》第一百五十五条第三款的规定,裁定如下:

对×××的强制执行申请,本院不予受理。

(四)尾部

根据2018年《行诉解释》第155条第3款的规定,申请执行人对本裁定有异议,可以申请复议一次。故应当在尾部向申请执行人交代清楚可以向上一级人民法院申请复议的权利及申请复议的期限。

具体表述为:

申请执行人如不服本裁定,可以在收到裁定书之日起十五日内,通过本院向××××人民法院(上一级人民法院)申请复议,也可以直接向××××人民法院申请复议。

其他事项与一审不予立案行政裁定书的尾部写法相同。

二、准许或者不准许强制执行行政裁定书

准许或者不准许强制执行行政裁定书,指行政主体向人民法院申请执行其作出的行政行为,人民法院经审查,认为符合法定申请强制执行条件后,再对申请强制执行的行政行为的合法性进行审查,根据审查结果作出准许或者不准许强制执行决定的书面司法文书。

本裁定书与不予受理非诉执行行政裁定书虽都属于非诉执行类的行政裁定书,但两者之间的不同点在于前者是已受理问题已审查完毕,进入是否准许强制的审查阶段;后者则是在是否受理的审查阶段。正因为存在这点差异,因此,在制作方式和写法上存在着很多的不同。

(一)首部

本裁定书的名称仍为“行政裁定书”;因本裁定是有关非诉执行方面的事项,故案号与不予受理非诉执行行政裁定书相同,案号名为“(××××)×行非执字第××号”。

1.当事人

因本裁定在已受理后,进入是否准许强制执行的审查阶段,就出现了被执行人,故在当事人部分,应当写明有关申请执行人和被执行人以及各自的基本情况。

具体表述为:

申请执行人×××,……(写明行政主体名称和所在地址)。

法定代表人×××,……(写明姓名、职务)。

委托代理人×××,……(写明姓名等基本情况)。

被执行人×××,……(写明姓名或名称等基本情况)。

法定代表人×××,……(写明姓名、职务)。

委托代理人(或指定代理人、法定代理人)×××,……(写明姓名等基本情况)。

2.案件由来

根据2018年《行诉解释》第160条①的规定,人民法院在作出裁定前发现行政行为明显违法并损害被执行人合法权益的,应当听取被执行人和行政机关的意见。因此,在本裁定书案件由来部分,除应当写明案件名称外,听取被执行人和行政机关意见的,还应将听取意见写入案件由来中。

---

① 《行诉解释》第160条规定:“人民法院受理行政机关申请执行其行政行为的案件后,应当在七日内由行政审判庭对行政行为的合法性进行审查,并作出是否准予执行的裁定。人民法院在作出裁定前发现行政行为明显违法并损害被执行人合法权益的,应当听取被执行人和行政机关的意见,并自受理之日起三十日内作出是否准予执行的裁定。需要采取强制执行措施的,由本院负责强制执行非诉行政行为的机构执行。”

具体表述为:

申请执行人×××于××××年××月××日向本院申请强制执行(××××)××号××决定(或其他行政行为名称)。……(写明“审查过程”)。

审查过程部分,分为两种情况:

第一,未听证的,需写明:

本院依法进行了审查,本案现已审查终结。

第二,听证的,需写明:

本院受理后,依法组成合议庭(或依法由审判员×××独任审查)对本案进行了公开(或不公开)听证,本案现已审查终结。

(二)正文

1. 审查明显违法的标准

根据《行政强制法》第58条①及2018年《行诉解释》第160条第1款和第161条②第1款的规定,人民法院受理行政机关申请执行其行政行为的案件后,由行政审判庭对申请强制执行行政行为是否存在明显的问题性进行审查。具体从以下四个方面进行审查:

---

① 《行政强制法》第58条规定:“人民法院发现有下列情形之一的,在作出裁定前可以听取被执行人和行政机关的意见:(一)明显缺乏事实根据的;(二)明显缺乏法律、法规依据的;(三)其他明显违法并损害被执行人合法权益的。人民法院应当自受理之日起三十日内作出是否执行的裁定。裁定不予执行的,应当说明理由,并在五日内将不予执行的裁定送达行政机关。行政机关对人民法院不予执行的裁定有异议的,可以自收到裁定之日起十五日内向上一级人民法院申请复议,上一级人民法院应当自收到复议申请之日起三十日内作出是否执行的裁定。”

② 《行诉解释》第161条规定:“被申请执行的行政行为有下列情形之一的,人民法院应当裁定不准予执行:(一)实施主体不具有行政主体资格的;(二)明显缺乏事实根据的;(三)明显缺乏法律、法规依据的;(四)其他明显违法并损害被执行人合法权益的情形。行政机关对不准予执行的裁定有异议,在十五日内向上一级人民法院申请复议的,上一级人民法院应当在收到复议申请之日起三十日内作出裁定。”

（1）实施主体是否具有行政主体资格

行政行为一般都是以行政机关或者法律、法规、规章授权组织的名义作出的，但在实践中，有些是行政机关的内部机构、派出机构的名义作出的。行政机关的内部机构或者派出机构可以在法律、法规、规章明确授权的范围内行使职权权利，否则就属于超越职权的性质。因此，对内部机关、派出机构以自己名义作出的行政行为，首先要审查该机构有无法律、法规、规章明确授权；有明确授权的，而后审查该机构是否在法律授权范围内行使职权，超出法律、法规、规章授权的，依据越权无效的理论，应当认定为超越职权。

（2）是否明显缺乏事实根据

审查事实根据，首先审查行政行为认定的事实中对人权利义务等对处理结果有重大影响的事实应当叙述清楚，叙述不清，直接影响到处理结果的，属于缺乏事实根据，不应准许强制执行。事实叙述清楚的，再对申请执行人向法院提交的证据，是否具有证据的“三性”（相关性、合法性、真实性）进行审查。排除不具有上述“三性”的证据后，能够基本证实行政行为人的事实的，应当确定为认定事实清楚；明显不能证实的，属于明显缺乏事实根据，不应准许强制执行。

（3）是否明显缺乏法律、法规依据

所谓明显缺乏法律、法规依据，是指行政行为没有法律依据或者适用法律、法规明显错误等情形。主要表现形式有：一是行政行为的法律文书没有引用任何法律规范；二是只引用了法律规范的名称，没有引用任何法律条款；三是没有适用应当适用的法律规范，却适用了不该适用的法律规范；四是将合法的行为，定性为违法行为；五是没有适用法律规范，却适用了明显与法律、法规相抵触的规章、规章以下的规范性文件或者乡规民约。凡发现上述问题的，不应准许强制执行。

(4)其他明显违法并损害被执行人合法权益的情形

所谓其他明显违法并损害被执行人合法权益的情形,是一种概括性规定,也是一个兜底条款,即除前列项列举的情形之外,行政行为有其他明显违法并且损害被执行人合法权益的情形。具体表现形式主要有:一是超越职权,即行政机关作出的行政行为超出其法定职权的范围。二是滥用职权,即没有考虑法律规定应当考虑的因素,或者考虑了有悖于普通人应当认知的常理,或者违反比例原则,或反复无常等。三是严重违反法定程序。如剥夺相对人陈述和申辩的权利;应当听证,未听证;办案人员应当回避而未回避;等等。申请执行的行政行为存在上述问题之一的,均不应准许强制执行。

2. 简述理由、法律依据及裁定结果

(1)当事人的意见及理由

经过听证,首先应当概括写明当事人的意见、依据的事实和理由。理由部分应当简述申请强制执行的行政行为是否存在重大明显违法的问题,与该问题无关的可以略过。

具体表述为:

申请执行人称,……。

被执行人辩称,……(可一并写明提交的证据)。

未经听证的,不写。

(2)简述理由、法律依据

本裁定应当重点针对行政机关强制执行申请所依据的事实进行论述,对被执行人在听证中提出的意见应当简要予以回应。

裁定准许强制执行的,应简要说明:申请执行的行政行为不存在超越职权的问题,行政程序无明显违法,认定事实清楚、主要证据充分,适用法律规范基本正确且不损害被执行人的合法权益。对被执行人提出反对意见简要说明不成立的法律依据及理由。

裁定不准许强制执行的，应简要说明申请强制执行的行政行为存在明显违法的问题，无须对其他事项作出论述。

在论述中，均应将事实与法律规定结合起来进行论述，不得只说理由，不谈法律的具体规定，亦不得不谈事实只谈法律。

3. 正文的写法

本裁定正文的具体表述为：

……（围绕听证会上双方当事人的争议焦点，概括写明各方当事人的意见、依据的事实和理由；如果没有听证，此项不写）。经审查查明……（针对行政机关强制执行申请所依据的事实，法院如有异议，写明认定情况；如无异议，此项不写）。

本院认为……（写明准予强制执行或不准予强制执行的理由）。依照（写明裁定依据的法律以及相关司法解释的条、款、项、目），裁定如下：

……（写明裁定结果）。

"裁定结果"部分，分为三种情况：

第一，准予强制执行，表述为：

准予强制执行……（写明准予强制执行的申请事项，如属于可由行政机关组织实施，一并写明"由……组织实施"）。

第二，部分准予强制执行，表述为：

准予强制执行……；不准予强制执行……（写明准予和不准予强制执行的申请事项，如前者属于可由行政机关组织实施，一并写明"……组织实施"）。

第三，不准予强制执行的，表述为：

不准予强制执行。……（写明不准予强制执行的申请事项）。

(三)尾部

本裁定书尾部的写法与不予受理非诉执行行政裁定书的写法相同。

三、非诉复议行政裁定书

非诉复议行政裁定书,是指申请执行人或者被申请人对于不予受理非诉执行行政裁定、准许或者不准许强制执行政裁定不服提起复议,上级人民法院经审理作出决定的书面司法文书。

非诉复议行政裁定书是进入复议程序后作出的,是对非诉一审行政裁定的合法性进行审查,因此,在制作内容和写法上与不予受理非诉执行行政裁定书、准许或者不准许强制执行政裁定书都有较大的不同。

(一)首部

本裁定书的名称仍为:“行政裁定书”;因本案已进入复议程序后,故案号为“(××××)×行行非复字第××号”。

1. 当事人

在复议程序中,当事人的称谓亦发生变化,分别为复议申请人和被申请人。具体表述为:

复议申请人(原申请执行人)×××,……(写明行政主体名称和地址)。

法定代表人×××,……(写明姓名、职务)。

委托代理人×××,……(写明姓名等基本情况)。

被申请人(原执行人)×××,……(写明姓名或名称等基本情况)。

法定代表人×××,(写明姓名、职务)。

委托代理人×××,……(写明姓名等基本情况)。

不服不予受理行政裁定的,因没有被申请人,故有关被申请人等情况不写。

2. 案件由来

案件由来部分须写明案件名称。如果听取被执行人和行政机关意见的，还应将听取意见写入案件由来中。

未听证的，表述为：

复议申请人×××不服××××人民法院（××××）×行非字第××号行政裁定，向本院提出复议申请。本案现已审查终结。

听证的，表述为：

本院受理后，依法组成合议庭对本案进行了公开（或不公开）听证，本案现已审查终结。

（二）正文

1. 当事人的意见及理由

简要概括各方当事人的请求或者意见及理由，理由应当围绕原裁定认定的事实、适用的法律等是否正确进行简要论述。

2. 简述理由、法律依据

（1）理由的写法。非诉复议案件，申请复议人是对不予受理或者准予执行或者不准予执行的决定不服。理由主要有两点，一是对原裁定认定事实错误，导致适用法律和处理结果错误；二是适用法律，导致处理结果错误。因此，本裁定说理的重点亦应围绕原裁定认定的事实和法律适用及裁定结果进行。

第一，有关事实问题。申请复议人对原审认定的事实有异议的，应予以查明。法院依据职权对当事人未提出异议的事实，但在审查中发现原裁定认定事实有问题且影响到处理结果的，亦应予以查明。对原裁定认定的事实无误的，予以确认；对原裁定认定的事实有出入的，直接叙述复议经审理查明的事实；对原裁定没有认定的事实，而复议查明的事实，写明“另查明的事实”。

第二,有关法律适用及裁定结果问题。复议裁定在审查不予受理行政裁定时,亦应结合复议审查认定的事实,依据2017年《行政诉讼法》、《行政强制法》及2018年《行诉解释》第155条第1款的规定,判断原裁定不予受理的依据是否正确。论述方式与不予受理行政裁定基本相同。

复议裁定在审查准许或者不准许行政裁定时,亦应结合复议审查认定的事实,依据《行政强制法》第58条第1款及2018年《行诉解释》第161条第1款的规定,判断原裁定准许或者不准许强制执行的依据是否正确。论述方式与准许或者不准许行政强制执行行政裁定基本相同。

(2)法律依据。有关是否符合受理条件或者准许强制执行条件,应当在说理中阐述清楚相关法律规范条文的含义。

有关裁定程序问题,复议不予受理行政裁定的,应当依据2017年《行政诉讼法》第97条、《行政强制法》第56条第2款及2018年《行诉解释》第155条第3款的规定。

复议准许或者不准许非诉执行行政裁定的,应当依据2017年《行政诉讼法》第97条、《行政强制法》第58条第2款及《行诉解释》第161条第2款的规定。

(3)裁定结果。本裁定结果有四种:一是原裁定正确的,维持原裁定;二是原裁定不予受理错误的,指令原审法院立案受理;三是原裁定准许或者不准许错误,予以纠正;四是原裁定认定事实不清的,发回重审。

(三)正文的写法

本裁定正文的具体表述为:

……(写明原申请事项、理由及下级法院原审查意见)。

……(写明复议请求及所依据的事实和理由)。

……(围绕听证会上双方当事人的争议焦点,参照准予或不准予强制执行裁定听证部分的方式,概括写明各方当事人的意见及所依据的事实和理由;如果没有听证,此项不写)。

经审查查明,……(复议与原裁定认定的事实一致的,写明原裁定认定的事实予以确认;复议对原裁定认定的事实有误的,直接写明复议认定的事实;复议期间另查明的事实,写明另查明的事实)。

本院认为,……(写明法院复议裁定的理由),依照……(写明裁定依据的法律以及相关司法解释的条、款、项、目),裁定如下:

……(写明结果)。

"裁定结果"部分,分为三种情况:

第一,维持原裁定的,写:

驳回复议申请,维持原裁定。

第二,认为应当受理的(或应当准予强制执行的),写:

一、撤销××××人民法院(××××)×行非执字第××号行政裁定;

二、本案由××××人民法院立案受理(不服不准予强制执行裁定的复议案件中,根据准予或不准予强制执行申请裁定文书样式,写明准予或部分准予强制执行的裁定结果)。

第三,认为需要发回进一步审查的,写:

一、撤销××××人民法院(××××)×行非执字第××号行政裁定;

二、发回××××人民法院重新审查。

(四)尾部

尾部写明:"本裁定送达后即发生法律效力。"(发回重审的,不写。)其他事项与二审行政判决书相同。